Manfred Scharrer
Organisation und Vaterland
Gewerkschaften vor dem Ersten Weltkrieg

Band 2
Schriftenreihe des DGB-Bildungswerkes
Gewerkschaften in Deutschland
Texte – Dokumente – Materialien
Herausgegeben von Heinz-Werner Meyer
und Jochen Richert
Redaktion: Manfred Scharrer

Manfred Scharrer

Organisation und Vaterland

Gewerkschaften vor dem Ersten Weltkrieg

Vorwort: Heinz-Werner Meyer und Jochen Richert

Bund-Verlag

Gefördert von der Hans-Böckler-Stiftung

CIP-Titelaufnahme der Deutschen Bibliothek

Scharrer, Manfred:
Organisation und Vaterland: Gewerkschaften vor dem Ersten Weltkrieg/Manfred Scharrer. Vorw.: Heinz-Werner Meyer u. Jochen Richert. - Köln: Bund-Verl., 1990
(Gewerkschaften in Deutschland; Bd. 2)
ISBN 3-7663-2206-0
NE: GT

Lektorat: Gabriele Weiden
Herstellung: Heinz Biermann
Umschlag: Kalle Giese, Overath
Satz: Satzbetrieb Schäper GmbH, Bonn
Druck: Wagner, Nördlingen
Printed in Germany 1990
ISBN 3-7663-2206-0

Inhalt

Vorwort der Herausgeber ... 11
Allgemeine Vorbemerkung ... 15
Einführung ... 19

Darstellung

Das Heldenzeitalter ... 23
Das Sozialistengesetz ... 23
Bismarck und die Sozialdemokraten ... 26
Verwirrung ... 27
Verbotspraxis ... 30
Umsturz- oder Reformpartei ... 33
Gewerkschaften ... 38
Das Beispiel Deutsche Metallarbeiter-Zeitung ... 45
Das Ende des Sozialistengesetzes ... 46

Die »eigentliche Arbeiterbewegung« ... 52
Der Industrieverband ... 52
Die Generalkommission ... 57
Die beste Organisationsform ... 59
Grenzstreitigkeiten ... 66
Der moralische Zusammenhalt ... 69
Der Unterstützungsverband ... 71
Der Tarifvertrag ... 75
Die Vorschule ... 78

Die sozialdemokratische Richtungsgewerkschaft ... 85
Sozialdemokratische und christliche Gewerkschaften ... 85
Parteipolitisch neutrale Gewerkschaften ... 88
Der Bergarbeiterstreik von 1905 ... 90

Der »Gewerkschaftsstreit« 97
Die Massenstreikdebatte 99
Der gegebene Fall 103
Das »Mannheimer Abkommen« 104
Marxismus und Revisionismus 108

Patriotismus und Internationalismus 112
August 1914 112
Die sozialistische Internationale 116
Das patriotische Bekenntnis 120
Die Entscheidung 122
Die Massen 125
Sieg oder Niederlage 128
Vaterlandslose Gesellen 130
Verrat 133
Versäumnisse und Versagen 134

Hinweise zur Arbeit mit den Dokumenten 139
Dokumente/Tabellen 144
Zeittafel 234
Glossar 240
Ausgewählte Literatur 243

Verzeichnis der Dokumente und Tabellen

Dok. 1 Das Gesetz gegen die gemeingefährlichen Bestrebungen der Sozialdemokratie ... 144

Dok. 2 Der Puttkamersche »Streikerlaß« ... 146

Dok. 3 Wahlaufruf der Sozialdemokratie zur ersten Reichstagswahl unter dem Sozialistengesetz (Oktober 1881) ... 148

Dok. 4 Aufruf »An die deutschen Metallarbeiter« zur Gründung einer überberuflichen Metallarbeitergewerkschaft ... 150

Dok. 4 a Kritik am Aufruf »An die deutschen Metallarbeiter« 152

Dok. 5 Erste Argumente für eine umfassende Industriegewerkschaft ... 153

Dok. 6 Das Beispiel einer berufsübergreifenden Gewerkschaft bei den Werftarbeitern ... 154

Dok. 7 Rede Carl Legiens für Berufsgewerkschaften auf dem ersten Gewerkschaftskongreß 1892 ... 156

Dok. 8 Entscheidung des ersten Gewerkschaftskongresses 1892 zur Organisationsfrage ... 158

Dok. 9 Debatte über parteipolitisch-neutrale Gewerkschaften. Zusammengestellt aus Texten von Rosa Luxemburg, Heinrich Ströbel, Adolph von Elm, Karl Kautsky und Otto Hue ... 160

Dok. 10 Statut des Gewerkvereins christlicher Bergarbeiter für den Oberamtsbezirk Dortmund 172

Dok. 11 Resolution der christlichen Gewerkschaften zum »Gewerkschaftsstreit« 174

Dok. 12 Das Programm der Hirsch-Dunckerschen Gewerkvereine von 1907 175

Dok. 13 Resolution des fünften Gewerkschaftskongresses 1905 zum politischen Massenstreik 177

Dok. 14 Resolution des SPD-Parteitages 1905 zum politischen Massenstreik 178

Dok. 15 Das »Mannheimer Abkommen« 180

Dok. 15 a Vorschlag von Karl Kautsky zur Regelung des Verhältnisses von Partei und Gewerkschaften ... 182

Dok. 16 Die Massenstreikstreikdebatte I (1905). Redebeiträge von August Bebel, Carl Legien u. a. auf dem SPD-Parteitag 1905 183

Dok. 17 Die Massenstreikdebatte II (1906). Redebeiträge von August Bebel, Carl Legien u. a. auf dem SPD-Parteitag 1906 188

Dok. 18 Rosa Luxemburg zum Thema Massenstreik, Partei und Gewerkschaften 192

Dok. 19 Streitgespräch über Patriotismus und Internationalismus. Redebeiträge von August Bebel, Jean Jaurès u. a. auf dem Internationalen Sozialisten-Kongreß in Stuttgart 1907 194

Dok. 19 a Interpretation der Resolution des Internationalen Sozialisten-Kongresses 1907 »Der Militarismus und die internationalen Konflikte« durch Emile Vandervelde 198

Dok. 20 Bebels »Flintenrede« im Reichstag am 7. März 1904 200

Dok. 21 Gustav Noske zum sozialdemokratischen Patriotismus. Rede im Reichstag am 25. April 1907 202

Dok. 22 Streit über die Reichstagsrede von Gustav Noske auf dem SPD-Parteitag 1907. Redebeiträge von Karl Liebknecht u. a. 206

Dok. 23 Aufruf des SPD-Parteivorstandes zu Protestversammlungen gegen den Krieg 211

Dok. 24 Begründung für die Bewilligung der Kriegskredite durch die sozialdemokratische Reichstagsfraktion . . 213

Dok. 25 Einschätzung Rosa Luxemburgs zur drohenden Kriegsgefahr 216

Dok. 26 Absage Clara Zetkins, einen von Rosa Luxemburg angeregten Protest gegen Bewilligung der Kriegskredite durch die Reichstagsfraktion zu unterzeichnen 218

Dok. 27 Kommentar der Metallarbeiter-Zeitung zum Krieg . . 219

Dok. 28 Darstellung und Interpretation der Kriegsunterstützung durch die Sozialdemokratie im August 1914 aus marxistisch-leninistischer Sicht . . 221

Tabellen

Tab. 1 Übersicht über die Zahl und Stärke der deutschen Gewerkschaftsorganisationen (1890/91) 223

Tab. 2 Die gewerkschaftlichen Zentralverbände im ersten Halbjahr 1914 225

Tab. 3 Die Entwicklung der Zentralverbände von 1891-1914 227

Tab. 4 Die Mitgliederentwicklung der gewerkschaftlichen Spitzenverbände (1890-1913) 228

Tab. 5 Unterstützungsleistungen der Freien Gewerkschaften (1891-1914) 229

Tab. 6 Entwicklung der Unterstützungsleistungen der Liberalen, der christlichen und der Freien Gewerkschaften (1909-1913) 230

Tab. 7 Mitgliederbewegung nach Berufen (im Deutschen Metallarbeiterverband) (1902–1903) 231

Tab. 8 Mitgliederbewegung (nach Berufen im Deutschen Metallarbeiterverband) (1912-1913) 232

Vorwort der Herausgeber

Am 16. November 1990 jährte sich zum hundertsten Mal der Tag, an dem 74 Delegierte der freien Gewerkschaften Deutschlands in Berlin zusammenkamen, um über gewerkschaftliche Grundsatzfragen und die Vorbereitung eines allgemeinen Gewerkschaftskongresses zu beraten. Sie folgten einem Aufruf, den die »Vertrauensmänner der Metallarbeiter Deutschlands« (eine Art Verbandsführung für die Metallarbeiter-Gewerkschaften) angesichts der Bedrohung des Koalitionsrechtes durch Unternehmerzusammenschlüsse erlassen hatten.

Der unmittelbare Anlaß für diese Initiative war die Massenaussperrung, mit der die vereinigten Unternehmer von Hamburg und Altona die Streiks und Kundgebungen von 20 000 Hamburger Arbeitern am 1. Mai 1890 beantwortet hatten. Diesem geschlossenen Vorgehen der Unternehmer waren trotz einer breiten Solidarität die noch schwachen Gewerkschaftsverbände nicht gewachsen.

Die Berliner Vorständekonferenz beschloß deshalb unter anderem, einen zentralen Streikfonds zu bilden. Das herausragende Ergebnis dieser Konferenz war jedoch – wie sich im Verlauf der weiteren Entwicklung zeigen sollte – die Bildung einer Kommission zur Vorbereitung eines allgemeinen Gewerkschaftskongresses, die sich den Namen »Generalkommission der Gewerkschaften Deutschlands« gab. Dies war praktisch die Gründung eines gewerkschaftlichen Dachverbandes, der in dieser Form auf dem 1. Kongreß der Gewerkschaften Deutschlands im März 1892 in Halberstadt beschlossen wurde.

Damit existierte neben dem »Verband deutscher Gewerkvereine« (den »Hirsch-Dunckerschen-Gewerkvereinen«) ein zweiter gewerkschaftlicher Dachverband.

Wenige Jahre später, im Jahre 1901, schlossen sich die christlichen Gewerkschaften im »Gesamtverband der christlichen Gewerkschaften Deutschlands« zusammen.

Wenn auch die Gründung der Generalkommission der Gewerkschaften Deutschlands noch nicht der Grundstein für eine einheitliche Gewerkschaftsbewegung war, die Zusammenführung der drei Gewerkschaftsrichtungen vielmehr noch fast 60 Jahre auf sich warten ließ, so bildete der Zusammenschluß der freien Gewerkschaften zu einer einheitlichen Dachorganisation der frei gewerkschaftlich organisierten Arbeiterinnen und Arbeiter doch einen wesentlichen Meilenstein auf dem Weg dorthin.

Denn die Generalkommission wurde trotz sehr begrenzter personeller und finanzieller Ausstattung, trotz der Konkurrenz mit anderen Gewerkschaftsrichtungen und auch in manch harter Auseinandersetzung mit den auf ihre Selbständigkeit bedachten Mitgliedsgewerkschaften zu einem einflußreichen und kompetenten Fürsprecher für die Interessen der abhängig Beschäftigten gegenüber der Reichsregierung, den Unternehmern, aber auch gegenüber der sozialdemokratischen Partei, der sich die freien Gewerkschaften verbunden fühlten.

Ihr Wirken für die Weiterentwicklung und den Ausbau des gewerkschaftlichen Unterstützungswesens, für den Aufbau und die Zusammenfassung der Gewerkschaftsorganisation, für die gegenseitige Unterstützung in harten Arbeitskämpfen, aber auch ihr Eintreten für die Weiterentwicklung der Sozialgesetzgebung, des Rechtsschutzes für Arbeiter und Arbeiterinnen wie zur Wahrung des gesellschaftspolitischen Einflusses der Gewerkschaften spiegeln ein Selbstverständnis, das bis heute Bestand hat.

Die Gründung der Generalkommission ist daher Anlaß genug, um unseren Kolleginnen und Kollegen Material an die Hand zu geben, damit sie der Geschichte der eigenen Organisation nachgehen können.

Die Schriftenreihe des DGB-Bildungswerkes »Gewerkschaften in Deutschland. Texte – Dokumente – Materialien« wendet sich an alle Kolleginnen und Kollegen, die in der gewerkschaftlichen Bildungsarbeit tätig sind, die an den Themenstellungen unserer Reihe interessiert sind, die sich über Gewerkschaftsarbeit in Deutschland, ihre Entstehung und ihre Probleme informieren wollen.

Die Bände können und wollen keine der zahlreichen Gesamtdarstellungen zur Geschichte der Gewerkschaften in Deutschland ersetzen.

Sie sind vielmehr bewußt als Bildungstexte und Bildungsmaterialien konzipiert.

Die auf Verständlichkeit, Eingängigkeit und Schwerpunktsetzung orientierten Texte sollen auch dem historisch nicht vorgebildeten Leser und der Leserin die wesentlichen Probleme der Geschichte und der Entwicklung gewerkschaftlicher Arbeitsfelder vor Augen führen, die abgedruckten Dokumente zur eigenständigen Meinungs- und Urteilsbildung beitragen.

Die ersten vier Bände der Reihe geben einen Überblick über die wesentlichen Entwicklungslinien der Geschichte der Gewerkschaften bis zur Gründung der Einheitsgewerkschaft im Jahre 1949, die folgenden Bände befassen sich mit der Entstehung und Herausbildung zentraler Arbeitsfelder der Gewerkschaften heute.

Gerade darin sehen wir den wesentlichen Neuansatz dieser Reihe, der es auch ermöglichen soll, diese Handlungsfelder der Gewerkschaften und die durch sie verfolgte gewerkschaftliche Politik aus ihren Entstehungsbedingungen heraus zu verstehen und analysieren zu können.

Sie sollen damit einen Beitrag leisten, die inner- wie außerbetriebliche Interessenvertretung so zu begreifen, daß sie ständig neu gestaltet werden muß.

Wir danken den Autorinnen und Autoren dieser Bände, die sich der Mühe unterzogen haben, die Geschichte der Gewerkschaften und die Entwicklung zentraler gewerkschaftlicher Handlungsfelder aus ihrer Sichtweise heraus darzulegen und kritisch zu beleuchten.

Wir haben bewußt unterschiedliche Positionen und Sichtweisen zur Geltung kommen lassen, da Kritik, Offenheit und Dialog über Probleme, Entwicklungen und auch Fehlentwicklungen in unserer eigenen Geschichte Motor einer intensiven und fruchtbaren Auseinandersetzung über uns und unsere heutige Perspektiven sind.

Wir bedanken uns bei allen, die an der Entstehung dieser Bände mitgewirkt haben, insbesondere danken wir dem DGB-Bildungswerk und der Hans-Böckler-Stiftung, die die Herausgabe dieser Bände erst möglich gemacht haben.

Düsseldorf, im Juli 1990

Heinz-Werner Meyer
Vorsitzender des Deutschen
Gewerkschaftsbundes

Jochen Richert
Vorsitzender des
DGB-Bildungswerkes

Allgemeine Vorbemerkung

Die Bände der Schriftenreihe des DGB-Bildungswerkes »Gewerkschaften in Deutschland. Texte – Dokumente – Materialien« sind gedacht für die außerschulische, besonders für die gewerkschaftliche Bildungsarbeit. Sie richten sich nicht nur an Teamer, Referenten und Dozenten, sondern ebenso an die Teilnehmer von historischen Seminaren und eignen sich auch zum Selbststudium.

Die Form der Darstellung, die thematische Begrenzung, der Umfang und die Gliederung der Bände in einen Darstellungs- und Dokumententeil versuchen dies zu berücksichtigen.

Die Reihe ist konzipiert nach dem Prinzip eines offenen Baukastens. Dies gilt sowohl für den methodischen Ansatz als auch für die inhaltliche Schwerpunktsetzung.

Ausgegangen wird dabei von dem Anspruch, Organisationsgeschichte vermittelt mit industrie-, sozial-, kultur- und ideengeschichtlichen Zusammenhängen darzustellen. Auch soll der traditionelle Ansatz gewerkschaftlicher Geschichtsschreibung mit dem einseitigen Blick nach oben auf die Verbandsvorstände und -kongresse vermieden werden.

Gemäß der Einsicht, daß weniger oft mehr ist, läßt sich dieser umfassende Anspruch unter der pädagogischen Vorgabe, daß die Darstellung möglichst anschaulich sein muß für Leser, die (noch) keine Experten der Arbeiterbewegung sind, nur arbeitsteilig einlösen. Der Baukasten enthält Bausteine, die ideengeschichtlich, andere, die mehr organisationssoziologisch und sozialgeschichtlich orientiert sind. Neben chronologisch, überblicksartig angelegten Darstellungen stehen themenzentrierte, die sich an aktuellen gewerkschaftlichen Problemfeldern und Aufgabenstellungen orientieren. Angestrebt wird keine integrative Gesamtdarstellung, sondern ein inhaltlich und methodisch möglichst facettenreiches, buntes und lebendiges Mosaik.

Allgemeiner Zweck der Reihe ist es, nicht nur Informationen über die

Geschichte der Arbeiterbewegung zu vermitteln, nicht nur zu zeigen, was war und wie es gewesen ist, sondern vor allem, warum es zu bestimmten Handlungen, Ereignissen und Entwicklungen gekommen ist.

Es geht nicht darum, Dogmen auswendig zu lernen – die lange Zeit in der Arbeiterbewegung eine verhängnisvolle Rolle gespielt haben –, sondern Worte und Taten der Zeitgenossen verstehen und kritisch beurteilen zu lernen. Voraussetzung für eine so verstandene historische Bildung ist die Arbeit mit Quellen. Nur so kann die Fähigkeit entwickelt werden, Beschreibungen und Wertungen der Geschichtsschreiber kritisch zu lesen und sich eine eigenständige Meinung zu bilden. In diesem allgemeinen Sinne will die historische Bildung zugleich aktuelle politische Bildung sein.

Die Darstellung und die Dokumente sind eng aufeinander bezogen. Die Darstellung soll – im idealen Falle – als vorbereitende, realistischerweise als seminarbegleitende oder nachbereitende Lektüre dienen. Der Dokumententeil soll die Interpretation und Wertung der Darstellung überprüfbar machen, er ist in erster Linie jedoch gedacht für die unmittelbare Verwendung in Seminaren.

Der Darstellung und Auswahl der Dokumente liegt die Vorstellung zugrunde, daß in den Seminaren Geschichte nicht nur erzählend vermittelt wird, sondern die Teilnehmer selbständig in Arbeitsgruppen Dokumente lesen und diskutieren. Für diese selbständige Arbeit der Teilnehmer mit schriftlichen Quellen sind die Dokumente vornehmlich ausgewählt worden.

Inhaltlich ist für die Auswahl der Dokumente entscheidend, welche Bedeutung sie über den unmittelbaren Zusammenhang hinaus für die Geschichte der Arbeiterbewegung hatten. Unter dem Gesichtspunkt einer erfahrungsbezogenen Bildungsarbeit bietet dies vielleicht die Chance, auch beim Thema Geschichte der Arbeiterbewegung an schulisches oder sonstiges allgemeines Vorwissen anknüpfen zu können.

Für die Auswahl der Dokumente spielte weiter die methodisch-pädagogische Überlegung eine Rolle, daß möglichst kontroverse Positionen zum gleichen Thema unter der gleichen Fragestellung das selbständige Arbeiten mit Dokumenten und die Möglichkeit für die Teilnehmer, eine kritische Distanz zu entwickeln, erleichtert. Unter diesem Gesichtspunkt sind die Dokumente zu Themenblöcken zusammengefaßt. Dies ist als ein Vorschlag zu verstehen; andere Kombinationsmöglichkeiten, auch zwischen Dokumenten verschiedener Bände bieten sich an.

Ausgegangen wird dabei von der Annahme, daß Dokumente/Quellen nicht für sich sprechen, sondern daß erst die inhaltlichen und historischen Bezüge ihre Bedeutung erkennen lassen.

Einführung

Die vorliegende Darstellung stützt sich auf die Ausführungen zum Selbstverständnis der sozialdemokratischen, der liberalen und christlichen Arbeiterbewegung des ersten Bandes unserer Reihe »Arbeiter und die Idee von den Arbeitern«. Es geht um die Geschichte der Gewerkschaften, vor allem um die Geschichte der »freien« (sozialdemokratischen) Gewerkschaften. Von ihnen ist meist auch dann die Rede, wenn nur allgemein von der Sozialdemokratie gesprochen wird, da eine Trennung von sozialdemokratischer Partei und sozialdemokratischen Gewerkschaften bei Themen, die gemeinsame Fragen berühren, wenig sinnvoll ist.

Mit der kleindeutschen Reichsgründung von oben wurde 1871 ein Haupthindernis für die Einheit der beiden zerstrittenen sozialistischen Parteien und ihrer jeweiligen Gewerkschaften beseitigt. Die 1875 in Gotha vollzogene Vereinigung der Parteien ermöglichte auch die Einheit der konkurrierenden sozialistischen Gewerkschaften.

Der Blick auf die positive Wirkung der staatlichen Einigung für die Arbeiterbewegung darf die Schattenseite nicht übersehen: Für die demokratische Linke insgesamt war es ein Jahrhundertverhängnis, daß nicht sie es war, die in der revolutionären Tradition von 1848 die staatliche Einheit vollbrachte, sondern die Vertreter der alten Ordnung. Die Definitionsmacht darüber, was national und patriotisch war und was nicht, lag hinfort bei den antidemokratischen und antirepublikanischen Kräften. Dem okkupierten Patriotismus, der von Beginn an als aggressiver Nationalismus auftrat, stand die Sozialdemokratie weitgehend hilflos gegenüber.

Eine prägende Erfahrung der Vorkriegssozialdemokratie war die Zeit der staatlichen Unterdrückung, war die Zeit des Sozialistengesetzes. Gezeigt wird, warum und wie die Sozialdemokratie und vor allem die Gewerkschaften unter dem Ausnahmerecht überleben konnten. Gefragt wird weiter nach den Auswirkungen der zwölfjährigen Verfolgung auf die Denk- und Verhaltensmuster der Sozialdemokraten.

Nach dem Ende des Sozialistengesetzes wurden organisationspolitische und programmatische Entscheidungen getroffen, die in den Grundzügen für die Gewerkschaften bis heute Gültigkeit bewahrt haben. Besondere Beachtung verdient die Entscheidung der Metallarbeiter, einen Industrieverband zu schaffen und die Gründung einer gewerkschaftlichen Dachorganisation. Analysiert werden Inhalte und Strukturen der gewerkschaftlichen Tätigkeit, die ihre Attraktivität für viele Arbeiter erklären helfen.

Die Entwicklung der sozialdemokratisch orientierten Gewerkschaften zu Massenorganisationen übertraf ab 1895 fast alle Erwartungen. Ihr Charakter als sozialdemokratische Richtungsgewerkschaft war dabei sicher ein Element ihres relativen Erfolges. Die Bindung an die sozialdemokratische Partei war jedoch zugleich ein Grund für die Existenz der liberalen und der christlichen Gewerkschaften. Dies bedeutet nicht, daß die bestehenden unterschiedlichen religiösen, gewerkschafts-, gesellschafts- und verfassungspolitischen Überzeugungen nicht ausgereicht hätten, verschiedene Richtungsgewerkschaften entstehen zu lassen. Jedoch: Die ideologische Ausrichtung der freien Gewerkschaften erwies sich in den Jahren rasanten Wachstums und hochgesteckter Erwartungen gleichzeitig als Schranke weiterer Ausdehnung. Vor allem die alltägliche Erfahrung lehrte, daß die Konkurrenz dreier Richtungsgewerkschaften die Sache der Gewerkschaften, den Kampf um bessere Arbeits- und Lebensbedingungen, nicht stärkte, sondern schwächte. Die Frage nach der Einheit der Gewerkschaften, ihrer parteipolitischen und weltanschaulichen Unabhängigkeit, hat sich deshalb schon vor der Jahrhundertwende gestellt. In dieser Auseinandersetzung wurden wesentliche Argumente für eine Einheitsgewerkschaft entwickelt, die ihre Bedeutung bis heute nicht eingebüßt haben; dies auch dort, wo Einheitsgewerkschaften existieren und wo das Bekenntnis zur Einheitsgewerkschaft zum guten Ton gehört. Parteipolitische Unabhängigkeit und weltanschauliche Toleranz sind Verhaltensnormen, um die jeden Tag neu gerungen werden muß.

Besonders im Zusammenhang mit den gesellschaftlichen Umbrüchen in Osteuropa gewinnt die Auseinandersetzung in der Sozialdemokratie nach 1900 über parteipolitisch unabhängige Gewerkschaften aktuellen Lehrstückcharakter. Das gleiche gilt für den Streit über den allgemeinen Führungsanspruch der Partei gegenüber den Gewerkschaften.

Die Möglichkeiten und Grenzen gewerkschaftlichen Handelns werden im Zusammenhang mit der theoretischen Diskussion über den politischen Massenstreik und mit der großen Auseinandersetzung der Vorkriegssozialdemokratie über Reform und Revolution sichtbar.

Mit dem Ausbau und der Entwicklung der Organisationen wurde die Erfahrung gemacht, daß Widerstand gegen politische und soziale Unterdrückung möglich ist und daß eine Verbesserung der Arbeits- und Lebensbedingungen im Alltag erzielt werden kann. Partei und Gewerkschaften, die Produktions- und Konsumgenossenschaften, die Spar- und Gesangvereine, das gesamte Vereins- und Versicherungswesen, stifteten für Sozialdemokraten von »der Wiege bis zur Bahre« einen umfassenden Solidarzusammenhang. Der Erhalt der Organisation bekam überragenden Stellenwert. Für viele Sozialdemokraten wurde die Organisation zu einem Selbstzweck.

Auf der sozialdemokratischen Werteskala konnte die Organisation in ihrer politischen und emotionalen Bedeutung nur noch von dem Begriff des Vaterlandes übertroffen werden.

Daneben hatte die Sozialdemokratie das Ziel der Völkerverständigung mit Großbuchstaben auf ihre Fahne geschrieben. Im Zeitalter des Nationalismus und Imperialismus war für sie die Suche nach einer Antwort auf die Frage, wie drohende Kriege verhindert werden könnten, ein Zentralthema.

Die Unterstützung des Ersten Weltkrieges durch die Sozialdemokratische Partei und die freien Gewerkschaften wird in den Reihen der Sozialisten bis heute als der große Sündenfall der sozialistischen Arbeiterbewegung betrachtet. Nicht nur wurde damit der Grundstein gelegt für die Spaltung der Sozialdemokratie, wie sie mit Gründung der USPD im April 1917 ihren ersten Höhepunkt fand und wie sie mit Gründung der KPD 1918 eine grundsätzliche Ausprägung erfuhr, auch lassen sich die verhängnisvollen Wirkungen dieser Politik bis zur großen Niederlage 1933 verfolgen und sogar in der Nachkriegsgeschichte. Kaum ein anderes Ereignis in der Geschichte der Arbeiterbewegung war und ist so hervorragend geeignet, die Geister zu scheiden, besonders wenn die unvermeidlichen Fragen nach der Verantwortlichkeit und Schuld gestellt werden. Analysiert wird, wie es zu dieser Entscheidung im August 1914 kommen konnte. Diskutiert wird der sozialdemokratische Internationalismus und Patriotismus.

Das Heldenzeitalter

»Haltet fest an der Losung,
die wir Euch so oft zugerufen:
An unserer Gesetzlichkeit müssen
unsere Feinde zu Grunde gehen.«
(Abschlußgruß Berliner Sozialdemokraten)

Am 19. Oktober 1878 beschloß der Reichstag mit 221 gegen 149 Stimmen das »Gesetz gegen die gemeingefährlichen Bestrebungen der Sozialdemokratie«. Dieses 30 Paragraphen umfassende Gesetzeswerk erlaubte, sämtliche Vereine, »welche durch sozialdemokratische, sozialistische oder kommunistische Bestrebungen den Umsturz der bestehenden Staats- oder Gesellschaftsordnung bezwecken«, zu verbieten; ebenso Vereine und »Verbindungen jeder Art« (Gewerkschaften, Genossenschaften, Hilfskassen) sowie Versammlungen, Zeitungen und sonstige Publikationen, in denen solche Bestrebungen »zutage treten«. Hauptmissetäter wurden mit Geld- und Gefängnisstrafen bedroht und konnten sogar in Orten oder Bezirken, die nach Auffassung der Behörden akut vom Umsturz bedroht waren, ausgewiesen werden. (Dok. 1) Eine beispiellose Verbotswelle setzte ein. Nach knapp einem Jahr waren nicht nur die sozialdemokratischen Vereine und Zeitungen verboten, sondern auch fast alle sozialdemokratisch orientierten gewerkschaftlichen Organisationen. Nach einer Statistik von Franz Mehring wurden 217 Vereine, 5 Kassen, 127 periodische und 278 nichtperiodische Druckschriften verboten. Zu Beginn des Sozialistengesetzes zählte die Partei ca. 30 000 Mitglieder, die Gewerkschaften ca. 60 000, die in 30 zentralen bzw. überregionalen Gewerkschaften und in zahlenmäßig schwer einzuschätzenden lokalen Fachvereinen organisiert waren[1].

Das Sozialistengesetz

Fragt man nach den Gründen, die Bismarck bewogen, ein Ausnahmerecht gegen Sozialdemokraten zu fordern und durchzusetzen, dann

1 Vgl.: Willy Albrecht, Fachverein – Berufsgewerkschaft – Zentralverband. Organisationsprobleme der deutschen Gewerkschaften 1870-1890, Bonn 1982, besonders S. 244ff.

kann der Anlaß, die Attentate auf den Kaiser, außer Betracht bleiben. Bismarcks Versuch, die Verantwortung für die Attentate den Sozialdemokraten in die Schuhe zu schieben, war eine offenkundige Manipulation.

Auch seine Absicht, die Nationalliberale Partei über die Vorlage eines Ausnahmegesetzes gegen die Sozialdemokratie entweder zu demütigen oder zu spalten, gibt darauf keine hinreichende Antwort. »Jetzt habe ich die Kerle, jetzt drücke ich sie an die Wand, bis sie quietschen«, soll er geäußert haben. Doch ein Grund für Bismarcks Abneigung gegen seinen jahrelangen parlamentarischen Bündnispartner war ja gerade die Weigerung der Nationalliberalen gewesen, einen wesentlichen Programmpunkt Bismarckscher Politik verwirklichen zu helfen, nämlich ein Ausnahmegesetz gegen die Sozialdemokratie durchzusetzen. So hatten sich die Nationalliberalen zunächst standhaft geweigert, ein Reichspressegesetz, das kaum verhüllt sozialdemokratische Aufklärung verboten hätte, zu unterstützen (1874), ebenso vereitelten sie seinen Versuch, denjenigen zu bestrafen, der »in einer den öffentlichen Frieden gefährdenden Weise verschiedene Klassen der Bevölkerung gegeneinander öffentlich aufreizt, oder wer in gleicher Weise die Institute der Ehe, der Familie oder des Eigentums öffentlich durch Rede oder Schrift angreift« (1876). Auch Bismarcks ersten Anlauf für ein Sozialistengesetz ließen sie scheitern (der Gesetzentwurf wurde mit 251 gegen 57 Stimmen abgelehnt). Erst nach dem zweiten Attentat glaubten sie dem politischen Druck nicht länger standhalten zu können und verschafften Bismarck die notwendige Mehrheit (zusammen mit den Konservativen) für sein Ausnahmegesetz gegen die Sozialdemokratie – und brachen sich damit selbst das moralisch-politische Rückgrat.

In einer solchen Betrachtung erscheint die Sozialdemokratie nur als Mittel zum Zweck der Bekämpfung der Nationalliberalen. Bismarck benutzte das »rote Gespenst« der Sozialdemokratie nur, um bei den Bürgern die Sehnsucht nach einem starken Staat, nach einer starken Regierung zu wecken, die die Gesellschaft vor Umsturz und Chaos bewahrt, um auf diese Weise, ihre Vertreter im Reichstag zur Unterstützung einer solchen Regierung zu zwingen. Dieses Motiv – obwohl Bismarck es in seinen »Erinnerungen« weit von sich wies – ist unübersehbar.

Oft gerät bei dieser Sichtweise jedoch nur der Urheber des Ausnahmegesetzes in das Blickfeld; die Bürger (angesprochen waren dabei nur die Männer, die in freier, geheimer, allgemeiner und gleicher Wahl Abgeordnete wählten), die Bismarck für sein Vorhaben, die Sozialdemokratie zu unterdrücken, die Hand reichen wollten, werden übersehen. Dabei hatte die Reichstagswahl vom 30. Juli 1878 den Charakter eines Plebiszits über das Ausnahmegesetz. Obwohl dieser Wahlkampf ein Lehrstück für Stimmungsmache darstellte, wird die Verantwortung der Wahlbürger nicht mit dem Hinweis aufgehoben, die öffentliche Meinung sei manipuliert gewesen. Die Taktik, »man müsse den roten Lappen so lange schwingen, bis er in den Augen der geängstigten Philister wie der Schein brennender Städte aussehe«[2], hatte nach den zwei Attentatsversuchen durchschlagenden Erfolg. Welche Hysterie entstand, zeigt sich an der Person des nationalliberalen Historikers Treitschke, der den Unternehmern die Frage stellte, warum sie nicht erklärten, »daß sie in ihren Werken keinen Arbeiter beschäftigen werden, der an der sozialdemokratischen Wühlerei teilnimmt?«[3]

Entscheidend scheint mir jedoch, daß sich so viele Bürger auf diese Art manipulieren und mit dem »Gespenst des Kommunismus« tatsächlich Angst einjagen ließen. Dies wirft ein Schlaglicht auf das politische Bewußtsein der Zeit, auf die dadurch mitbedingten realen Machtverhältnisse und auf die Handlungsmöglichkeiten der Sozialdemokratie.

Die Wahl zum Reichstag stärkte die konservativen Parteien in einem Ausmaß, wie es sich Bismarck nicht erhofft hatte: Sie gewannen zu ihren 89 Mandaten 28 hinzu, während die Nationalliberale Partei von 136 Mandaten 29 verlor. Die Vertreter der Nationalliberalen Partei waren nun derart eingeschüchtert, daß sie ihre geheiligten liberalen Prinzipien (Rechtsgleichheit, Idee des Rechtsstaates) über den Haufen warfen und für das Sozialistengesetz stimmten, im klaren Bewußtsein, dem »infamsten Gesetz« (Johannes von Miquèl – später Frankfurter Oberbürgermeister und preußischer Finanzminister, vormals Mitglied beim Bund der Kommunisten) zuzustimmen. Die Sozialdemokratie konnte in diesen Wahlen von ihren vorherigen 12 Mandaten immerhin 9 behaupten. Auch das Zentrum, die katholische Partei, die bei Bismarck zu diesem Zeitpunkt noch unter der Rubrik »Reichsfeinde« eingeordnet war und die gegen das Sozialistengesetz stimmte, konnte ihre Mandate halten (zusammen mit Splittergruppen 126). Hingegen verlor die linksliberale Fortschrittspartei 9 von 35 Mandaten.

An Bismarcks Versuchen, ein Ausnahmegesetz gegen die Sozialdemo-

---

2 Franz Mehring, Geschichte der deutschen Sozialdemokratie, Zweiter Teil, Berlin (DDR) 1960, S. 503.
3 Ebenda, S. 499.

kratie zu erwirken, zeigten sich jedoch auch die Grenzen des autoritäten Obrigkeitsstaates im Rahmen der Verfassung des Deutschen Reiches. Deutlich wurde gerade hier die relative Macht, die das Rechtsstaatsprinzip im öffentlichen Bewußtsein erreicht hatte. Allein, daß die Exekutive glaubte, für die Unterdrückung der Sozialdemokratie einer gesetzlichen Grundlage zu bedürfen, ist dafür ein Indiz. Damit wird zugleich die relative Macht der Volksvertretung im Kaiserreich sichtbar. Obwohl der Reichskanzler vom Parlament unabhängig war, konnte er nicht (mehr) längerfristig gegen eine parlamentarische Mehrheit regieren – wollte er nicht zum äußersten Mittel des Staatsstreiches greifen. Dies war allerdings ein Gedanke, der auf der politischen Rechten angesichts der labilen Mehrheitsverhältnisse im Parlament immer wieder auftauchte, zumal als sich die theoretische Möglichkeit ergab, die Sozialdemokratie könnte versuchen, die Rolle des Züngleins an der Waage zu spielen.

Das Sozialistengesetz bedeutete auch, daß die Behörden ihre Unterdrückungsmaßnahmen gegen Sozialdemokraten legitimieren mußten und daß es gegen ihre Maßnahmen eine rechtliche Einspruchsmöglichkeit gab (vgl.: Dok. 1), die von den Sozialdemokraten konsequent genutzt wurde. Obwohl die Rechtsprechung der behördlichen Willkür allergrößtes Entgegenkommen zeigte, konnten die Richter mit den Gesetzen doch nicht beliebig Schindluder treiben. Auch gab es vereinzelt Richter, die sich nicht zum Büttel der Staatsanwälte machen ließen.

Bismarck und die Sozialdemokraten

Bismarck erkannte nach der Reichsgründung 1871 zunehmend, daß die »soziale Frage« auch eine politische Frage war. D. h. er glaubte, daß für den Bestand der staatlichen Ordnung, der Bewahrung des monarchischen Prinzips sowie der Hegemonie des preußischen Staates und seiner Regierung staatliches Handeln auf sozialem Gebiete erforderlich sei. In diesem Rahmen wollte er den berechtigten Wünschen der arbeitenden Klassen durch Gesetzgebung und Verwaltung entgegenkommen. Anders als noch zu Zeiten des Verfassungskonfliktes, als er mit dem Gedanken spielte, Lassalle für seine Ziele einzuspannen, war er nun der Auffassung, daß zum Zucker einer sozialen Gesetzgebung die Peitsche von Verbots- und Strafgesetzen gegen die »staatsgefährlichen Agitatoren« gehöre. Angeblich sei ihm die Erleuchtung, welche Gefahr die Sozialdemokratie darstelle, gekommen, als Bebel sich 1871 im Reichstage mit dem Aufstand der Pariser Bevölkerung solidarisierte bzw. diesen nur als »Vorpostengefecht« bezeichnete, dem bald größere Taten folgen würden. »Von diesem Augenblick an habe ich in den sozialdemokratischen Elementen einen Feind erkannt, gegen den der Staat, die Gesellschaft sich im Stande der Notwehr befindet.«[4]

Ein Mann wie Bismarck, der 1848 in der Revolution auf konterrevolutionärer Seite politische Primärerfahrungen gesammelt hatte und der durch die Pariser Commune 1871 einen Aufstand aus der Nähe beobachten konnte, war sich der Vergänglichkeit politischer Herrschaftssysteme bewußt. Zwar konnte er – nüchtern betrachtet – in der Sozialdemokratie der 70er Jahre schwerlich eine wirkliche »Umsturzpartei« erblicken, doch wer wußte schon, welche Folgen die im Vergleich zu 1848 viel dramatischere ökonomische Umbruchsituation zeitigen würde? Den, durch die französischen Goldmilliarden angeheizten, Gründerjahren war wenig später der Gründerkrach gefolgt (1873), und ein Ende der Krise – für die der Begriff »große Depression« geprägt wurde – war nicht abzusehen.

Für ein Sozialistengesetz war Bismarck auch nach den Neuwahlen zum Reichstag auf die Stimmen der Nationalliberalen Partei angewiesen. Der Entwurf des preußischen Innenministeriums schien dies bereits zu berücksichtigen. Bismarck war dieser Entwurf jedoch viel zu lasch. »Die Vorlage, so wie sie jetzt ist, wird praktisch dem Sozialismus nicht Schaden tun, zu seiner Unschädlichmachung keineswegs ausreichen« und deshalb dürfe ein wirkungsvolles Gesetz »den gesetzlich als Sozialisten erweislichen Staatsbürgern das Wahlrecht und die Wählbarkeit und den Genuß der Privilegien der Reichstagsmitglieder« nicht lassen, ließ er dem preußischen Innenminister ausrichten.[5] Bismarck drang mit seinem Vorschlag nicht durch. Mit seiner Einschätzung der Wirksamkeit des Gesetzes lag er jedoch nicht falsch. Ob seine schärfere Variante – wäre sie Wirklichkeit geworden – allerdings das Ende der Sozialdemokratie bedeutet hätte, ist unwahrscheinlich.

Verwirrung

Das Sozialistengesetz führte zunächst zu einiger »Verwirrung« (Bernstein) in den Reihen der Sozialdemokratie, speziell ihrer Führer. Zu

4 Zitiert nach: Lothar Gall, Bismarck – Der weiße Revolutionär, Frankfurt a. M.—Berlin—Wien 1980, S. 497.
5 Bismarck, Gedanken und Erinnerungen, Ausgabe: Stuttgart/Berlin 1928, S. 484.

einem Zeitpunkt, als die Drohung des Verbots schon sehr real war, jedoch noch Hoffnung bestand, die Nationalliberalen würden – wie bei dem ersten Versuch Bismarcks – das Sozialistengesetz zu Fall bringen, veröffentlichte der *Vorwärts* – mit drohendem Unterton – eine Schilderung der Wirkung eines solchen Verbots:

»Die zwei Millionen geächteter deutscher Staatsbürger brauchen sich dann auch nicht verpflichtet zu fühlen, die Gesetze des deutschen Reiches überhaupt zu achten. Sie werden sich nicht offen gegen dieselben auflehnen, aber eine moralische Pflicht kann man von ihnen nicht erwarten, die Gesetze des Vaterlandes hochzuhalten. Wenn das Vaterland seine eigenen Söhne, und zwar vielfach seine besten Söhne in einer Weise verfehmt, drangsaliert und niederdrückt, wie es der preußische Gesetzentwurf verlangt, dann hat dieses Vaterland jeden Anspruch auf die Liebe derselben verloren. Dann kann es den Geächteten nur willkommen sein, wenn das deutsche Reich, das neuaufgebaute, wieder zusammenbricht.«[6]

Als das Gesetz am 19. Oktober 1878 verabschiedet wurde, hieß es hingegen:

»Da nicht unsere Anschauung und unser Geschmack, zu schreiben und zu redigieren, allein maßgebend ist, sondern der Wunsch unserer zahlreichen und treuen Leser, daß ihnen der ›Vorwärts‹ erhalten bleibe, so werden wir uns auf den Boden des Ausnahmegesetzes stellen und ›sozialdemokratische, sozialistische oder communistische, auf den Umsturz der bestehenden Staats- oder Gesellschaftsordnung gerichtete Bestrebungen‹... sorgsamst vermeiden.«[7]

Aus der Kopfleiste hatte die Redaktion sogleich den Untertitel »Central-Organ der Sozialdemokratie Deutschlands« gestrichen. All dies war vergebliche Liebesmüh. Der *Vorwärts* gehörte mit zu den ersten Blättern, die sogleich verboten wurden. Auch den anderen Parteizeitungen, die versuchten, durch Umwandlung in »farblose Blätter« einem Verbot zu entgehen, ging es bis auf Ausnahmen nicht anders.

Der Parteivorstand gar (nach dem bereits 1876 erfolgten Verbot der offiziellen sozialdemokratischen Partei in Preußen als »Central-Wahlcomité der sozialistischen Arbeiterpartei« neu konstituiert), löste sich am 19. Oktober, dem Tag der Abstimmung im Reichstag, vorsorglich auf und ordnete gleichzeitig die Auflösung sämtlicher Parteiorganisationen an. »Wenn irgendwo noch eine Parteimitgliedschaft bestehen sollte, so ist dieselbe sofort aufzulösen.«[8]

Doch so einfach, wie die Parteiführung – auch die Mitglieder der

6 Vorwärts – Central-Organ der Sozialdemokratie Deutschlands, Nr. 102, 30. August 1878 (zitiert als Vorwärts).
7 Vorwärts, Nr. 125 vom 21. Oktober 1878.
8 Ebenda.

An unsere Freunde und Parteigenossen in Berlin.

Durch Verfügung der Polizei zu Personen gestempelt, von welchen „eine Gefährdung der öffentlichen Ordnung und Sicherheit zu besorgen ist“, sind wir sämmtliche Unterzeichnete aus Berlin und dessen Umkreis verwiesen.

Bevor wir dieser Verfügung nachkommen und bevor wir unsere Heimath und unsere Familien verlassen und in die Verbannung gehen, halten wir es für unsere Pflicht an Euch, Genossen, noch ein paar Worte zu richten.

Man wirft uns vor, daß wir die öffentliche Ordnung gefährden.

Genossen und Freunde! Ihr wißt, so lange wir unter Euch waren und durch Wort und Schrift zu Euch sprechen konnten, war es unser erstes und letztes Wort:

Keine Gewalthätigkeiten, achtet die Gesetze, vertheidigt aber innerhalb des Rahmens derselben Eure Rechte.

Diese Worte möchten wir Euch heute zum Abschied noch einmal zurufen und Euch auffordern, sie jetzt mehr als je zu befolgen, mag auch die nächste Zukunft bringen, was sie will.

Laßt Euch nicht provoziren!

Vergeßt nicht, daß ein infames Lügensystem in der Presse es fertig gebracht hat, uns in der öffentlichen Meinung als Diejenigen hinzustellen, welche zu jeder Schandthat fähig sind, deren Ziel nur Umsturz und Gewaltthat sein sollte.

Jeder Fehltritt eines Einzigen von uns würde für Alle die schlimmsten Folgen haben und gäbe der Reaktion eine Rechtfertigung für ihre Gewaltstreiche.

Parteigenossen! Arbeiter Berlin's! Wir gehen aus Eurer Mitte in's Exil; noch wissen wir nicht, wie weit uns die Verfolgungswuth treiben wird, aber deß seid versichert, wo wir auch weilen mögen, stets werden wir treu bleiben der gemeinsamen Sache, stets werden wir die Fahne des Proletariats hoch halten, von Euch aber verlangen wir: **Seid ruhig**! Laßt unsere Feinde toben und verläumden, schenkt ihnen keine Beachtung.

Weist die Versucher ab, die Euch zu geheimen Verbindungen oder Putschen reizen wollen.

Haltet fest an der Losung, die wir Euch so oft zugerufen: **An unserer Gesetzlichkeit müssen unsere Feinde zu Grunde gehen.**

Und nun noch ein Wort, Freunde und Genossen! Die Ausweisung hat bis jetzt, mit Ausnahme eines einzigen, nur Familienväter getroffen.

Keiner von uns vermag seinen Angehörigen mehr als den Unterhalt der nächsten Tage zurück zu lassen.

Genossen! **Gedenkt unserer Weiber und unserer Kinder!**

Parteigenossen! Bleibet ruhig!

Es lebe das Proletariat! Es lebe die Socialdemokratie!

Mit social-demokratischem Gruß

Aug. Baumann. Ignaz Auer. Heinrich Rackow. F. W. Fritzsche. H. Ecks. C. Finn. Florian Paul. Albert Paul. Auders. Fischer. Carl Greifenberg. R. Schnabel. Körner. Werthmann. Einer. Julius Malkowitz. Jakob Winnen. Zabel. Wernsdorf. Thierstein. Stenzleit. K. Klein. Schiele. Kohlstädt.

Druck der Allg. Deutschen Assoc.-Buchdruckerei zu Berlin. (E. G.) In Liquidation.

Abschiedsflugblatt der Berliner Ausgewiesenen. November 1878

Aus: Eduard Bernstein, Geschichte der Berliner Arbeiterbewegung, 2. Band, Berlin 1907.

Reichstagsfraktion waren an dieser Entscheidung beteiligt – sich die Auflösung der Partei vorstellte, wollten die Mitglieder in den örtlichen Parteigliederungen es vielfach der Polizei nicht machen.

Wenn Franz Mehring in seiner klassischen Geschichte der deutschen Sozialdemokratie von einem »zwölfjährigen Heldenkampfe« der Sozialdemokratie spricht, dann war er sich bewußt, daß die Helden anfänglich nicht so sehr oben in der Parteiführung, sondern mehr in den unteren Parteigliederungen zu finden waren: »Zweifellos war die Situation nicht durch die Führer, sondern durch die Massen gerettet worden.«[9]

Für den Geschichtsschreiber ist es natürlich sehr einfach, andere aufzufordern, den Helden zu spielen. Bernstein in seiner Geschichte der Berliner Arbeiterbewegung ist in seiner Kritik an der Parteiführung zurückhaltender.

Verbotspraxis

Oft ließ die Polizei den Mitgliedern gar keine Zeit, gemäß der Empfehlung der Parteiführung ihre Organisationen ordnungsgemäß aufzulösen. In Berlin wurden am Tage, als das Gesetz in Kraft trat (21. Oktober), der »Verein zur Wahrung der Interessen der werktätigen Bevölkerung Berlins« (so nannte sich die schon seit November 1877 in Berlin verbotene Sozialdemokratische Partei), die Gewerkschaft der Tabakarbeiter und die Gewerkschaft der Schmiede verboten. »Es blieb keine einzige Arbeiterorganisation verschont; selbst die Arbeiter-Gesangvereine wurden durch Verfügung vom 31. Oktober aufgelöst«.[10] So wie in Berlin wurde im gesamten Reich verfahren. Einen ersten Höhepunkt erreichte die Verfolgungswut der Behörden Ende November 1878, als die Rückkehr des Kaisers zum Anlaß genommen wurde, den »kleinen Belagerungszustand« über Berlin zu verhängen. Diese Maßnahme laut § 28 des Sozialistengesetzes erlaubte u. a., »daß Personen, von denen eine Gefährdung der öffentlichen Sicherheit oder Ordnung zu besorgen ist, der Aufenthalt in den Bezirken oder Ortschaften untersagt werden kann«. Der Berliner Polizeipräsident entdeckte sogleich 67 Sozialde-

9 Franz Mehring, Geschichte der Deutschen Sozialdemokratie, Zweiter Teil, Stuttgart 1898, S. 430. In späteren Ausgaben hat Mehring diesen Satz gestrichen, weil er »unter anderem bei Auer und Bebel« mißverständliche Auffassungen hervorgerufen hätte (vgl.: seine Begründung in der vierten Auflage, Stuttgart 1909, 4. Band, S. 363f.

10 Eduard Bernstein, Geschichte der Berliner Arbeiterbewegung, 3. Band, Berlin 1907, S. 12.

mokraten, die ihm zu dieser Sorge Anlaß gaben, darunter Spitzenfunktionäre der Partei und der Gewerkschaften, aber in »schnödester Willkür« (Bernstein) auch wenig exponierte Parteimitglieder.

Diese spektakuläre Polizeiaktion hatte, so hart sie für die betroffenen Personen gewesen sein mochte, für die Partei auch ihre guten Seiten: Es wurde jene Losung gefunden, die als allgemeine Richtschnur sozialdemokratischen Verhaltens gegenüber staatlicher Willkür diente, und dies weit über das Sozialistengesetz hinaus: »An unserer Gesetzlichkeit müssen unsere Feinde zu Grunde gehen«. (vgl.: Abb. S. 29)

Dies schloß nicht aus, daß sich lokale Gliederungen der Partei wie in Berlin eine illegale Organisation von Vertrauensleuten aufbauten und auch nicht, daß ein illegaler Vertrieb verbotener Publikationen organisiert wurde.

Ganz auf der allgemeinen gesetzestreuen Linie, jedoch im besten Schwejkschen Sinne, bewegten sich die Sozialdemokraten, als sie sogleich Unterstützungskomitees für die Ausgewiesenen und generell für die vom Sozialistengesetz Betroffenen und ihre Familien gründeten. Sozialdemokraten, die sich politisch-organisatorisch betätigten, wurden zwar verfolgt, nicht jedoch Sozialdemokraten, die eine Unterstützung für verfolgte Sozialdemokraten organisierten. Es war dies der erste Schritt zur Reorganisation der Partei unter dem Sozialistengesetz.

Nicht vergessen werden soll der Beitrag, den das Ende 1879 gegründete wöchentliche Zentralorgan *Der Sozialdemokrat* zum Überleben der Partei beitrug. In Deutschland sogleich verboten, konnte es seine Auflage von anfangs knapp über 1 000 auf ca. 10 000 zu Ende des Sozialistengesetzes steigern.[11] Genannt werden müssen auch die sozialdemokratischen Lokalzeitungen, die oftmals nur unter leichter Tarnung wieder gegründet und legal erscheinen durften. In Nürnberg schaffte es Karl Grillenberger, der süddeutsche Matador der Sozialdemokratie (ab 1884 sozialdemokratischer Reichstagsabgeordneter), noch kurz vor Erlaß des Sozialistengesetzes die Lokalzeitung der Sozialdemokratie, den *Nürnberg-Fürther Sozialdemokraten*, in ein »farbloses« Blatt, die *Fränkische Tagespost*, umzuwandeln und erfolgreich durch die Zeit des Sozialistengesetzes zu bringen.[12] Erst ab April 1884 wagten die Berliner

11 Vgl.: Joseph Belli, Die Rote Feldpost unterm Sozialistengesetz, Reprint, Bonn 1979.

12 Vgl.: Dieter Rossmeissl, Arbeiterschaft und Sozialdemokratie in Nürnberg 1890-1914, Nürnberg 1977, S. 129.

Sozialdemokraten das *Berliner Volksblatt* als »Organ für die Interessen der Arbeiter« herauszugeben.

Ab August 1887 erschien die radikaler gestimmte *Berliner Volkstribüne* als »Social-Politisches Wochenblatt«. Sie wollte über die Arbeiterbewegung aller Länder und ihre Organisationen (Trades Unions, Fachvereine, Unterstützungskassen etc.) berichten, in Deutschland sich besonders der Entfaltung der Fachvereine und ihrer »behördlichen Drangsalierung« widmen und dahin wirken, »daß die alten, ihre Wirksamkeit hemmenden Gesetze beseitigt und abgeändert werden«. Die programmatische Erklärung dieser Zeitung zeigt, welch offene Sprache zu diesem Zeitpunkt riskiert werden konnte:

> »Wir werden dabei aber niemals die letzten großen Fragen der sozialen Emanzipationsbewegung aus dem Auge verlieren, und überall, wo die Arbeiterbewegung in eine bloße Fach- und Klassensimpelei zu entarten droht, werden wir auf die ferneren und höheren Ziele hinweisen«.

Damit auch jeder wußte, was damit gemeint war, berief sich die Redaktion auf eine Entscheidung der »Reichskommission« (der Beschwerdeinstanz des Ausnahmegesetzes), »daß der sozialistische Charakter eines Blattes und seiner Artikel an sich kein Verbot begründen könne«.[13]

Insgesamt konnte die Partei unter dem Sozialistengesetz, nach Angabe von Franz Mehring, die Zahl ihrer »politischen Blätter« im Vergleich zur Zeit vorher von 42 auf 60 steigern.

Das Überleben der Sozialdemokratie wurde erheblich erleichtert durch die merkwürdige Zwitterform des Ausnahmegesetzes: Es verbot zwar die sozialdemokratischen Parteiorganisationen, nicht jedoch die sozialdemokratische Reichstagsfraktion, und es verbot auch nicht, daß Sozialdemokraten bei Kommunal-, Landtags- und Reichtstagswahlen sich weiter zur Wahl stellen konnten. So beteiligten sich unerschrockene Berliner Sozialdemokraten bereits am 19. November 1878, also knapp vier Wochen nach Beginn des Ausnahmezustandes an der Stadtverordnetenwahl. Überragenden Stellenwert hatten die Reichtagswahlen, weil hier im Unterschied zu den Landtags- und Kommunalwahlen, in denen wie z. B. in Preußen auf der Grundlage eines Dreiklassenwahlrechtes gewählt wurde, alle Männer ab dem 25. Lebensjahr wählen konnten. Nicht verboten war es außerdem, die Wahlen von sozialdemokratischen Kandidaten mit Wahlvereinen – laut § 17 des Wahlgesetzes – zu organisieren. Dieses Recht wurde erfolgreich genutzt. Die Wahlkomi-

13 Berliner Volkstribüne, Probenummer, 30. Juli 1887.

tees, die zunächst ohne Firmenschild, später jedoch wieder offen als sozialdemokratische Wahlkomitees auftraten, trugen ihren Teil bei zum Überleben der Sozialdemokratie. Alle Versuche – besonders in der ersten Zeit des Sozialistengesetzes – ihre Tätigkeit durch polizeiliche Schikane zu verhindern, scheiterten am Mut vieler Sozialdemokraten und an ihrer strikt gesetzestreuen Taktik, die fast sämtlichen Polizeimaßnahmen den Charakter reiner Willkür oder grenzenloser Albernheit verliehen.

Als die Behörden ihren vielfältigen Beweisnöten mit dem Aufbau eines Spitzelapparats abzuhelfen versuchten, wurde es bald zu einer Art Sport, Polizei und Polizeispitzel zu verhöhnen. Folgt man Bernsteins Beschreibungen des sozialdemokratischen Alltags in Berlin unter dem Sozialistengesetz, dann wurde dieses Gesetz zunehmend zum Kindergespött. Dies besonders dann, als sich zeigte, daß die Verfolgungsmaßnahmen die Sozialdemokratie nicht zu schwächen, sondern eher noch zu stärken schienen.

Dieser Blick auf die Zeit des Sozialistengesetzes soll nicht verbergen, daß die polizeiliche Verfolgung viele Sozialdemokraten existenziell bedrohte und sich besonders zu Beginn in ihren Reihen auch Mutlosigkeit und Resignation verbreiteten. Herausragende Beispiele dafür sind Julius Vahlteich und Friedrich Wilhelm Fritzsche, zwei Männer, die an der Spitze der neubeginnenden Arbeiterbewegung 1862 gestanden hatten, die zu den Gründungsmitgliedern des Allgemeinen Deutschen Arbeitervereins (ADAV) gehört und die sich über fast zwei Jahrzehnte hinweg unermüdlich für die Sache der Sozialdemokratie in Partei und Gewerkschaften abgerackert hatten.[14] Sie entschlossen sich – wie viele andere –, in die Vereinigten Staaten auszuwandern (1881). Angesichts der Biographie dieser beiden ist das Urteil von Bernstein, sie hätten »Fahnenflucht« begangen, reichlich hart.

Umsturz oder Reformpartei

Ein Grund für Bismarcks Bestreben, die Sozialdemokratie mit Gewalt zu unterdrücken, könnte auch darin gelegen haben, daß er nicht die Praxis der Sozialdemokraten zum Maßstab seiner Einschätzung nahm, sondern ihre teilweise radikale Rhetorik. Daran gemessen, kann das

---

14 Vgl.: Bd. 1 unserer Reihe, Manfred Scharrer, Arbeiter und die Idee von den Arbeitern, Köln 1990.

Sozialistengesetz als Versuch interpretiert werden, die Sprüche vom Umsturz der bestehenden Verhältnisse ernster zu nehmen, als sie von den Sozialdemokraten gemeint waren. An der verbalen Kampfansage der Sozialdemokratie bestand, selbst wenn sie in vergleichsweise gemäßigter Sprache formuliert wurde, kein Zweifel. Wenn Bebel z. B. vom »Endziel des deutschen Volkes« sprach, das »einzig und allein die Beseitigung der Monarchie und die Begründung der Republik sein kann und muß«[15], dann mußte jeder annehmen, daß die Sozialdemokraten zum Erreichen dieses Endzieles einen ernsthaften Beitrag leisten wollten. Jedenfalls durften die Sozialdemokraten sich nicht beschweren, wenn sie vom politischen Gegner an ihren Worten gemessen wurden. Als der politische Gegner den revolutionären Ehrentitel »Umsturzpartei« zu seinem Kampfbegriff machte, begannen die Führer der Sozialdemokratie jedoch, sich davon zu distanzieren. Die als Vorwurf empfundene Aussage, sie würden den gewaltsamen Umsturz, die Revolution der bestehenden gesellschaftlichen Ordnung betreiben, wiesen sie als böswillige Unterstellung zurück. Schon in seiner Rede in der Debatte über den Entwurf des Sozialistengesetzes entwickelte Bebel eine umständliche, defensive Interpretation der Begriffe Umsturz und Revolution mit Berufung auf den liberalen Staatsrechtler Bluntschli: Keineswegs müsse eine Revolution immer mit einem gewaltsamen Umsturz verbunden sein, es gebe sie auch im »vollständig gesetzlichen Sinne«. Nur die Uneinsichtigkeit der Herrschenden, rechtzeitig gründliche Reformen durchzuführen, provoziere gewaltsame Revolutionen.[16] Die Sozialdemokratie hingegen habe stets erklärt, sie wolle »den Weg der sogenannten Reform«, sie wolle »auf dem Weg der Gesetzgebung und der organischen Entwicklung allmählich« ihre Ziele erreichen.[17] Ganz in diesem Sinne waren dann auch die Wahlaufrufe abgefaßt:

> »Der Begriff der Revolution ist aber nicht gleichbedeutend mit dem Begriffe der Gewalt, sonst wären ja die Gewaltmenschen der Geschichte, die Dschingis-Khan, Tamerlan und sonstigen Männer der ›Blut- und Eisenpolitik‹ die Revolutionäre par excellence. Wohl ist bisher, infolge der Kurzsichtigkeit der Regierungen und regierenden Parteien, die Gewalt meistens die Geburtshelferin für neue Staats- und Gesellschaftsformen gewesen, allein dies ist keine absolute Notwendigkeit, und durch eine verständige Regierung kann jeder Grund zur Gewaltanwendung aus dem Wege geräumt werden ... Ob die revolutionäre Bewegung, in deren Mitte wir uns jetzt befin-

15 Zitiert nach: August Bebel, Ausgewählte Reden und Schriften, Berlin (DDR) 1978, Bd. 1, S. 135.

16 August Bebel, Rede im Reichstag am 16.9.1878, zitiert nach: Ausgewählte Reden und Schriften, Berlin (DDR) 1978, Bd. 2, S. 12ff.

17 Ders., Rede im Reichstag am 31.3.1881, in: ebenda. S. 126.

den, im großen und ganzen sich friedlich vollziehen wird, oder nicht, das hängt nicht von uns ab, sondern von den Regierungen und herrschenden Klassen«. (Dok. 3)

Die Sozialdemokratie bot sich ihren Wählern hier als die »alleinige Partei der Sozialreform« an.

Diese Argumentation berücksichtigt sicher den Ausnahmezustand, jedoch scheint sie auch nach den Erfahrungen der Revolutionen von 1848 und des in frischer Erinnerung haftenden Pariser Aufstandes von 1871 der Einsicht entsprungen, daß Bürgerkrieg und gewaltsamer Umsturz mit all ihren Greueln und Unwägbarkeiten möglichst vermieden werden müsse. Friedrich Engels hat dieser Haltung in einem selbstkritischen Rückblick auf die revolutionären Illusionen von 1848 und 1871 seinen Segen gegeben. Die »Rebellion alten Stils«, den »Straßenkampf mit Barrikaden« hielt er für veraltet. Nicht nur weil die militärtechnische Entwicklung ihn aussichtslos machte, sondern weil die sozialistische Umwandlung der Gesellschaft nicht das Werk »von kleinen bewußten Minoritäten an der Spitze bewußtloser Massen« sein konnte.[18]

Daß die Mitglieder und Wähler der Sozialdemokratie Barrikadenkämpfen, dem »letzten Gefecht« oder der »heiligen letzten Schlacht« entgegenfieberten, läßt sich schwerlich behaupten. Ausnahmen wie Johann Most, die den militanten Kampf propagierten, fanden kaum Anhänger, blieben isoliert, isolierten sich selbst und wurden schließlich aus der Partei ausgeschlossen. Als Sozialdemokrat par excellence gilt hingegen oft Moritz Th. W. Bromme, der in seiner Lebensgeschichte Einblick in das Denken, Fühlen und Handeln eines sozialdemokratischen Arbeiters gibt.[19]

Viele Arbeiter in dieser überwiegend durch elende Arbeits- und Lebensumstände geprägten Frühphase des Kapitalismus setzten ihre Hoffnung – falls sie sich nicht gottergeben in ihr Dasein schickten – selbst dort, wo sie zur Revolte getrieben wurden, nicht notwendig auf die Sozialdemokratie: Die streikenden Bergarbeiter von 1889 schickten ihre Delegation bezeichnenderweise zunächst noch zum Kaiser. Ein anderer Teil organisierte sich bei den liberalen Gewerkschaften, die entschiedene Gegner einer Umsturzpolitik waren und sogar einen Unvereinbarkeitsbeschluß für Sozialdemokraten verabschiedeten, wieder andere

18 Vgl.: Friedrich Engels, Einleitung zu Karl Marx' Klassenkämpfe in Frankreich 1848 bis 1850, in: MEW, Bd. 22, S. 509ff.

19 Vgl.: Manfred Scharrer, Arbeiterbewegung im Obrigkeitsstaat, Berlin 1976, besonders das Kapitel »Exemplarische Analyse der Bewußtseinsformen eines sozialdemokratischen Arbeiters«, S. 33ff.

gingen in die christlichen Vereine und später in die christlichen Gewerkschaften.

Jeder Versuch, die Sozialdemokratie nach dem alten Schema Reform- oder Revolutionspartei beurteilen zu wollen, muß – wenn Reform mit Opportunismus und Versumpfung und Revolution mit dem Bild der Frauengestalt aus dem Gemälde von Delacroix assoziiert wird, in die Irre führen. Wenn dann noch, wie in der SED-Geschichtsschreibung bis vor dem 9. November 1990 üblich, eine Agententheorie unterlegt wird, wonach böse Opportunisten die Partei guter Marxisten und Revolutionäre zuerst unterwandert und schließlich erobert hätten, dann verstellt man sich gänzlich die historische Erkenntnis.[20]

Die Frage, was eine revolutionäre oder wohl besser radikale Politik ist, muß dabei kritisch immer wieder an eine Partei gestellt werden, die von sich selbst behauptet, eine revolutionäre Organisation zu sein. Diese Methode der Kritik versucht die Partei an ihrem eigenen Anspruch zu messen.

Die Taktik der Parteiführung, den Rahmen des polizeilich Erlaubten nicht zu verlassen, die legalen Möglichkeiten zu nutzen, war gemessen an den Kräfteverhältnissen nicht verkehrt – und ihr Erfolg bestätigt dies zusätzlich. Ins Zwielicht geriet diese Politik, wenn die Grenze zwischen geschickter Taktik und prinzipienloser Anpassung und Anbiederei verwischt wurde. So schwankte Bebel bedenklich auf dieser Linie, als er im Reichstag 1880 erklärte: »Sollte es dahin kommen, daß irgendeine Macht deutsches Gebiet erobern wollte, werde die Sozialdemokratie gegen diesen Feind geradeso gut Front machen wie jede andre Partei.«[21] Mochte dieses klare Bekenntnis zur Vaterlandsverteidigung noch angehen, so klingt seine Aussage, daß die Sozialdemokratie dann auch »das famose heimische Regierungssystem und ihre Todfeinde mit verteidigen« müsse,[22] angesichts schärfster Verfolgung durch dieses System trotz ihres ironischen Untertons nicht übermäßig revolutionär.

Überhaupt mußte die fatale Situation, daß, während die Abgeordneten oben im Reichstag ihren parlamentarischen Geschäften nachgingen, unten in Städten, Gemeinden und Fabriken Sozialdemokraten polizeilicher Willkür und Schikane ausgesetzt waren, radikale Kritik produ-

---

20 Vgl.: Geschichte der SED, Bd. 1, Von den Anfängen bis 1917, Hg.: Institut für Marxismus-Leninismus beim ZK der SED, Berlin (DDR) 1988.
21 Zitiert nach: August Bebel, Aus meinem Leben, Ausgabe Berlin (DDR) 1964, S. 726.
22 Ebenda., S. 727.

Verbrauchsstatistik eines ledigen Metallarbeiters zu Dresden im Jahre 1888.

	M	*M*
Kostgeld für Mittagessen, Kaffee mit 2 Brödchen, Brod und Butter für den ganzen Tag, Ausbessern und Waschen der Kleidungsstücke, pro Woche 7 M, jährlich . .		364,—
Kleidung		
Einen Anzug	64,—	
Einen Winter-Ueberzieher .	63,—	
2 Arbeits-Blousen	4,50	
3 Schlipse à 1 Mk.	2,—	
Garn für Strümpfe	3,—	
Eine Arbeitshose	3,—	
Eine Hose gebügelt	0,40	139,90
Schuhwerk		
Vier Paar Sohlen, 1 Paar Absätze	13,—	
2 Paar Holzpantoffel	2,40	15,40
Wohnung		65,55
Krankenkasse	14,40	
Staatssteuern	9,40	
Vereinssteuer	5,30	
Unterstützungsbeiträge . . .	5,36	
Konsumverein	11,50	
Zeitungen	6,20	
Literatur	15,15	
Ein Bücherbrett	1,75	
Für Büchereinbinden	2,90	
Lotterie	7,70	
1 Bettstelle, 1 Strohsack . .	13,—	
Einen Sonnenschirm	2,25	
Schirmreparaturen	1,—	
Für Geschenke	11,—	
Laubsägeartikel	2,85	
Sonstige Gebrauchsgegenstände	5,48	115,24
Unterhaltung		
Für Eintrittsbilletts	4,05	
Für Tanz	1,75	
Panoramabilletts	3,—	8,80
Fahrten		
Für Eisenbahnfahrt	2,40	
Für Pferdebahnfahrt	4,20	6,60
Arzneimittel	9,50	
Schreibmaterialien	1,48	
Cigarren	50,14	61,12

Getränke	*M*	*M*
588 Glas Lagerbier à 15 Pf.	88,20	
27 Schnitte à 10 Pf.	2,70	
20 Fl. à 11 Pf.	2,20	
71 Fl. Culmbacher à 14 Pf. .	9,94	
17 Glas Culmbacher à 20 Pf.	3,40	
1007 Fl. Einf. à 6 Pf.	60,42	
16 Fl. Weißbier à 30 Pf. . . .	4,80	
1 Fl. Weißbier à 40 Pf. . . .	0,40	
Wein	4,10	
6 Fl. Selterwasser à 25 . . .	1,50	
Cognac	4,15	
Kaffee	1,60	183,41
Diverse Speisen		
Wurst	44,43	
Rauch-Fleisch	24,70	
Gehacktes Fleisch	4,42	
Häringe, gebraten, marinirt, geräuchert	7,83	
Bücklinge	4,63	
Sprotten	0,15	
Käse, mageren	2,40	
Butterbrod und Käse 5 mal à 25 Pf.	1,25	
Butterbrod und Schinken 5 mal	2,50	
Stammabendbrod 8 mal à 30 Pf.	2,40	
Eier	3,42	
Sülze 5 mal à 25 Pf.	1,25	
Mittagessen 2 mal	1,65	
Oel-Sardinen	1,—	
1 Russen	0,50	
1 Gänsebraten	0,50	
Birnen	0,82	
Sauer- und Pfeffergurken . .	0,48	
Aal, geräuchert	1,95	
Apfelsinen	0,60	
Beefsteak 3 mal à 30 Pf. . .	0,90	
Kirschen	0,23	
Einen Speckkuchen	0,10	108,11
Summa	*M*	1068,13
Jahreseinnahme		1080,—
Jahresausgabe		1068,13
Überschuß		11,87

Man wird gewiß nicht behaupten wollen, daß in obigen Posten (ausgenommen einen) Ausgaben enthalten sind, die ein Arbeiter nicht zu machen brauche. Der betr. Arbeiter ist einer der besserbezahlten. Der Durchschnittsverdienst der Arbeiter in der Sächsisch-Thüring'schen Eisen- und Stahlberufsgenossenschaft betrug bekanntlich pro 1887 nur 823 Mk. Es ist daher evident, daß ein Arbeiter, der diesen oder noch einen geringeren Lohn bezieht, sich Entbehrungen auferlegen muß. Ein Familienvater gar muß sich den Schmachtriemen ordentlich anziehen. Durch nichts können die schönfärberischen Behauptungen von günstiger Lage der Arbeiterverhältnisse besser widerlegt werden als durch solche zahlenmäßige Angaben.

Aus: Deutsche Metall-Arbeiter-Zeitung, Nr. 11 vom 16. 3. 1889.

zieren. Dies geschah vor allem dann, als die Stärke der Fraktion nach der Wahl von 1884 (24 Mandate) die Versuchung schuf, sich in den parlamentarischen Betrieb zu integrieren. Es bot sich jetzt die Möglichkeit der Beteiligung an den Kommissionen und dem Seniorenkonvent und die Möglichkeit, in bestimmten Fragen Bündnisse mit anderen Parteien zu schließen. Vor allem unter den Berliner Sozialdemokraten verbreitete sich eine antiparlamentarische Stimmung und zunehmende Kritik am Verhalten der Führung.

Unabhängig von der Berechtigung dieser Kritik im einzelnen, ist es eher verwunderlich, daß die moderate Haltung der Parteiführung nicht mehr Kritik erfahren hat, daß ihr die Mitglieder weitgehend gefolgt sind, bzw. daß radikale antiparlamentarische Kritik und anarchistische Praxis kaum Anhänger fand. Oder anders formuliert, es verwundert, daß durch die Ausgrenzung und Unterdrückung der Sozialdemokraten, diese nicht – wie die zunehmende Berufung auf die Marxsche Theorie vielleicht nahelegen könnte – in ein wirklich feindseliges Verhältnis zum Staat getrieben wurden. Selbst unter dem Sozialistengesetz nutzten sie jede noch so kleine Möglichkeit der positiven Mitwirkung, wann immer sie angeboten wurde. Vorherrschend war die Klage, daß der Staat die Sozialdemokraten – speziell bei der Ausarbeitung der Sozialgesetzgebung – so wenig zur Mitgestaltung heranzog.

An dieser Haltung änderte auch das Erfurter Programm (1891) wenig. Es mag in seinen theoretischen Aussagen vielleicht noch zu Recht als »marxistisch« interpretiert werden, eine radikale politische Praxis wurde und konnte daraus jedoch nicht abgeleitet werde. Im Gegenteil: Der hier formulierte historische Zusammenbruchsglauben vertrug sich ausgezeichnet mit politischer Passivität, verlieh ihr sogar noch höhere Weihen.[23]

Gewerkschaften

Das Sozialistengesetz war gegen die Sozialdemokratie insgesamt in ihrer Einheit von Partei und Gewerkschaften gerichtet. Im Unterschied dazu wurden die liberalen Gewerkschaften, der Verein deutscher Gewerkvereine (Hirsch-Dunckersche Gewerkvereine genannt) nicht behelligt. Ebenso wie die Parteiorganisationen waren die sozialistischen

---

23 Vgl.: Erich Matthias, Kautsky und der Kautskyanismus, in: Marxismus-Studien, Tübingen 1957.

Gewerkschaften auch schon vor dem Sozialistengesetz massiver staatlicher Unterdrückung ausgesetzt gewesen. Dies besonders in Preußen, wo mit der Ernennung von Hermann Tessendorf zum Staatsanwalt der politischen Strafkammer am Berliner Stadtgericht, eine nach ihm benannte »Ära« der Verfolgung begann (1874-1878). In Sachsen und Bayern war die Situation jedoch kaum besser.

Zur Verfolgung von Personen in der Zeit vor dem Sozialistengesetz war besonders der § 130 des Strafgesetzes geeignet. Seine Kautschukbestimmung »Wer in einer den öffentlichen Frieden gefährdenden Weise verschiedene Klassen der Bevölkerung zu Gewalttätigkeiten gegeneinander aufreizt, wird mit Geldstrafe bis zu 200 Talern oder mit Gefängnis bis zu zwei Jahren bestraft« erlaubte es Tessendorf, Sozialdemokraten und Gewerkschafter wegen harmlosester Äußerungen anzuklagen. So handelte sich z. B. Johann Most für die Bemerkung »die Sozialdemokratie erstrebe eine friedliche Lösung, sie überlasse es den herrschenden Klassen, zwischen Reform und Revolution zu wählen«, von willfährigen Richtern eine eineinhalbjährige Gefängnisstrafe ein.

Für das Verbot gewerkschaftlicher Organisationen bot sich der kleine Umweg über das Vereinsgesetz mit seinem Verbindungsverbot für politische Vereine an. Solche politischen Vereine durften »nicht mit anderen Vereinen gleicher Art zu gemeinsamen Zwecken in Verbindung treten, insbesondere nicht durch Komitees, Ausschüsse, Central-Organe oder ähnliche Einrichtungen oder durch gegenseitigen Schriftwechsel«. Gewerkschaftliche Organisationen wurden nun zu politischen Vereinen erklärt – das war für die Behörden damals eine Leichtigkeit – und anschließend verboten. Dies erlaubte sogar, die Führer dieser Organisationen zu Geld- und Gefängnisstrafen zu verurteilen.[24] Der Willkür war auch hier Tür und Tor geöffnet. Die Gewerkschafter hatten also schon vor dem Sozialistengesetz reichlich Gelegenheit zu üben, wie trotz dieser Bedrohungen ein Überleben gewerkschaftlicher Organisationen bewerkstelligt werden könne. Dazu gehörte vorneweg die Berufung auf den § 152 der Gewerbeordnung, welcher lautete:

> »Alle Verbote und Strafbestimmungen gegen Gewerbetreibende, gewerbliche Gehülfen, Gesellen oder Fabrikarbeiter wegen Verabredungen und Vereinigungen zum Behufe der Erlangung günstigerer Lohn- und Arbeitsbedingungen, insbesondere mittels Einstellung der Arbeit oder Entlassung der Arbeiter, werden aufgehoben.
>
> Jedem Teilnehmer steht der Rücktritt von solchen Vereinigungen und Verabredungen frei, und es findet aus letzteren weder Klage noch Einrede statt.«

---

24 Vgl.: Eduard Bernstein, Geschichte der Berliner Arbeiterbewegung, 1. Bd., S. 289ff.

Neben dieser Berufung stand das ausdrückliche Bekenntnis, die Organisation habe einen durchaus unpolitischen Charakter. So hieß es im Statut des Deutschen Zimmerervereins unter § 15: »Politische und öffentliche Angelegenheiten dürfen in den Mitgliederversammlungen nicht erörtert werden.«[25]

Allerdings lagen diesem Bekenntnis auch noch andere Überlegungen zugrunde. Diese hingen mit dem grundsätzlichen sozialdemokratischen Verständnis der Aufgaben von Partei und Gewerkschaften zusammen. Auf der Gewerkschaftskonferenz in Gotha 1875, die im Anschluß an den Vereinigungskongreß der beiden sozialistischen Parteien stattfand, und auf dem die Weichen für eine Vereinigung der Parteigewerkschaften gestellt werden sollten, wurde dieses Verständnis in zwei Resolutionen knapp und präzise formuliert:

> »Obgleich die gewerkschaftlichen Organisationen nicht vermögend sind, die Lage der Arbeiter durchgreifend und auf die Dauer zu verbessern, so sind sie doch immerhin geeignet, die materielle Lage derselben zeitweise zu heben, die Bildung zu fördern und sie zum Bewußtsein ihrer Klassenlage zu bringen«.
>
> »Die Konferenz erklärt: Es ist Pflicht der Gewerksgenossen, aus den Gewerkschaftsorganisationen die Politik fernzuhalten, dagegen sich der ›sozialistischen Arbeiterpartei Deutschlands‹ anzuschließen, weil nur diese die politische und wirtschaftliche Stellung der Arbeiter in vollem Maße zu einer menschenwürdigen zu machen vermag.«[26]

Diese Erklärungen beeindruckten Tessendorf und seine Kollegen nur wenig. Ebenso Versuche, die Struktur der Organisationen den gesetzlichen Bestimmungen anzupassen, indem zum Beispiel streng zentralistische Organisationen, die keine lokale und regionale Mitgliedschaften als Organisationsgliederung kannten, aufgebaut wurden. Relativ erfolgreich unter dem Gesichtspunkt der Wahrung minimaler organisatorischer Kontinuität war hingegen der Versuch, das Unterstützungswesen der Gewerkschaften von der Organisation formal zu trennen und als selbständige Kassen im Rahmen des Hilfskassengesetzes zu führen. Dies sollte sich vor allem nach Inkrafttreten des Sozialistengesetzes zeigen. Zwar wurden fast alle gewerkschaftlichen Organisationen verboten, jedoch durften ihre Unterstützungskassen in vielen Fällen bestehenbleiben. Diese Unterstützungskasse wurde dann wiederum zum Ausgangspunkt für eine gewerkschaftliche Neuorganisierung noch un-

25 Vgl.: Statut des Deutschen Zimmerervereins (1875), in: August Bringmann, Geschichte der deutschen Zimmerer-Bewegung, Reprint, Bonn 1981, S. 305 ff.

26 Zitiert nach: Hermann Müller, Die Organisation der Lithographen, Steindrucker und verwandter Berufe, Berlin 1917 (Reprint Berlin/Bonn 1978), S. 380/82.

ter dem Sozialistengesetz. Herausragende Beispiele dafür sind die Metallarbeiter, die Schneider und die Buchbinder.

Als Ausnahme von der Regel schafften es die Buchdrucker, die Zerschlagung ihrer Organisation zu vermeiden, indem der Vorsitzende den »Verband deutscher Buchdrucker« in einen »Unterstützungsverein deutscher Buchdruckergehilfen« umwandelte. Hinter der harmlosen Bezeichnung Unterstützungsverein verbarg sich trotz weitgehender Distanzierung von der Sozialdemokratie weiterhin eine gewerkschaftliche Tendenz. Sie zeigte sich bei Unterstützungszahlungen für Streikende, Ausgesperrte und Gemaßregelte.[27]

Insgesamt herrschte für die Verbotspraxis von Organisationen und Versammlungen aller Art, von Zeitungen und sonstigen Publikationen, der Verfolgung von Personen und der damit verbundenen Rechtsprechung alles andere als Rechtssicherheit. So drohte z. B. dem Unterstützungsverein der Buchdrucker ein Verbot in Sachsen, das er umging, indem er seinen Sitz von Leipzig nach Stuttgart verlegte und dort ohne viel Aufhebens den behördlichen Segen erhielt.

Nachdem der erste Schrecken vorbei war, die Möglichkeiten und Grenzen der Verfolgung von Gewerkschaften im Rahmen von Recht und Willkür aufgedeckt waren, zeigte sich, daß der elementare alltägliche Klassenkampf, das Streben der Arbeiter nach besseren Lohn- und Arbeitsbedingungen, davon unbeeindruckt blieb. Der allgemeine Rahmen für Arbeitskampf- und Organisationsbereitschaft der Arbeiter wird ja nicht nur durch rechtliche Bedingungen gesteckt, sondern wesentlich auch durch die konjunkturelle Entwicklung und, besonders in Zeiten einer forcierten Industrialisierung, durch einschneidende Veränderung der Gewerbe- und Sozialstruktur. Nicht nur die Arbeitsbedingungen werden hier vielfach revolutioniert, sondern ebenso die allgemeinen Lebensbedingungen.

Während der Zeit des Sozialistengesetzes und der relativen konjunkturellen Flaute ging in Deutschland die Dynamik der gesellschaftlichen Umwälzung unvermindert weiter. Im Entstehen moderner Industriestädte und einer modernen industriellen Arbeiterklasse fand diese Entwicklung einen unübersehbaren Ausdruck.[28] Eine differenzierte Analyse

27 Vgl.: Willy Albrecht, a. a. O., S. 291 f.

28 Vgl. die umfassenden Darstellungen zur Entstehung der Industriekultur am Beispiel der Städte Nürnberg und Berlin: Industriekultur in Nürnberg. Eine deutsche Stadt im Maschinenzeitalter. Hg.: Hermann Glaser, Wolfgang Ruppert, Norbert Neudecker, München 1983; Exerzierfeld der

dieser industriellen und sozialen Entwicklung vermag viel dazu beitragen, das politische und allgemein soziale Verhalten der Menschen zu verstehen, ohne daß damit letztlich der Entschluß, sich einer bestimmten Organisation anzuschließen, erklärt werden könnte. Zu viele »Einflußfaktoren« wirken in unterschiedlicher Weise auf die Menschen.[29] Nur von der materiellen Klassenlage aus, zudem noch mit groben soziologischen Kategorien, auf ein einheitliches »richtiges« Klassenbewußtsein schließen zu wollen, wäre ein Holzweg. Der unübersehbare Einfluß tradierter religiöser Bindungen könnte hier nur als »falsches« Bewußtsein interpretiert werden. Ähnliche Mißverständnisse entstünden bei Versuchen, das Verhalten neuer Arbeiterschichten – wie z. B. der Angestellten – verstehen zu wollen.[30]

Eine wichtige Grundlage für die Aktionsfähigkeit der Arbeiter in einer Zeit schwacher gewerkschaftlicher Organisationen waren die öffentlichen Lohn- bzw. Streikkommissionen. Sie vor allem führten die überwiegend betrieblichen und lokal-beruflichen Lohnbewegungen (der Reichstarif von 1873 für die Buchdrucker, ausgehandelt mit deren Gewerkschaft, bestätigt als Ausnahme die Regel). Der insgesamt noch geringe Organisationsgrad der Gewerkschaften ließ es geraten erscheinen, für die Arbeitskämpfe an diese traditionelle Form öffentlicher, versammlungs- und nicht verbandsdemokratischer Arbeiterbewegung anzuknüpfen. Das Rückgrat dieser Versammlungsbewegung war die ebenfalls z. T. auf alte Gesellentraditionen zurückreichende Einrichtung der gewählten Vertrauensleute (bei Maurern und Zimmerern die Platzdeputierten).[31] Die Belegschaften der Betriebe oder Angehörige eines Berufes wurden unabhängig von ihrer Organisationszugehörigkeit und politisch-weltanschaulichen Überzeugung angesprochen und einbezogen. Dies war besonders für die Aufbringung der finanziellen Streikunterstützung von großer Bedeutung. Die überwiegend noch recht schwachen Kassen der Gewerkschaften reichten dazu nicht aus. Über öffentliche Streikfonds und Sammlungen mußten diese Mittel aufgebracht werden.

Moderne. Industriekultur in Berlin im 19. Jahrhundert, Hg.: J. Boberg, T. Fichter, E. Gillen, München 1984.

29 Vgl.: Gerhard A. Ritter/Klaus Tenfelde, Der Durchbruch der Freien Gewerkschaften Deutschlands zur Massenbewegung im letzten Viertel des 19. Jahrhunderts, in: Vom Sozialistengesetz zur Mitbestimmung. Zum 100. Geburtstag von Hans Böckler, Hg.: Heinz Oskar Vetter, Köln 1975.

30 Vgl.: Mario König, Angestellte und Gewerkschaften, Köln 1990.

31 Vgl.: Dirk H. Müller, Gewerkschaftliche Versammlungsdemokratie und Arbeiterdelegierte vor 1918, Berlin 1985.

Ein Hauptgrund für diese Form des Arbeitskampfes war jedoch die Weigerung der Unternehmer, die Gewerkschaften als berufene Vertreter der Arbeiter anzuerkennen, d. h. mit betriebsfremden Personen Lohnverhandlungen zu führen.

Diese Form der öffentlichen Streikorganisation, die oft eine zeitlich befristete war, die jedoch auch zu kontinuierlichen Lohn- und Streikkomitees nicht nur berufsspezifischer, sondern auch überberuflicher und -betrieblicher Art geführt hatte, war durch Vereins- und Sozialistengesetz viel schwieriger zu fassen als die gewerkschaftlichen Verbände. Diese öffentliche, versammlungsdemokratische Gewerkschaftsbewegung bot gute Aktionsmöglichkeiten für aktive sozialdemokratische Gewerkschafter und einen guten Ansatz, die alten Verbände vorsichtig wieder aufzubauen. So gründeten die Tischler in Berlin im Zusammenhang einer Lohnbewegung schon im Sommer 1879 einen »Fachverein der Tischler« und einen »Verein zur Wahrung der Interessen der Tischler Berlins«. Ende 1881 gab es in Berlin bereits wieder 15 solcher »Interessenwahrnehmungsvereine«. 1885 wurde sogar ein Verein zur Wahrung der Interessen der Arbeiterinnen Berlins gegründet, der jedoch knapp ein Jahr später wieder verboten wurde.[32]

Ähnlich wie in Berlin begannen in den anderen Hochburgen der Arbeiterbewegung die Arbeiter gewerkschaftliche Organisationen in Form von berufsspezifischen Unterstützungsvereinen aufzubauen. Anders jedoch als in Berlin, wo das preußische Vereinsgesetz enge Schranken setzte und eine besonders willkürliche Handhabung des Sozialistengesetzes vorherrschte, gingen die nationalen Vereinigungsbestrebungen der lokalen Verbände meist von anderen Orten aus. So gründeten die Tischler Ende 1883 einen Zentralverband mit Sitz in Stuttgart; schon im August des gleichen Jahres waren die Schuhmacher mit gutem Beispiel vorangegangen und hatten in Nürnberg das Hauptquartier ihres zentralen Unterstützungsvereins aufgeschlagen; die Zentralkrankenkasse der Metallarbeiter ließ sich 1880 in Hamburg nieder, die Zimmerer verlegten 1886 den Sitz ihres Zentralverbandes von Berlin nach Hamburg. Überhaupt wurde Hamburg zur Hauptstadt der freigewerkschaftlichen Zentralverbände. Nach den Angaben der 1891 veröffentlichten Adressenliste hatten von 57 Zentralverbänden 25 ihren Sitz in Hamburg und nur 10 in Berlin.[33] Auch die »Generalkommission«, der

32 Vgl.: Bd. 7 unserer Reihe zu Frauen in der deutschen Gewerkschaftsbewegung, erscheint 1991 in dieser Schriftenreihe.

33 Vgl.: Correspondenzblatt (Corrbl.), Nr. 18 vom 27. Juni 1891.

1890 gegründete Dachverband der freien Gewerkschaften, ließ sich in Hamburg nieder (und zog erst 1903 nach Berlin).

Das Programm der nach außen und oberflächlich gesehen unpolitischen Fachvereine war im Kern das alte gewerkschaftliche: Es ging in erster Linie um die Verbesserung der Arbeits- und Lebensbedingungen, d. h. knapp formuliert, um »kürzere Arbeitszeit und höhere Löhne«[34] und in zweiter Linie um berufliche Weiterbildung der Fachkollegen. Mehr oder weniger offen bekannte man sich dabei zum Streik als legitimem und legalem Kampfmittel.

Nicht vergessen werden darf für diese Zeit der Programmpunkt, die »Ehre« der Arbeiter zu wahren, d. h., die Gewerkschaft versprach, sowohl für die Beseitigung entwürdigender Fabrik- und Werkstattordnungen einzutreten als auch z. B. Unterstützung bei Sterbefällen zu gewähren. Die Würde des toten Arbeiters und die Würde seiner Angehörigen zu wahren, war das Anliegen fast aller Verbände.

Bereits zu Beginn des Jahres 1882 wurde anläßlich einer Petitionsbewegung zur Verkürzung der Arbeitszeit (10stündiger Normalarbeitstag) der Versuch einer lokalen Zentralisierung solcher Fachvereine unternommen. Am 21. und 28. März trat eine Vorständekonferenz der Berliner Fachvereine zusammen, die zum Zwecke der Organisierung der Petition eine Kommission wählte. Diese Kommission organisierte öffentliche Arbeiterversammlungen und versuchte sogar, eine Arbeiterzeitung ins Leben zu rufen. Die *Berliner Arbeiter-Zeitung*, herausgegeben von Ferdinand Ewald, dem Vorsitzenden des Fachvereins der Vergolder, scheiterte jedoch nach wenigen Wochen.

Diesem gewerkschaftlichen Treiben wollten die Berliner Behörden ihrerseits nicht mehr länger tatenlos zusehen. Sie erklärten die Fachvereine zu politischen Vereinen, verboten die Vorständekonferenzen und erhoben schließlich im Februar 1883 gegen 30 Vorstandsmitglieder von 15 Fachvereinen Anklage wegen des Versuchs, eine Verbindung zwischen politischen Vereinen hergestellt zu haben. Der sogenannte »Monstreprozeß« vom 9. Juni 1883 (Berufungsverhandlung am 6.-8. August) endete mit einem großen Erfolg für die Fachvereine: Kein Fachverein wurde verboten, nur vier zu politischen Organisationen erklärt und acht ihrer Vorstandsmitglieder zu geringen Geldstrafen verurteilt. Dieses ermutigende Ergebnis bot Orientierungsmöglichkeiten

34 Vgl.: Die Fachvereine der Arbeiter Deutschlands, in: Deutsche Metallarbeiter-Zeitung (DMZ), Nr. 1 vom 15. Sept. 1883.

für den verstärkten Wiederaufbau von Gewerkschaften. »Die Berliner Arbeiterschaft, kernhafte, erfahrene und zielbewußte Männer, sind vorangegangen und der Gedanke war so einleuchtend, daß allerorten die Fachvereine wie aus der Erde gewachsen erschienen«, schrieb die *Deutsche Metallarbeiter-Zeitung*.[35]

Das Beispiel *Deutsche Metallarbeiter-Zeitung*

Für die Entwicklung einer Gewerkschaft hatte die Gründung einer Verbandszeitung – wie schon in den ersten Anläufen der Arbeiterbewegung 1848 und 1863 – herausragende Bedeutung. Zusätzliche Bedeutung erhielt eine solche Zeitung unter den Bedingungen des Ausnahmezustandes. Mit dem Verbot der gewerkschaftlichen Organisationen waren in den meisten Fällen auch ihre Zeitungen verboten worden. Bei der Neugründung gewerkschaftlicher Organisationen in Form von Fachvereinen zählte zu den ersten Schritten die Gründung einer Fachzeitung. Die Metallarbeiter gründeten ihre Zeitung sogar, bevor sie darangingen, sich in Fachvereinen zu organisieren.

Die Initiative ging aus von ihrer Krankenkasse und von Karl Grillenberger (ehemaliger Schlosser), in dessen Nürnberger Druckerei die Zeitung herauskam. Redakteur wurde Johannes Scherm (ebenfalls von Beruf Schlosser), der diese Zeitung 36 Jahre hindurch redigierte. Die *Deutsche Metallarbeiter-Zeitung* (DMZ), die im Untertitel sich als »Fachblatt für die Metallarbeiter aller Branchen (zugleich Organ für die Interessen der Allgemeinen Kranken- und Sterbekasse der Metallarbeiter)« bezeichnete, gab für den Metallbereich die entscheidenden Anstöße für die Fachvereinsbewegung. Gleich der zentrale Artikel der ersten Nummer ist ein Aufruf an die Metallarbeiter, sich in Fachvereinen – nach dem Vorbild anderer Gewerke – zu organisieren.

Diese nationale Fach-Zeitung der Metallarbeiter aller Branchen informierte ihre Leser über die Fachvereine, über die materielle Situation der Metallarbeiter (Löhne, Arbeitszeit) in den verschiedenen Orten, über die Erfolge und Kämpfe der Gewerkschaften außerhalb Deutschlands, vermittelte die Kenntnisse beim Aufbau der lokalen Organisationen sowie die Erfahrung in den Arbeitskämpfen und wies Wege, wie das Sozialistengesetz umgangen werden könne. Sie war das öffentliche

35 Ebenda.

Forum der Selbstverständigung über grundsätzliche Fragen gewerkschaftlicher Organisierung und Taktik. Die Klärung dieser Fragen war in der Zeit vor dem Sozialistengesetz ja noch keineswegs zum Abschluß gekommen, und der Ausnahmezustand hatte noch zusätzliche Fragen aufgeworfen. Doch auch über die Frage des Streiks als Mittel zur Erkämpfung höherer Löhne gingen die Ansichten noch weit auseinander. Die Redaktion der DMZ vertrat hierbei die skeptische Position, daß von einem Streik »eher abzurathen, als daß er zu empfehlen« sei, indem sie unkommentiert einen Artikel aus der Tischlerzeitung übernahm. In diesem Artikel wurde vehement die Ansicht vertreten, daß der »Strike um Erhöhung des Arbeitslohnes« eine reine »Sisyphusarbeit« sei. Es wurde damit ein Begriff in die gewerkschaftliche Diskussion eingeführt, um den es später noch hitzige Debatten geben sollte.[36]

Die DMZ erörterte die aktuellen sozialpolitischen Fragen der Zeit, nahm Stellung zur Einführung der staatlichen Kranken- und Unfallversicherung, wertete die Berichte der Fabrikinspektoren aus, diskutierte den Nutzen der gewerblichen Schiedsgerichte und Einigungsämter für die Arbeiter (propagierte das Beispiel des Nürnberger Gewerbegerichts als vorbildlich). Nicht zuletzt kümmerte sie sich um die fachliche Weiterbildung der Metallarbeiter, indem sie regelmäßig über die neuesten technischen Entwicklungen, berichtete. Theoretisches Wissen, angefangen vom Umgang mit dem elastischen Hammerstiel bis zum Gewindeschneiden auf der Leitspindeldrehbank konnte sich der Metallarbeiter hier aneignen.

Die *Deutsche Metallarbeiter-Zeitung* hatte nicht nur entscheidende Bedeutung für die Verbreitung der Fachvereine im Metallbereich und für das Zustandekommen eines zentralen Metallarbeiterverbandes Ende 1884, sondern auch für den weiteren Zusammenhalt der verschiedenen Metallarbeitergewerkschaften nach dem Verbot der zentralen »Vereinigung der Metallarbeiter Deutschlands« im Sommer 1885.

Das Ende des Sozialistengesetzes

Da trotz Sozialistengesetz die Arbeitskämpfe nicht gestoppt und das Entstehen und Wachsen gewerkschaftlicher Organisationen nicht verhindert werden konnte, unternahm der preußische Innenminister

36 Ebenda., Nr. 16 und 17 vom 10. und 20. Juni 1884.

Johannes Scherm.

Aus: 90 Jahre Industriegewerkschaft. 1891 bis 1981.
Vom Deutschen Metallarbeiter-Verband zur Industriegewerkschaft Metall, Köln 1981, S. 91.

Robert von Puttkamer, der nach eigener Aussage hinter jeder größeren Arbeitseinstellung »die Hydra der Gewalttat und Anarchie« lauern sah, 1886 nochmals einen großen Anlauf. Sein »Streikerlaß« versuchte, die zunehmende Streikneigung der Arbeiter dadurch zu dämpfen, daß er einen verstärkten polizeilichen Schutz für Streikbrecher forderte und potentiell jeden Streik unter den Verdacht sozialdemokratischer Umsturzagitation stellte. Im letzteren Falle sollte mit Hilfe des Sozialistengesetzes eingeschritten werden. (Dok. 2) Die nun wieder einsetzende verschärfte Verbotspraxis von Organisationen und Ausweisung exponierter Gewerkschafter vermochte jedoch die gewerkschaftliche Bewegung nicht mehr einzuschüchtern.

Als schließlich im Mai 1889 die Ruhrbergarbeiter fast geschlossen für höheren Lohn und kürzere Arbeitszeit streikten, nachweislich ohne daß Rädelsführer der Sozialdemokratie daran mitgewirkt hätten, ja ohne daß zu diesem Zeitpunkt eine gewerkschaftliche Organisation bestanden hätte, mußten die Zweifel über die Wirksamkeit des Sozialistengesetzes überhandnehmen. Zumal sich auch hier wieder zeigte, daß gerade ein Arbeitskampf das Entstehen neuer Gewerkschaften förderte. So wurde der Bergarbeiterstreik zur Geburtsstunde des »Verbandes zur Wahrung und Förderung der bergmännischen Interessen in Rheinland und Westfalen«, der am 18. August 1889 in Dorstfeld gegründet wurde und für den sich später die Bezeichnung Alter Verband einbürgern sollte.

Besonders im bürgerlich liberalen Lager wurde jener Flügel der »Sozialreformer« gestärkt, der schon immer die Auffassung vertreten hatte, daß der Wirtschaftsfrieden durch starke Gewerkschaften viel eher gesichert werde als durch unkalkulierbare spontane Arbeitskämpfe.

Als der Reichstag zu Beginn 1890 über eine weitere Verlängerung des Sozialistengesetzes entscheiden sollte, war der Unwillen über dieses Gesetz aus unterschiedlichen Gründen derart angewachsen, daß sich dafür keine Mehrheit mehr finden ließ. Die einen wollten es etwas milder, die anderen etwas schärfer und Bismarck scharf und auf alle Ewigkeit. Aus Gründen, die nur noch entfernt mit dem Gesetz selbst etwas zu tun hatten, trieb Bismarck die Konservativen auf die Seite der Opposition. Hier verhalfen sie dann den Sozialdemokraten zusammen mit Zentrumsleuten und Freisinnigen zu einer merkwürdigen Mehrheit, die das Gesetz zu Fall brachte (25.1.1890, am 30. September 1890 verlor es seine formelle Gültigkeit).

Wenige Tage nach der Entscheidung im Reichstag feierte die Sozialde-

Titelblatt der Maifeier-Zeitung von 1905 aus dem Bestand „Festzeitungen" der Historischen Kommission zu Berlin.

mokratie einen phänomenalen Wahlsieg (20.2.1890). Sie erhöhte die Zahl ihrer Stimmen von 763 128 (1887) auf 1 427 298 und die Zahl der Mandate von 11 auf 35.

Die positive Bilanz des Sozialistengesetzes – nimmt man nur die Zahlen – konnte sich für die Sozialdemokratie sehen lassen. Nicht nur stiegen die Wählerstimmen ab 1881 unaufhaltsam, auch die Gewerkschaften entwickelten sich unter den gegebenen Umständen spektakulär. Zählten sie 1878 ca. 60 000 Mitglieder, so zum Ende der Ausnahmezeit ca. 200 000 (vgl.: Tab. 1). Es war nur zu verständlich, daß die Sozialdemokraten dies als grandiosen Sieg feierten. Wie sich allerdings bald zeigen sollte, fand das in vielen schönen Reden zur Schau gestellte Selbstbewußtsein keine Entsprechung in den folgenden Taten. Dies zeigte sich schon wenig später, als die Parteiführung davon abriet, den 1. Mai 1890 mit einer »allgemeinen Arbeitsruhe« zu begehen, obwohl bereits eine Reihe lokaler Gewerkschaften Streikbeschlüsse gefaßt hatten. Diese vorsichtige Haltung setzte sich fort in den Formulierungen des Erfurter Programms, in das die Forderung nach einer demokratischen Republik aus Furcht, dies könne den Anlaß zu einem neuerlichen Verbot der Partei bieten, nicht expressis verbis aufgenommen wurde.

Zwar entstand verbreitet eine radikale Stimmung[37], auch die radikale Rhetorik wurde gestärkt, die Praxis der Partei und der Gewerkschaften war jedoch von einer wenig radikalen Vorsicht geprägt. Bestimmend für die praktische Politik war das Bestreben, den Rahmen des polizeilich Erlaubten nicht zu überschreiten. Die Erfahrung von 12 Jahren Sozialistengesetz hinterließ – nachdem die erste Hochstimmung über sein Ende verflogen war – eine tiefsitzende Angst, daß der politische Gegner jederzeit wieder die Sozialdemokratie unter ein Ausnahmerecht stellen könnte und diese Angst prägte entscheidend sozialdemokratische Politik und Personen im wilhelminischen Kaiserreich.

Die andere Seite dieser Medaille zeigte sich unter ganz anderen Bedingungen Jahrzehnte später: Es war dies die leichtgläubige Überschätzung der eigenen Stärke, die Zuversicht, auch unter staatlichem Ausnahmerecht überleben zu können. Die Erinnerung an die »heroische« Zeit des Sozialistengesetzes zum Ende der Weimarer Republik als Selbstermutigung gegen die Ankündigungen der Nationalsozialisten, den »Marxismus« in Deutschland »auszurotten«, mußte die Bereit-

---

37 Vgl.: Dirk H. Müller, Idealismus und Revolution. Zur Opposition der Jungen gegen den Sozialdemokratischen Parteivorstand 1890 bis 1894, Berlin 1975.

schaft zum radikalen Widerstand gegen den Nationalsozialismus schwächen. Allerdings war es kaum vorstellbar, daß staatliche Unterdrückung gegen die Menschen und Organisationen der Arbeiterbewegung Dimensionen des NS-Terrors annehmen könnte.

Die »eigentliche Arbeiterbewegung«

»Die gewerkschaftliche Organisation
ist die Vorschule für die
politische Bewegung«
(Carl Legien, 1893)

Nachdem Bismarck für eine erneute Verlängerung des Sozialistengesetzes im Reichstag keine Mehrheit mehr fand, und das Wahlergebnis vom Februar 1890 wenig Anlaß bot, auf eine neue Mehrheit zu hoffen, konnten die Sozialdemokraten in Partei und Gewerkschaften daran gehen, ihre programmatischen und organisatorischen Fragen neu zu ordnen und zu regeln. Dies jedoch unter den immer noch geltenden restriktiven Vereinsgesetzen, die, wie die Erfahrung gelehrt hatte, ausreichten, den sozialdemokratischen Organisationen das Leben schwerzumachen. Der Streit um die beste Organisationsform nahm immer Rücksicht auf diese Rahmenbedingungen.

Erst durch die reichsweite Aufhebung des Verbindungsverbots für politische Vereine 1899 und das reichseinheitliche Vereinsgesetz von 1908 (das nun auch den Frauen die Mitgliedschaft in politischen Vereinen gestattete) wurde der Spielraum für behördliche Willkür eingeengt, ohne schon ganz beseitigt zu werden. Der Blick wird im folgenden vor allem auf die »eigentliche Arbeiterbewegung« – wie Friedrich Engels die Gewerkschaftsbewegung einmal genannt hatte – gerichtet.

Der Industrieverband

Zunächst wurde im Bereich der Metallindustrie, wo mit zunehmender Arbeitsteilung eine berufliche Spezialisierung einherging, die Frage aufgeworfen, ob die berufsspezifische oder die berufsübergreifende Gewerkschaft die beste Organisationsform sei. Die Anfänge dieser Diskussion reichen bis in die Anfänge gewerkschaftlicher Organisierung zurück, als die beiden sozialistischen Parteien – Lassalleaner und Eisenacher – versuchten, jeweils für ihre eigenen Anhänger berufsübergreifende Metallarbeitergewerkschaften zu gründen. Sowohl die 1868 in Berlin gegründete Lassalleanische »Allgemeine Deutsche Metallarbeiterschaft« als auch die 1869 in Nürnberg gegründete Eisenacher »Internationale Metallarbeiter-Gewerksgenossenschaft« waren als berufsübergreifende Verbände gedacht[1]. Diesen Vorhaben war kein durchschlagender Erfolg beschieden. Auch nicht als versucht wurde, beide Verbände zu einer »Internationalen Metallarbeiterschaft« 1869 zu vereinigen. Ebenso blieb die Anstrengung des Eisen- und Metallarbeiterkongresses von 1874, einen »Allgemeinen Metallarbeiterverband« zu gründen, erfolglos[2]. Diese Versuche scheiterten u.a. an dem hartnäckigen Widerstand bereits bestehender Berufsverbände bei Maschinenbauern, Schmieden, Formern und Klempnern. Doch verschwand das Thema einer allgemeinen Metallarbeitergewerkschaft nicht mehr von der Tagesordnung.

Als die Metallarbeiter sich unter dem Sozialistengesetz in Fachvereinen neu organisierten, wurde es von Beginn an diskutiert. Die *Deutsche Metallarbeiter-Zeitung* gab mit dem Anspruch, das »Fachblatt für die Metallarbeiter aller Branchen« sein zu wollen, 1883 den Startschuß. Angeregt durch die Zentralisierungen der Fachvereine der Tischler, Schuhmacher und Zigarrenarbeiter, propagierte diese Zeitung pragmatisch, in den großen Städten separate Fachvereine für Schlosser, Mechaniker, Schmiede, Dreher, Gießer usw. und in kleineren Städten Vereine für Metallarbeiter aller Berufe zu gründen[3]. Im April 1884 erschien hier ein eindrucksvolles Plädoyer für eine berufsübergreifende Metallarbeiter-Gewerkschaft:

> »Die Solidarität soll das Band sein, das uns alle umschlingt, die wir unter dem Drucke der Ausbeutung seufzen. In diesem Streben soll keine Berufsart sich höher und besser dünken. Die heutige Zeit ist nicht dazu angetan, Besserung durch Cultivierung veralteter Ansichten herbeizuführen. Aller Kastengeist, alle Zersplitterung nützt nur unseren Gegnern. Sind denn die Interessen, die wir zu verteidigen haben, so verschiedener Art? Der Goldschmied und der Hufschmied, der Maschinenbauer und Bauschlosser, der Dreher, Kupfer- und Blechschmied, alle haben nur ein gemeinsames Interesse. Allen, welche dieses noch nicht begriffen haben, müssen durch Aufklärung die Augen geöffnet werden. Unser Ziel muß sein: Schaffung einer allgemeinen centralisierten Metallarbeitervereinigung«. (Dok. 4)

Dieser Auffassung wurde heftig widersprochen (Dok. 4a), doch zeigte

---

1 Vgl.: Manfred Scharrer, Arbeiter . . ., a. a. O., und 75 Jahre Industriegewerkschaft 1891 bis 1966. Vom Deutschen Metallarbeiter-Verband zur Industriegewerkschaft Metall, Dokumentation, Text und Redaktion: Fritz Opel, Dieter Schneider, Frankfurt/M. 1966. Anläßlich des 90jährigen Jubiläums neu aufgelegt unter dem Titel: 90 Jahre Industriegewerkschaft 1891 bis 1981, Text der Fortschreibung: Kurt Thomas Schmitz, Frankfurt/M. 1981, S. 61ff.

2 Vgl.: Willy Albrecht, a. a. O., S. 182ff.

3 DMZ, Nr. 3 vom 15. Okt. 1883.

sich, daß die Mehrheit der Fachvereine einer solchen Organisationsbildung zuneigte. Auch hatte sich in der Praxis bereits gezeigt, daß berufsübergreifende Metallfachvereine – oft auch als allgemeine oder gemischte bezeichnet – recht erfolgreich sein konnten, wie z. B. in Fürth oder auch in Berlin. Hier existierte 1884 neben reinen Berufs-Fachvereinen, wie für Klempner und Schlosser, auch eine berufsübergreifende Organisation für »Maschinenbauer und Metallarbeiter« und ein »Fachverein für Metallarbeiter«.

Auf dem Metallarbeiter-Kongreß in Gera Ende 1884 wurde stundenlang über dieses Thema gestritten. Schließlich einigten sich die Delegierten auf einen sinnvollen Kompromiß: In allen Orten sollte die Gründung von allgemeinen Metallarbeiter-Fachvereinen angestrebt werden, »wo jedoch örtliche oder gesetzliche Hindernisse« dem entgegenstünden, könnten auch Branchenvereine gegründet werden[4].

In Berlin führte dieser Beschluß dazu, daß sich die gemischten Fachvereine der Maschinenbauer und Metallarbeiter sowie die Nähmaschinenhersteller auflösten und als Ortsverein der »Vereinigung der Metallarbeiter Deutschlands« – so nannte sich diese Zentralorganisation – neu konstituierten; auch die Former schlossen sich der neuen Vereinigung an, jedoch blieben ihr die Schlosser und Schmiede fern. Insgesamt fand diese Organisation – bis zu ihrem baldigen Verbot im Sommer 1885 – nur wenig Zuspruch bei den Fachvereinen.

Der Begriff »Industrieverband« wurde zu diesem Zeitpunkt in der Diskussion noch nicht verwandt und ist in dem modernen Sinne »Ein Betrieb, eine Gewerkschaft« auch nicht gemeint gewesen. Es ging in diesen Diskussionen um die Zusammenfassung der gelernten Metallarbeiter, also der Facharbeiter. Erst vereinzelt gab es Stimmen, die auf einen modernen Industrieverband hin orientierten. Mit der Einschätzung, daß schon jetzt in fast allen Branchen die »gelernten Hilfsarbeiter« die Zahl der gelernten Arbeiter erreichten und daß die »in einer Möbel- oder Hutfabrik, Buchbinderei, Maschinenfabrik usw. beschäftigten Hilfs-Arbeiter und Arbeiterinnen ebenfalls die gleichen Interessen haben wie die gelernten Tischler, Hutmacher, Buchbinder, Maschinenbauer usw., mit denen sie zusammen arbeiten«, wurde die Aufnahme der Hilfsarbeiter in die Fachvereine gefordert[5]. Auch sollte z. B. der

4 DMZ, Nr. 1 vom 19. Januar 1885.
5 DMZ, Nr. 4 vom 10. Februar 1884.

Bäcker, der in einer Möbelfabrik arbeitete, in der dafür zuständigen Gewerkschaft Aufnahme finden.

Auf dem »Allgemeinen deutschen Metallarbeiter-Congreß« im Dezember 1888 blieb das am Facharbeiter orientierte Organisationsverständnis weiter dominierend. Die vorsichtige Verbindung der Fachvereine mit einem Vertrauensmännersystem spiegelt dies deutlich wider: So wurde für die Schlosser und Maschinenbauer, für die Schmiede, Klempner, Eisen- und Metallgießer sowie für »sonstige Metallarbeiter« je ein Vertrauensmann gewählt. Unter »sonstige Metallarbeiter« waren jedoch nicht die Hilfsarbeiter gemeint, sondern die nicht durch die genannten Berufe erfaßten Metallarbeiter bzw. die in »allgemeinen« oder »gemischten« Metallarbeitervereinen organisierten gelernten Arbeiter. Auch der umständliche Untertitel der DMZ brachte die Facharbeiterorientierung (ab 1890) gut zum Ausdruck:

> »Organ der eingeschriebenen Hilfskassen der Metallarbeiter Nr. 29 und 89 zu Hamburg, der allg. Metallarbeitervereine, der Fachvereine der Former, Klempner, Schlosser und Maschinenbauer, Gelbgießer und Gürtler, Feilenhauer, Schmiede, Dreher, Zinngießer, Schläger & C. Deutschlands«.

Die Frage, wie »nicht gewerbliche« Arbeiter organisiert werden könnten, verschwand zwar nicht aus der Diskussion, wurde jedoch meist en passant abgehandelt. In einem der wenigen gründlichen Artikel zu diesem Thema wurde generell bezweifelt, daß Hilfsarbeiter überhaupt gewerkschaftlich organisiert werden könnten, da sie wesentlich schlechteren Arbeitsbedingungen unterlägen und geringere Löhne bezögen. Immerhin wurde den Berufsverbänden (oft auch als Branchenvereine bezeichnet) die Aufnahme der in ihrem Bereich tätigen nichtgelernten Arbeiter empfohlen. (Dok. 5).

Auf dem Metallarbeiter Kongreß im Mai 1890 in Weimar gab es erneut eine heftige Diskussion über zentralisierte Berufsgewerkschaften oder berufsübergreifende »gemischte« Organisationen. Durch das Erstarken der Branchenorganisationen konnte diese Frage nicht entschieden werden, so daß man sich erst einmal auf den Kompromiß von 1888 zurückzog.

Nach dem Ende des Sozialistengesetzes und der nun anstehenden organisationspolitischen Entscheidungen erlebte die Diskussion einen neuen Höhepunkt. Radikal für das Industrieverbandsprinzip im Sinne von »Ein Betrieb, eine Gewerkschaft« sprachen sich die Werftarbeiter aus. Sämtliche Berufe einer Branche (gemeint ist hier Industrie) sollten »zusammengeschmolzen werden, um geschlossen für die Besserung ihrer

Lage« eintreten zu können. Dabei sollten die einzelnen Berufe »z. B. Schmiede, Schlosser, Maschinenbauer, Zimmerleute, Tischler, Maler, Nieter, Schiffbauer, Arbeitsleute usw.« als »Sektionen« eine relative Eigenständigkeit behalten dürfen. (Dok. 6)

Dem Anspruch nach gründeten die Berliner Metallarbeiter, d. h. Vertreter der Fachvereine der Former, Dreher, Schlosser, Mechaniker, Klempner usw. am 15. März 1891 eine solche lokale Industriegewerkschaft mit dem Namen »Verband aller in der Metall-Industrie beschäftigten Arbeiter Berlins und Umgegend«[6]. Dem Bedürfnis nach einer berufsspezifischen Organisierung wurde in Form von Branchenversammlungen Rechnung getragen. Diese Versammlungen waren integraler Bestandteil der allgemeinen Organisation mit der Kompetenz, die Beisitzer für den Vorstand wählen zu dürfen.

Der Metallarbeiter-Kongreß im Juni 1891 in Frankfurt – der als Gründungskongreß des Metallarbeiter-Verbandes in die Geschichte eingehen sollte[7] – entschied sich mit großer Mehrheit für das Industrieverbandsprinzip. Dem »Deutschen Metallarbeiter-Verband«, so lautete der endgültige Name, konnten »alle in der Metallindustrie beschäftigten Arbeiter und Arbeiterinnen beitreten«[8]. In Anlehnung an das Berliner Beispiel wurde ein Kompromiß mit den Anhängern der Fachvereine gefunden, d. h. auf örtlicher Verwaltungsebene blieb es den Mitgliedern überlassen, »nach Bedürfnis Fachsektionen zu bilden«. (Diese Branchensektionen waren dann jene Organisationsebene, auf der sich im Ersten Weltkrieg die Opposition gegen die Burgfriedenspolitik des Verbandsvorstandes in Berlin entfalten konnte.)

Die grundsätzliche Entscheidung für den zentralen Industrieverband stieß ausgerechnet beim starken lokalen Metallarbeiterverband in Berlin auf Widerstand. Er schloß sich dem zentralen Verband nicht an, angeblich weil es zunächst noch darauf ankäme, die lokalen Organisationen zu stärken. Erst als der DMV den Berlinern 1893 eine Konkurrenzorganisation vor die Nase setzte[9] und ihnen schließlich 1897 »freie Hand in Streik- und Lohnbewegungen« zugestand, schlossen sich diese 1897 dem Zentralverband an. Das Streikreglement des Metallarbeiterverbandes mußte zu diesem Zweck eigens geändert werden und lautete nun: »Arbeitseinstellungen von Verbandsmitgliedern können mit Aus-

6 DMZ, Nr. 10 und 13 vom 7. und 28. März 1891.
7 Vgl.: 75 Industriegewerkschaft, a. a. O.
8 Vgl.: Statut des Metallarbeiter-Verbandes, in: DMZ, Nr. 25 vom 20. Juni 1891.
9 Vgl.: Dirk H. Müller, Gewerkschaftliche Versammlungsdemokratie. . ., a. a. O., S. 222.

nahme der Verwaltungsstellen von über 3000 zahlenden Mitgliedern, wo die Entscheidung der Ortsverwaltung zusteht, nur mit Genehmigung des Vorstandes erfolgen[10]«. Schon 1899 wurde diese Ausnahme wieder eingeschränkt und 1907 gänzlich aufgehoben.

Auch die Schmiede und die Former – abgesehen von kleineren Spezialberufen der Metallbranche wie den Kupferschmieden – traten dem Industrieverband der Metallarbeiter zunächst nicht bei. Erst nach einer über Jahre währenden Auseinandersetzung schlossen sich 1901 die Former und 1912 die Schmiede – mehr gezwungen als freiwillig – dem übermächtigen Industrieverband an. Mit der Auflösung des Werftarbeiterverbandes 1905 war der Konzentrationsprozeß der Metallarbeitergewerkschaft einen weiteren Schritt vorangebracht worden[11].

Trotz dieser Entscheidung blieb der Metallarbeiterverband vor dem Ersten Weltkrieg im wesentlichen eine Facharbeitergewerkschaft. In den Jahr- und Handbüchern des DMV spiegelt die nach Berufen geordnete Statistik der Mitgliederentwicklung die starke Berufsorientierung (Vgl.: Tab. 7 und 8). Das Verhältnis von Facharbeitern (über 30 Berufe werden hier aufgelistet) zu an- und ungelernten Arbeitern und Arbeiterinnen bestätigt dies. Der Anteil der ungelernten und angelernten Arbeiter, also des modernen Fabrikproletariats betrug 1913 23,61 %. Davon waren 18,59 % »sonstige Metallarbeiter«, also angelernte Fräser, Bohrer, Hobler, Stanzer, etc. (1902 = 11 %) und 5,02 % »Arbeiterinnen aller Art« (1902 = 2,7 %).

Die Generalkommission

Vielen Unternehmern waren die vereins- und gewerberechtlichen Schranken für Arbeiterzusammenschlüsse, die bevorzugt auf solzialdemokratische Organisationen angewandt wurden, nie weit genug gegangen. U. a. der Gedanke, mit eigenen Zusammenschlüssen der »sozialdemokratischen Gefahr« zu begegnen, führte schon 1876 zur Gründung des »Zentralverbands Deutscher Industrieller« (Schwerindustrie). Aus dem großen Bergarbeiterstreik 1889 zogen die Zechenbesitzer, die im »Verein für die bergbaulichen Interessen im Oberbergamtsbezirk Dortmund« zusammengeschlossen waren, die Lehre, einen »Ausstands-

10 Zitiert nach: Adolf Braun, Die Gewerkschaften vor dem Kriege, Berlin 1921, S. 110f.
11 Vgl.: Klaus Schönhoven, Expansion und Konzentration. Studien zur Entwicklung der Freien Gewerkschaften im Wilhelminischen Deutschland 1890 bis 1914, Stuttgart 1980, S. 358ff.

Versicherungs-Verband« zum Zwecke zu gründen, »der einzelnen Zeche den ihr durch aufgezwungenen Ausstand verursachten Schaden« zu ersetzen[12]. Im Frühjahr 1890 gründete sich der »Gesamtverband Deutscher Metallindustrieller«.

Welche Bedrohung von den Koalitionen der Unternehmer für die Gewerkschaften ausging, zeigte sich zum ersten Male in aller Schärfe in den »Maikämpfen« der Hamburger Arbeiter 1890: Die am 1. Mai demonstrierenden Arbeiter wurden ausgesperrt und ihre Wiedereinstellung vom Austritt aus der Gewerkschaft abhängig gemacht. Dieser Angriff auf das Koalitionsrecht der Arbeiter durch die vereinigten Unternehmer von Hamburg-Altona führte zu einem monatelangen Abwehrkampf der Gewerkschaften, an dem zeitweilig ca. 20000 Arbeiter beteiligt waren[13]. Diese neue Art des Klassenkampfes und die Erfahrung, daß die Streikkassen der Gewerkschaften und die bisher geübte Form der öffentlichen Geldsammlungen nicht ausreichten, den vereinigten Unternehmern Paroli zu bieten, gab der Organisationsdebatte der Gewerkschaften einen zusätzlichen Anstoß.

Es waren die Vertrauensleute der Metallarbeiter, die den Vorschlag machten, daß die Vertreter »sämtlicher Gewerkschaften Deutschlands« sich treffen sollten, um die Frage zu erörtern, wie den Unternehmerkoalitionen am wirksamsten begegnet werden könne[14]. Am 16. und 17. November 1890 trat diese Vorständekonferenz der Gewerkschaften in Berlin zusammen. 79 Delegierte, darunter 9 Frauen, diskutierten über die Stellungnahme der Gewerkschaften zu den Unternehmerverbänden, über die Unterstützung von Streiks und über die Organisationsfrage. Nach kontroverser Diskussion sprachen sich die Delegierten für eine zentralistische und gegen eine lokale Organisationsform der einzelnen Verbände aus. Die Entscheidung, wie das »Zusammengehen« der Zentralorganisationen gestaltet werden solle, wurde an einen Allgemeinen Gewerkschaftskongreß delegiert.

Zur Vorbereitung dieses Kongresses wurde eine aus 7 Personen bestehende Kommission gebildet, die u.a. provisorisch (bis zum Gewerkschaftskongreß) »allen Angriffen der Unternehmer auf das Organisati-

12 Vgl.: Rudolf Tschirbs, Die Ruhrunternehmer und der große Streik von 1889, in: 1889 – Bergarbeiterstreik und Wilhelminische Gesellschaft, Hrsg. Karl Ditt/Dagmar Kift, Linnepe 1989.

13 Vgl.: Wolfgang Schröder, Klassenkämpfe und Gewerkschaftseinheit. Die Herausbildung und Konstituierung der gesamtnationalen deutschen Gewerkschaftsbewegung und der Generalkommission der Gewerkschaften Deutschlands, Berlin (DDR) 1965, S. 118ff.

14 Wortlaut des Aufrufs in: Paul Umbreit, 25 Jahre Deutscher Gewerkschaftsbewegung 1890–1915, Berlin 1915, S. 8f.

onsrecht der Arbeiter, gleichviel welcher Branche, energisch entgegenzutreten bzw. jeden Widerstand der Einzelorganisationen tatkräftig zu unterstützen« hatte. Diese unbestimmten Formulierungen werden etwas klarer durch den Zusatz, daß die Kommission das Recht hatte, Abwehrstreiks zu unterstützen, also einen zentralen Streikfonds zu bilden[15].

Diese Kommission konstituierte sich als »Generalkommission der Gewerkschaften Deutschlands« und wählte den Vorsitzenden des Drechslerverbandes Carl Legien zu ihrem Vorsitzenden. Sie begann ab Januar 1891 ein wöchentliches Informationsblatt für Funktionäre herauszugeben, das *Correspondenzblatt der Generalkommission der Gewerkschaften Deutschlands.*

Die beste Organisationsform

Zunächst machte sich die Kommission daran, Aufschluß über die finanzielle Grundlage ihrer Existenz zu bekommen, d.h. sie begann eine Statistik über Art und Umfang der Gewerkschaften in Deutschland zu erstellen. Dies war dringend geboten, denn die Vorständekonferenz hatte beschlossen, daß die Tätigkeit der Kommission durch »Beiträge der Gewerkschaften je nach Maßgabe der Mitgliederzahl« aufgebracht werden solle. Hierbei ergab sich die erste Überraschung: Statt der erhofften ca. 600000 zählte man »nur« 301539 gewerkschaftlich organisierte Arbeiter in 58 zentral organisierten Verbänden. Die Lokalverbände wurden auf knapp 50000 Mitglieder geschätzt. (Tab. 1).

Auch ergab sich sogleich die Notwendigkeit, Organisationen zu Hilfe zu eilen, die in Abwehrstreiks verwickelt waren. Der von November 1890 bis März 1891 dauerende 16wöchige Hamburger Tabakarbeiterstreik verschlang dabei mit 108041,— Mark den Löwenanteil des Unterstützungsfonds.

Nachdrücklich ins Bewußtsein der deutschen Gewerkschafter brachte sich die Generalkommission jedoch durch die Veröffentlichung eines Organisationsplans für die Gewerkschaften, der als Vorlage für den geplanten Gewerkschaftskongreß gedacht war. Darin wird als Grundlage der Gewerkschaftsbewegung der »Zentralverein der einzelnen Berufe« vorgeschlagen. Weiter sollten sich die Zentralverbände verwandter Be-

15 Vgl.: DMZ, Nr. 48 vom 29.11.1890.

rufe zu Unionen vereinigen und diese schließlich durch eine zentrale Körperschaft (Generalkommission) verbunden werden.

Die Aufgaben der Generalkommission orientierten sich dabei an der bislang entwickelten Praxis der provisorischen Generalkommission. Sie sollte zuständig sein für Agitation in gewerkschaftlich unberührten Gebieten, für die Erstellung einer Zentralstatistik und für Streikunterstützung »in bestimmten und dringenden Fällen« unter »Zustimmung der Mehrzahl der Unionen«. Der Verbindung der Gewerkschaften untereinander sollte außerdem die Herausgabe eines Correspondenzblattes dienen[16].

Das Aufsehen, das die Generalkommission mit diesen Vorstellungen erregte, verdankte sie vor allem ihren Kritikern. Besonders bei den Metallarbeitern, die gerade dabei waren, sich für eine industrieverbandliche Organisation zu entscheiden, stießen sie auf schärfste Kritik. Am Entwurf der Generalkommission wurde kein gutes Haar gelassen. »Wir halten ihn für vollkommen ungeeignet, der Gewerkschaftsbewegung zu nützen«[17], hieß es bereits am Anfang einer ausführlichen Kritik, und an anderer Stelle wurde gar davon gesprochen, daß »dieses Monstrum bürokratischer Reglementierung, dieser Wasserkopf eines Großmachttraumes« von dem Augenblicke an schon gerichtet sei, »da er auf der Bildfläche der öffentlichen Diskussion erscheint«[18]. Verbunden war diese von der Sache her weit überzogene Polemik mit einer Reihe haltloser Unterstellungen. So äußerte man den mit Blick auf spätere Auseinandersetzungen interessanten Verdacht, die vorgeschlagene Zentrale der Gewerkschaften führe dazu – wenn auch von den Urhebern nicht gewollt –, »eine Art Nebenregierung gegen die Partei einzurichten«. Vereinsrechtlich sei eine solche Generalkommission unmöglich und für die Gewerkschaften zwecklos.

Massive Kritik kam auch von den Anhängern einer dezentralen lokalen Organisationsform. Dabei ging es ursprünglich um die Selbständigkeit der lokalen Organisationen, d.h. wesentlich um ihre Kompetenz in Streikfragen. So spalteten sich die Maurer und Zimmerer schon während des Sozialistengesetzes an dieser Frage. Doch hatten die Lokalisten auch ein anderes Verständnis gewerkschaftlicher Aufgaben und Inhalte. Schon die lokalistischen Maurer begründeten ihre Position mit

16 Vgl.: Corrbl., Nr. 11 vom 25. April 1891, S. 43.
17 DMZ, Nr. 20 vom 16. Mai 1891.
18 DMZ, Nr. 23 vom 6. Juni 1891.

Nr. 1. 1. Jahrgang. Hamburg, 20. Januar 1891.

Correspondenzblatt

der

Generalkommission der Gewerkschaften Deutschlands.

Erscheint nach Bedarf, voraussichtlich jeden Sonnabend.	Das Blatt wird den Vorständen der Zentralvereine, den Vertrauensleuten der Gewerkschaften und den Redaktionen der Arbeiterzeitungen gratis zugestellt.	Redaktion und Verlag: C. Legien, Hamburg-St. Georg, An der Koppel 79, I.

An die Redaktionen der Arbeiterpresse und die Vorstände der Gewerkschaften.

Bei der großen Bedeutung, welche die Gewerkschaftsbewegung anerkanntermaßen für die gesammte Arbeiterbewegung hat, erscheint es angebracht, daß Alle, welche Gelegenheit haben, für die Befestigung und Ausbreitung der ersteren mit sorgen zu helfen, dieses in ausgedehntem Maße thun. Es bedarf nach den Debatten des Hallenser Parteitages, sowie der in letzter Zeit über diesen Punkt gepflogenen Diskussion heute keiner besonderen Auseinandersetzung mehr, welche Wichtigkeit die Organisation in Gewerkschaften auch für unser politisches Leben hat, und resultirt hieraus, daß auch die politischen Tageszeitungen nach Möglichkeit ihr Theil dazu beitragen, daß nach jeder Richtung hin die Gewerkschaftsbewegung eine einheitliche feste Regelung erhält.

Auch das vorliegende Blatt soll dazu beitragen, daß wir uns diesem Ziele möglichst bald nähern. Es hat sich gezeigt, daß die Bekanntmachungen und Aufrufe der unterzeichneten Kommission, welche von der Berliner Gewerkschaftskonferenz als Bindeglied der deutschen Gewerkschaften eingesetzt worden ist, nur langsame und unsichere Verbreitung erfahren. Deshalb mußte auf irgend eine Weise dafür Sorge getragen werden, daß Mittheilungen, welche für die Leiter und Mitglieder von Gewerkschaften von Bedeutung sind, in besserer Weise zur Kenntniß gelangen. Der ursprünglich gefaßte Plan, das Blatt jedem Verein, sowohl den zentralen als lokalen, wie auch den Zweigvereinen der Zentralorganisationen zuzustellen, wurde aufgegeben, weil einestheils die Kosten für Druck und Expedition zu große geworden wären, andererseits erst abgewartet werden muß, welche Aufnahme die Thätigkeit der Generalkommission bei den Gewerkschaften findet. Nach dem jetzt entworfenen Plan soll das Blatt den Vorständen der Zentralvereine sowie den Vertrauensleuten der Gewerkschaften, welche diese Organisationsform gewählt haben, zugestellt werden. Von diesen erwarten wir, daß sie nach besten Kräften den Aufforderungen, welche auf diesem Wege in ihre Hände gelangen, nachkommen und besonders dafür sorgen werden, daß die nothwendigen Geldmittel, sei es durch direkte Erhebung einer Beitragssteuer pro Kopf der Mitglieder der Organisation, oder wie es zur Zeit geschieht, durch freiwillige Leistungen, aufgebracht werden. Sodann erhalten sämmtliche Redaktionen der Arbeiterzeitungen des In- und Auslandes unser „Correspondenzblatt" aus dem Grunde zugestellt, weil wir erwarten, daß, wenn uns hier nur einigermaßen Entgegenkommen gezeigt wird, die Nachrichten, welche nothwendigerweise eine Verbreitung finden müssen, diese in ausgedehntem Maße finden werden. Zu diesem Zwecke bitten wir die verehrlichen Redaktionen, in ihren Blättern uns eine Spalte Raum zu geben, in welcher, vielleicht unter „Correspondenzen der Generalkommission" unsere Veröffentlichungen aufgenommen werden, weil dieselben die weiteste Verbreitung erfahren müssen. Bei den täglich erscheinenden Zeitungen dürfte dieses wohl ohne Schwierigkeiten möglich sein, weil eine Theilung des Inhalts des „Correspondenzblattes" sehr leicht angängig ist. Dagegen dürfte, da wir voraussichtlich bald in die Lage kommen werden, regelmäßig Berichte über die Aussperrungen und Streiks innerhalb Deutschlands, vielleicht auch des Auslandes, zu geben, den sämmtlichen Zeitungen ein jetzt nur theilweise gebrachtes Material geboten werden, welches nicht ungeeignet erscheint, anziehend auf die Leser zu wirken. Hierdurch würde der uns gestattete Raum wohl dazu beitragen, den Abonnentenkreis des Blattes zu erhöhen.

Wir ersuchen die Redaktionen, welche nicht gewillt sind, unserer Bitte nachzukommen, um gefällige Mittheilung, um von vornherein eine Uebersicht zu gewinnen, ob der eingeschlagene Weg ausreichend ist, die gewünschte Verbreitung der gedachten Nachrichten zu sichern.

1

der Ablehnung einer unpolitischen Gewerkschaft. Da die Verbindung politischer Vereine verboten war, war die Konsequenz einer offen politischen (sozialdemokratischen) Gewerkschaft, daß sie nur als lokale Organisation existieren konnte[19]. Der Entwurf der Generalkommission, dem das traditionelle Verständnis zugrunde lag, daß die Gewerkschaften »unter Ausschluß aller politischen und religiösen Fragen die wirtschaftlichen Interessen ihrer Mitglieder allseitig zu wahren« haben, stieß hier auf Ablehnung.

In einer Artikelserie im *Correspondenzblatt* stellte sich die Generalkommission Punkt für Punkt der Kritik. Der Streit um die beste Organisationsform schlug derart hohe Wellen, daß der geplante Gewerkschaftskongreß auf das Frühjahr 1892 verschoben werden mußte. Die »gewaltig« auseinandergehenden Meinungen ließen es der Generalkommission sogar geraten erscheinen, vor dem Gewerkschaftskongreß noch einmal eine Vorständekonferenz einzuberufen. Diese sollte eine Vorabklärung in der Organisationsfrage leisten, vor allem jedoch, die durch den Generalangriff der Metallarbeiter gefährdete Existenz der Generalkommission sichern helfen. Am 7. und 8. September 1891 trafen sich in Halberstadt 42 stimmberechtigte Delegierte von 39 verschiedenen Gewerkschaften. Ihre Aussprache endete mit einem großen Erfolg für die Generalkommission. Die wenigen Stimmen, die die Abschaffung der Generalkommission forderten, fanden kein Gehör. Mit nur kleinen Einschränkungen wurde das Aufgabenfeld der Generalkommission bestätigt (so durfte sie Darlehen für Streikunterstützung nur noch mit Zustimmung der Zentralvorstände aufnehmen) und ihr Oganisationsvorschlag wurde bei leichten Veränderungen mit 35 gegen 4 Stimmen (darunter die Metallarbeiter) gebilligt[20]. Nicht zuletzt wurde ihre finanzielle Grundlage eindeutig gesichert. 3 Pfg. pro Quartal und Mitglied sollte sie in Zukunft von den Zentralverbänden erhalten.

Damit war eine Vorentscheidung für den Kongreß gefallen.

Vom 14. bis 18. März 1892 trafen sich in Halberstadt 208 Delegierte, die ca. 300000 Arbeiter repräsentierten. Davon waren ca. 275000 Mitglieder in den 57 Zentralverbänden organisiert, die 172 Delegierte entsandt hatten.

---

19 Vgl.: Dirk H. Müller, Gewerkschaftliche Versammlungsdemokratie. . ., a. a. O., Berlin 1985.

20 Vgl.: Bericht über die am 7. und 8. September 1891 zu Halberstadt abgehaltene Konferenz der Zentralvorstände der deutschen Gewerkschafts-Verbände, in: Corrbl., Nr. 26 und 27 vom 12. und 19. September 1891.

Die 36 Delegierten von Lokalverbänden, wovon nur ein Teil zu den Lokalisten gerechnet werden konnte, waren in einer hoffnungslosen Minderheit. Als der Kongreß die Resolution der Lokalisten ablehnte, in der versöhnungsbereit gefordert wurde, daß unter dem Dach der freien Gewerkschaften »jede Form der Arbeiterorganisation als zu Recht bestehend anerkannt« werden solle, verließen 13 Delegierte unter Protest den Kongreß. Diese Spaltung der sozialdemokratischen Gewerkschaftsbewegung führte zu jahrelangen Reibereien zwischen den beiden Gewerkschaftsrichtungen, in die immer wieder auch die sozialdemokratische Partei hineingezogen wurde, bis schließlich der Nürnberger Parteitag 1908 einen Unvereinbarkeitsbeschluß faßte. Zu diesem Zeitpunkt waren die in der »Freien Vereinigung deutscher Gewerkschaften« lose zusammengeschlossenen lokalistischen Gewerkschaften gegenüber den Zentralverbänden bereits weit ins Hintertreffen geraten. Sie musterten nur noch ca. 12000 Mitglieder, die Zentralverbände zählten hingegen über 1800000[21].

Bei der Antwort auf die so heiß umstrittene Frage, ob die Gewerkschaften nach dem Berufs- oder Industrieverbandsprinzip aufgebaut werden sollten, gab es nochmals eine kontroverse Diskussion, in der sich weder der Metallarbeiterverband, der sich für Industrieverbände aussprach, noch der Vorsitzende der Generalkommission Carl Legien, der Berufsverbände empfahl (Dok. 7), durchsetzen konnte. Die Delegierten einigten sich darauf, die Entscheidung »der weiteren Entwicklung der Organisationen« zu überlassen. (Dok. 8) Gemessen am Stand der industriellen Entwicklung und an dem tatsächlichen Organisationsfeld der Gewerkschaften hatte der Streit über die Alternative entweder Berufs- oder Industrieverband einen unwirklichen Charakter: In Handwerk und Industrie waren bis 1895 überhaupt nur 3,3 % der Arbeiter in Großbetrieben mit mehr als 1000 Belegschaftsmitgliedern beschäftigt, 30,2 % in Mittelbetrieben (51-1000 Beschäftigten) und 41,8 % in Kleinbetrieben bis zu 5 Beschäftigten. Bis 1907 veränderte sich dieses Verhältnis zugunsten der Großbetriebe auf 4,9 % und der Mittelbetriebe auf 37,5 %, und nur noch 31,2 % waren in Kleinbetrieben beschäftigt[22].

Die Gewerkschaften hatten ihre Basis in den Klein- und Mittelbetrieben und fanden hauptsächlich Zuspruch bei den Facharbeitern. An der

21 Vgl.: Dirk H. Müller, Gewerkschaftliche Versammlungsdemokratie. . ., a. a. O., besonders 6. Kapitel.

22 Zahlen nach: G. Hohorst/J. Kocka/G.A. Ritter, Sozialgeschichtliches Arbeitsbuch. Materialien zur Statistik des Kaiserreichs 1870–1914, München 1875, S. 75.

Organisation des »modernen«, d.h. un- und angelernten Industrieproletariats waren sie (die Gewerkschaften der ungelernten Arbeiter einmal ausgenommen) noch nicht ernsthaft interessiert. Der Anspruch des Metallarbeiterverbandes, die Gewerkschaft aller Metallarbeiter sein zu wollen, war 1891 ein kühnes Zukunftsprojekt. Wie wenig er es vermocht hatte, in den Großbetrieben und bei dem dort konzentrierten un- und angelernten Industrieproletariat Fuß zu fassen, zeigte sich, als ab 1907 die großen Unternehmen der Metall-, Bergwerk- und Hüttenbranche begannen, »gelbe Werksvereinigungen« aufzubauen. Bei Siemens in Berlin organisierten sich binnen drei Jahren 80 % der Belegschaft im Werkverein. Ähnliche Ergebnisse zeigten sich bei der Maschinenfabrik Augsburg und Nürnberg (M.A.N.), bei Röchling in Völklingen und bei Krupp in Essen. In Berlin – einer Hochburg des DMV mit 90256 Mitgliedern – waren 58710 Arbeiter in gelben Vereinigungen organisiert[23].

Der Gewerkschaftskongreß tat also gut daran, sich nicht dogmatisch entweder auf das Berufs- oder Industrieverbandsprinzip festzulegen.

Die Entwicklung zu Industrieverbänden verlief vor 1914 relativ gemächlich. Dem Industrieverbandsprinzip standen neben Berufsdünkel und Zunftgeist auch noch andere, gewichtigere Gründe entgegen: Verschiedene Berufe hieß in der Regel unterschiedliche Löhne. Dies ließ die Arbeiter der höher bezahlten Berufe befürchten, nach unten hin nivelliert zu werden. Diese Haltung zeigte sich besonders in der Auseinandersetzung der Lithographen, Buchbinder und Buchdrucker[24]. Gleichermaßen hemmend wirkte der unterschiedliche Organisationsgrad, das Vermögen der Verbände, die differierende Beitragshöhe und damit verbunden die ungleiche Unterstützungsleistung. Jedoch zeigte sich deutlich, in welche Richtung der Zug der Gewerkschaften ging: Zwischen 1903 und 1913 gewannen die freien Gewerkschaften 1,6 Mill. Mitglieder hinzu, davon entfielen auf die Industrie- bzw. Berufsgruppenverbände (Metall-, Bau-, Fabrik-, Transport-, Holz-, Textil- und Bergarbeiter) 1,2 Mio.[25]. Nach Ende des ersten Halbjahres 1914 zählten die freien Gewerkschaften noch 46 Zentralverbände mit 2483661 Mitgliedern. An der Spitze der Rangliste stand der Metallarbeiterverband mit 538730 Mitgliedern, gefolgt von den Bauarbeitern mit 304853 und den

23 Vgl.: Klaus Mattheier, Die Gelben, Düsseldorf 1973, besonders S. 140ff.

24 Vgl.: Alexander Wende, Die Konzentrationsbewegung bei den deutschen Gewerkschaften, Berlin 1913, S. 46f.

25 Vgl.: Klaus Schönhoven, Expansion und Konzentration, a. a. O., S. 146.

Als Turner, 1889.

Aus dem Jahre 1990.

Aus: Theodor Leipert, Carl Legien, Berlin 1929. Reprint, Köln 1981, S. 32.

Transportarbeitern mit 229373 Mitgliedern. Am unteren Ende rangierten der Verband der Notenstecher mit 440 und der Verband der Xylographen mit 419 Mitgliedern. (Tab. 2).

Grenzstreitigkeiten

Zwischen den Berufs- und Industrieverbänden kam es immer wieder zu Reibereien in Bereichen, wo das Organisationsfeld nicht eindeutig abgesteckt war. Die Organisationen machten sich über Beitragshöhe und Unterstützungsleistungen untereinander Konkurrenz. So verzichtete der Vorstand des DMV trotz der Facharbeiterorientierung, die sich oft darin äußerte, daß Hilfsarbeiter gar nicht gerne im Verband gesehen waren, nicht auf den Anspruch, auch die ungelernten Arbeiter der Metallindustrie organisieren zu wollen. Dies besonders gegenüber dem Fabrikarbeiterverband, der in den Gewässern des Metallarbeiterverbandes zu fischen versuchte. Die Beschwerden des Metallarbeiterverbandes wies der Vorstand der Fabrikarbeiter jedoch mit dem Hinweis zurück, daß zum Zeitpunkt der Gründung des Fabrikarbeiterverbandes »kein Teufel die Hülfsarbeiter« hatte haben wollen und sich deshalb auch ungelernte Metallarbeiter an der Gründung des Fabrikarbeiterverbandes beteiligt hätten[26].

Der Anspruch des Metallarbeiterverbandes, die ungelernten Metallarbeiter zu organiseren, war angesichts des zunehmenden Anteils dieser Arbeiter in der Metallindustrie nur zu verständlich. Inkonsequent war die Haltung des Industrieverbandes dann, wenn er jene Metallarbeiter, die z. B. in Gemeinde- und Staatsbetrieben als Betriebsschlosser, Mechaniker, Installateure etc. beschäftigt waren, für sich reklamierte. Und zwar deshalb, weil er umgekehrt keine Hemmungen hatte, die Modellschreiner, Betriebsmaurer etc. der Metallbetriebe bei sich zu organisieren. Je nach Opportunität wurde das Berufs- oder Industrieverbandsprinzip favorisiert:

> »Vielleicht noch unglücklicher als das Verhältnis zwischen den Berufsorganisationen in der Metallindustrie, ist das zwischen den allgemeinen und Betriebsorganisationen. Es kommen hier die Verbände der Fabrikarbeiter, der in Staats- und Gemeindebetrieben beschäftigten Arbeiter, der Arbeiter im Eisenbahndienst und in den Eisenbahnbetriebswerkstätten und der Handels- und Transportarbeiter. Alle die Verbände bean-

---

26 Vgl.: Verband der Fabrik-, Land-, Hülfsarbeiter und Arbeiterinnen Deutschlands. Protokoll des 7. ordentlichen Verbandstages zu Hamburg, 7. bis 13. August 1904, S. 43.

spruchen für sich einen Teil Arbeiter der Metallindustrie und suchen dieselben zu organisieren, indem sie Metallarbeiter in ihre Verbände aufnehmen[27]«.

Wie sehr die Gewerkschaften vor dem Ersten Weltkrieg dem Berufsverbandsprinzip verpflichtet waren, wird besonders deutlich in dem Bestreben der ungelernten Arbeiter, sich in eigenständigen Verbänden zu organisieren. Ähnliches zeigt sich auch bei der liberalen und christlichen Gewerkschaftsbewegung. Der handwerkliche Berufsstolz, in der Polemik oft nur als »Kastengeist« bezeichnet, war noch so ausgeprägt, daß ungelernte Arbeiter der gleichen Branche und des gleichen Betriebes nicht in die gewerkschaftliche Berufsorganisation aufgenommen wurden. Doch es war nicht nur Kastengeist, der sich gegen eine gemeinsame Organisation mit Hilfsarbeitern wendete, sondern auch die Erfahrung, daß die Identifikation mit einer beruflichen Fähigkeit ein Selbstbewußtsein und ein Bewußtsein der Zusammengehörigkeit stiftete, das solidarisches Handeln eher ermöglichte als bei den ungelernten Arbeitern, deren häufiger Arbeitsplatzwechsel die ohnehin hohe Mitgliederfluktuation der Gewerkschaften zusätzlich verstärkte.

Die nicht gelernten Arbeiter mußten sich in eigenen Hilfsarbeiterverbänden organisieren. Beispiel dafür sind der »Verband der Bau-, Erd- und gewerblichen Hilfsarbeiter« oder der »Verband der in Buchdruckereien beschäftigten Hilfsarbeiter«. Anfänglich zwangen die männlichen Hilfsarbeiter sogar die Frauen, sich gesondert zu organisieren. Weniger das Vereinsgesetz als das zeitbedingte Vorurteil, daß Frauen nicht in die Fabrik gehörten, scheint der wesentliche Grund dafür gewesen zu sein. Selbst bei den Metallarbeitern gehörte es vor 1890 zum guten Ton, das Verbot von Frauen- und Kinderarbeit zu fordern.

Historisch bedeutsam – weil hier der Grundstein für die spätere Industriegewerkschaft der Chemiearbeiter gelegt wurde – war die Gründung des »Verbandes der Fabrik-, Land- und gewerblichen Hülfsarbeiter Deutschlands« am 1. Juli 1890, dem sich zwei Jahre später der »Verband der Fabrik- und Handarbeiterinnen« anschloß[28]. Diese Gewerkschaft der vereinigten gewerblichen Hilfsarbeiter und Arbeiterinnen, die dem Anspruch nach alle Hilfsarbeiter und Hilfsarbeiterinnen gleich welchen Industriezweiges organiseren wollte, mußte sowohl den Industrieverbänden (Metall- und Holzarbeitern) als auch den branchenge-

27 Der Deutsche Metallarbeiterverband im Jahre 1904. Jahr- und Handbuch für die Verbandsmitglieder, Stuttgart 1905, S. 121.

28 Vgl.: Hermann Weber unter Mitwirkung von Werner Müller und Günter Braun, 1890–1990. 100 Jahre Industriegewerkschaft Chemie-Papier-Keramik, Köln 1990.

bundenen Hilfsarbeiterverbänden ins Gehege kommen. Besonders harte »Grenzstreitigkeiten« ergaben sich mit den Gasarbeitern, die 1897 eine eigene Gewerkschaft gründeten. Der Fabrikarbeiterverband leugnete vehement die Existenzberechtigung einer solchen Organisation von ungelernten Arbeitern und hintertrieb zunächst erfolgreich seine Anerkennung durch die Generalkommission. Als dann die Gasarbeiter sich dazu verstiegen, eine Industriegewerkschaft nach dem Prinzip »Ein Betrieb, eine Gewerkschaft« aufzubauen, d.h. alle in kommunalen Betrieben beschäftigten gelernten und ungelernten Arbeiter organisieren zu wollen und erfolgreich organisierten, stießen sie auf heftigen Widerstand diverser Berufsverbände und seltsamerweise auch auf den Widerstand des Industrieverbandes der Metallarbeiter. Zunächst versuchten diese Verbände über die Vorständekonferenz der freien Gewerkschaften (dies war die gängige Bezeichnung für die sozialdemokratisch orientierten Gewerkschaften) den »Verband der in Gemeindebetrieben beschäftigten Arbeiter und Unterangestellten« zur Räson zu bringen, d.h. sein Organisationsfeld auf die ungelernten Arbeiter zu begrenzen. Als dies nichts fruchtete, drohte die Vorständekonferenz dem Gemeindearbeiterverband (so lautete seine Kurzfassung) mit dem Ausschluß aus den Reihen der freien Gewerkschaften und schuf sich eigens dafür die nötige Beschlußlage:

> »Wenn in einem Betrieb Angehörige verschiedener Berufe beschäftigt sind, dann dürfen die einzelnen Arbeiter nur in diejenige Organisation aufgenommen werden, welche für ihren Beruf besteht. Abweichungen von dieser Regel sind nur statthaft auf Grund vorheriger bestimmt begrenzter Vereinbarungen zwischen den beteiligten Zentralinstanzen. Letzteres gilt auch für die Aufnahmen vereinzelt beschäftigter beruflicher Arbeiter in Gemeinde-, Staats- und Genossenschaftsbetrieben sowie für Arbeiter, für die am Orte eine Organisation ihres Berufes nicht besteht«[29].

Das Industrieverbandsprinzip war für die Arbeiter der Gemeinde- und Staatsbetriebe jedoch so überzeugend, daß die Karawane der Gemeindearbeiter unbeeindruckt weiter ihren Weg ziehen konnte. Dieser mündete nach der Vereinigung mit dem »Deutschen Verkehrsbund« 1929/30 in den »Gesamtverband der Arbeitnehmer der öffentlichen Betriebe und des Personen- und Warenverkehrs«, der Vorläuferorganisation der heutigen ÖTV[30].

---

29 Protokoll der Verhandlungen des sechsten Kongresses der Gewerkschaften Deutschlands. Abgehalten zu Hamburg vom 22. bis 27. Juni 1908, S. 46.

30 Vgl. Manfred Scharrer, Die Geburt einer Gewerkschaft. Der Weg zum Verband der Gemeinde- und Staatsarbeiter, in: Die Gewerkschaft. Probenummer und Jahrgänge 1897–99. Originalgetreuer Nachdruck. Mit einleitenden Beiträgen von Dieter Schneider und Manfred Scharrer, Stuttgart 1986.

Die Gewerkschaften vor dem Ersten Weltkrieg waren überwiegend reine Berufsverbände. Und selbst die Metall- und Holzarbeiter waren als Industrieverbände überwiegend Facharbeiterorganisationen. Der Holzarbeiterverband gestand den einzelnen Berufen mehr noch als der Metallarbeiterverband Sonderorganisationen zu. Noch 1910 existierten in seinen Reihen 22 Branchensektionen »Bürstenmacher, Drechsler, Stockarbeiter, Schirmmacher, Kammacher, Knopfmacher, Korbmacher, Stellmacher, Modelltischler, Klaviermacher, Stuhlbauer, Polierer, Schiffstischler und Schiffszimmerer, Kistenmacher, Säger, Korkschneider, Pantinenmacher, Vergolder«.

Der moralische Zusammenhalt

Die Metallarbeiter konnten sich auch in der Diskussion über die wichtige Frage, wie die Verbindung der Gewerkschaften untereinander geregelt werden sollte, nicht durchsetzen. Der zentralistische Vorschlag, einen Gewerkschaftsrat aus je einem Mitglied der Zentralverbände zu bilden, mit einem von ihm ernannten Exekutivausschuß, wäre auf die Abschaffung der Generalkommission hinausgelaufen. Die demokratischere Konstruktion der Generalkommission, gewählt vom und verantwortlich dem Gewerkschaftskongreß, blieb in der geplanten Form erhalten.

Auf dem zweiten Gewerkschaftskongreß 1896 wurde beschlossen, ihr einen Gewerkschaftsausschuß – bestehend aus je einem Vertreter der angeschlossenen Organisationen – »zur Seite zu stellen«. Es war dies eine Art Kontrollinstitution, die jedoch nur eine beratende Funktion hatte. Viel größeres Gewicht – nicht unbedingt als Kontrolle der Generalkommission, jedoch für die Abstimmung allgemeiner Fragen der Gewerkschaften – bekam die Vorständekonferenz, die, nachdem sie ja überhaupt die Weichen für die Gründung eines Dachverbandes der freien Gewerkschaften gestellt hatte, nach dem vierten Gewerkschaftskongreß 1902 zur ständigen Einrichtung wurde. Diese Vorständekonferenz tagte in der Regel einmal jährlich und übernahm allmählich die Funktionen des Gewerkschaftsausschusses, der 1914 aufgelöst wurde[31].

Die auf dem Halberstädter Kongreß gebildete Generalkommission unterschied sich in einem Punkte wesentlich von der provisorischen: Die

31 Vgl.: Paul Barthel, Handbuch der Deutschen Gewerkschaften, Dresden 1916.

Kompetenz zur Unterstützung von Abwehrstreiks und die Bildung eines Streikfonds wurde ihr genommen. Hintergrund dieser Entscheidung war die bisherige Praxis der Generalkommission. Die Kritik machte sich vordergründig an dem eigenmächtigen Vorgehen fest, ein für damalige Verhältnisse riesiges Darlehen zur Unterstützung hauptsächlich der Hamburger Tabakarbeiter aufzunehmen. Dahinter standen jedoch handfeste egoistische Sonderinteressen der einzelnen Verbände. Bei einem Beitragsgefälle zwischen 1,10 Mark und 7½ Pfg. hätte ein absoluter Betrag, und nur ein solcher stand für den Generalfonds zur Debatte, eine große Ungerechtigkeit bedeutet. Letztlich wollten die Führungen der Einzelverbände jedoch die machtpolitisch interessante Entscheidung, welche Streiks unterstützungswürdig seien, nicht der Generalkommission anvertrauen.

Dieses Ergebnis des Kongresses war insofern paradox, als der Generalkommission gerade jene Aufgabe genommen wurde, zu deren Erfüllung sie gegründet worden war. Die überwiegende Mehrzahl der Verbände war sich nun darin einig, daß ein »moralischer Zusammenhalt« der Verbände in Form eines schwachen Dachverbandes erst einmal genügte. (Diese Tradition hat sich im Grunde bis heute erhalten.) Alle weiteren Versuche der Generalkommission, mit der Bildung und Verwaltung eines allgemeinen Streikfonds eine materielle Machtbasis gegenüber den Zentralverbänden zu bekommen, scheiterten.

Die vielleicht notwendig werdende überverbandliche Streikunterstützung im Falle, daß die Streikkassen der Verbände nicht ausreichten, sollte nach Willen des Halberstädter Kongresses durch die Gewerkschaftskartelle geleistet werden. Da die Kartelle jedoch nur als lokale Verbindungen der Ortsverwaltungen der einzelnen Verbände existierten, bedeutete diese Entscheidung eine Schwächung der Kompetenz der Zentralvorstände. Die Erfahrung mit dieser Art Streikunterstützung – Ortsverbände wandten sich an Ortskartelle und diese »überschwemmten dann weite Bezirke mit ihren Sammellisten«[32] – erregten zunehmend das Mißfallen der Zentralvorstände, und auf dem dritten Gewerkschaftskongreß wurde den Kartellen jede Kompetenz in Streikfragen genommen: »Die Beschlußfassung über Streiks, die Beschaffung und

32 Vgl.: Paul Umbreit, 25 Jahre Deutsche Gewerkschaftsbewegung 1890–1915. Erinnerungsschrift zum fünfundzwanzigjährigen Jubiläum der Generalkommission der Gewerkschaften Deutschlands, Berlin 1915, S. 33.

Vertheilung der Streikunterstützung muß ausschließlich Aufgabe der Vorstände der Zentralverbände sein«[33].

Vorangegangen war diesem Beschluß die Zentralisierung des Unterstützungswesens – auch und vor allem der Streikunterstützung – in den einzelnen Verbänden. Mit der Bewilligung der Streikmittel war auch die Streikleitung an die Zentralvorstände übergegangen. »Die Entblößung der Zweigvereine von verfügbaren Geldmitteln, das war der Triumpf der Zentralisation«[34].

Der Unterstützungsverband

»Nicht alleine das ideelle, das Klasseninteresse, nein ganz besonders die materiellen Interessen sollen die Arbeiter an die Gewerkschaft fesseln«. (Geib) Das hier angesprochene Thema war fast so alt wie die Gewerkschaften selbst und der Streit darüber auch. Als es in der Zeit des wirtschaftlichen Abschwungs nach 1889 zeitweilig so schien, als sei den Gewerkschaften keine große Zukunft beschieden, konnten verstärkte Überlegungen, wie Mitglieder zu gewinnen seien, nicht ausbleiben. Dem Ausbau des Unterstützungswesens wurde dabei besondere Bedeutung zugemessen. Unterstützung im Krankheitsfalle, in Not- und Sterbefällen, Reise-Unterstützung und vor allem natürlich Streik- und Gemaßregeltenunterstützung gehörten schon lange zum Standardangebot fast aller Gewerkschaften. Nur wenige Gewerkschaften, darunter die Buchdrucker, gewährten auch Arbeitslosenunterstützung. Anstoß für eine erneute Diskussion des Themas »Kampf- oder Unterstützungsverband« war die Absicht weiterer Verbände, eine Arbeitslosenunterstützung einzuführen. Diskutiert wurde vor dem Hintergrund des erwähnten Mitgliederrückgangs und einer hohen Fluktuation in den Verbänden, die durch Einführung einer gewissenhaften Statistik erst in ihrem ganzen Ausmaß erkennbar wurde. In den meisten Verbänden traten jährlich mehr Mitglieder ein und aus, als sie durchschnittlich Mitglieder hatte. Besorgniserregend mußte dabei die jährliche Austrittsrate sein. So verblieben dem Metallarbeiterverband von 2,1 Millionen gewonnenen Mitgliedern zwischen 1892 und 1913 »nur« gut 500000[35].

---

33 Protokoll der Verhandlungen des dritten Kongresses der Gewerkschaften Deutschlands. Abgehalten zu Frankfurt a. M.-Bockenheim vom 8. bis 13. März 1899, S. 214.

34 Bernhard Schildbach, Verfassung und Verwaltung der Freien Gewerkschaften in Deutschland, Leipzig 1910, S. 76.

35 Vgl.: Klaus Schönhoven, Expansion und Konzentration, a. a. O., S. 153ff.

Vor allem die Fluktuation hoffte man mit dem Ausbau des Unterstützungswesens stoppen zu können. Dies war jedenfalls das Hauptargument der Protagonisten einer Arbeitslosenunterstützung. Auf dem zweiten Gewerkschaftskongreß erklärte ihr Vertreter:

»daß die Arbeitslosenunterstüzung geeignet sei, die Mitglieder an die Organisation zu fesseln. Man dürfe zunächst nicht nach der Überzeugung fragen, sondern müsse durch geeignete Mittel die Indifferenten heranziehen und an die Organisation ketten. Die meisten Gewerkschaften nähmen eine Menge Mitglieder auf, die Mehrzahl davon wende aber der Organisation wieder den Rücken«[36].

Die Gegner der Unterstützung argumentierten, daß die Arbeitslosenversicherung die Mitgliederverluste nicht stoppe und daß es Sache des Staates sei, die Arbeitslosen zu unterstützen. Den Verursachern der »wirtschaftlichen Notlage« dürfe von seiten der Gewerkschaften der Zwang nicht abgenommen werden, diese wieder zu beseitigen, denn dadurch würde den Arbeitern die Erkenntnis erschwert, »daß nur durch zähen Widerstand, nicht aber durch Unterstützung etwas für die Arbeiter zu erreichen sei«. Überhaupt werde durch solche Art von Unterstützung die »Kampfeslust ganz entschieden beeinträchtigt« und die Arbeiter vom »Ziel der endgültigen Befreiung der Arbeiterklasse« abgelenkt.

Tatsächlich ist es umstritten, ob die Fluktuation durch die Einführung der Arbeitslosenunterstützung eingedämmt wurde, nachweisen läßt es sich wohl kaum. Doch scheinen die Zeitgenossen darüber anders gedacht zu haben. So führte der Metallarbeiterverband, der lange zu den schärfsten Gegnern einer solchen Unterstützung zählte, diese 1899 ein. Sie sollte bald einen erheblichen Anteil der Unterstützungsleistungen einnehmen. Im Jahre 1913 zahlte der Verband 7,3 Mio. Mark an Arbeitslosenunterstützung und nur 3,6 Mio. Mark an Streikunterstützung. Überhaupt zeigte sich, daß die sozialpolitischen Unterstützungsleistungen der Gewerkschaften in der Regel weit höher lagen als die Unterstützung im Zusammenhang mit Arbeitskämpfen[37].

Insgesamt betrug der Anteil der Streikunterstützung zwischen 1891 und 1914 an den Gesamtaufwendungen der freien Gewerkschaften 36,8 %, +2,8 % Gemaßregeltenunterstützung. (Vgl.: Tab. 5 und 6)

Diese Zahlen lassen vermuten, daß ein Streikunterstützungsverband al-

---

36 Protokoll der Verhandlungen des zweiten Kongresses der Gewerkschaften Deutschlands. Abgehalten zu Berlin vom 4. bis 8. Mai 1896, S. 116.

37 Vgl.: Klaus Schönhoven, Selbsthilfe als Form von Solidarität. Das gewerkschaftliche Unterstützungswesen im Deutschen Kaiserreich bis 1914, in: Archiv für Sozialgeschichte, XX. Band 1980, Bonn 1980.

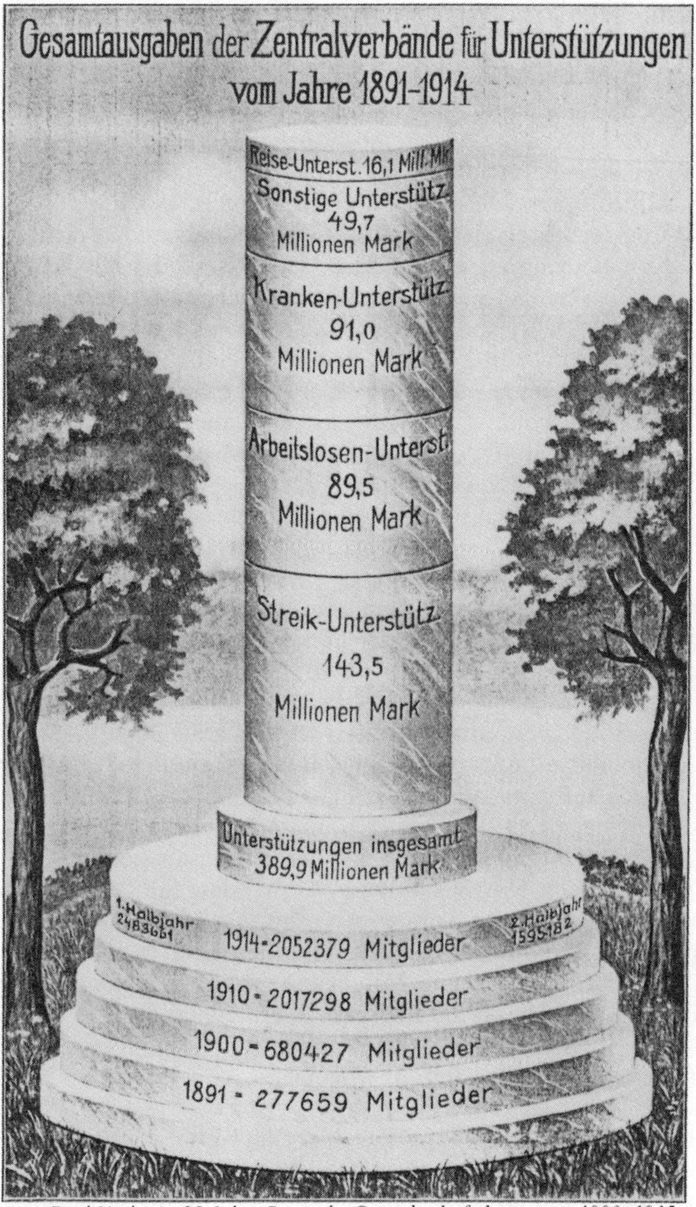

Aus: Paul Umbreit, 25 Jahre Deutsche Gewerkschaftsbewegung 1890–1915. Erinnerungsschrift zum fünfundzwanzigjährigen Jubiläum der Generalkommission der Gewerkschaften Deutschlands, Berlin 1915.

leine nicht die eindrucksvolle Entwicklung genommen hätte, wie sie die deutschen Gewerkschaften nach 1896 nahmen. Zum Wachstum und zur relativen Stabilität der Verbände dürfte vor allem eine notwendige organisatorische Konsequenz aus dem Aufbau der Gewerkschaften als umfassende Unterstützungsorganisation mit Versicherungscharakter beigetragen haben, nämlich der Aufbau einer funktionierenden Verwaltung/Bürokratie. Diese war notwendig nicht nur zur sorgfältigen Verwaltung der Mitgliedsbeiträge, sondern zuallererst zur nicht minder sorgfältigen Beitragskassierung. Die Nachlässigkeit vieler Mitglieder, ihren Beitragsverpflichtungen nachzukommen, war nicht alleine mit moralischen Appellen zu beheben. Der Ausbau eines haupt- und nebenamtlichen Funktionskörpers war unvermeidlich. Es gibt keine Versicherungsanstalt ohne Bürokratie. Der Unterschied zwischen dem gewerkschaftlichen Unterstützungswesen und einer beliebigen Versicherung bestand wesentlich darin, daß für die Mitglieder kein Rechtsanspruch auf Unterstützung bestand. Dies aus gutem Grund, denn die Gewerkschaften wollten ihre Kassen nicht der behördlichen Kontrolle unterwerfen.

Es ist eine Besonderheit der deutschen Gewerkschaften, daß sie den Solidarzusammenhang wesentlich in Form von versicherungsartigen Unterstützungen organisierten. Für die Streikunterstützung steht dahinter ein Lernprozeß, der es den Arbeitern geraten erscheinen ließ, von der freien Solidarität mit Ad-hoc-Unterstützung abzugehen hin zur Verbandssolidarität mit regelmäßiger Beitragszahlung. Solidarität hieß für Gewerkschaftsmitglieder erst einmal regelmäßige Beitragszahlung. Die oftmals negativen Erfahrungen im spontanen Klassenkampf, das Kämpfen ohne »kühles Abwägen« der Erfolgsaussichten und ohne Rücksicht auf den Kassenstand des Verbandes, führte oftmals dazu, daß besonders die in der Anfangszeit schwachen lokalen Verbände die Unterstützungszahlungen einstellen mußten und der Verband sich dann ganz auflöste, weil die Mitglieder davonliefen. Damit war den Arbeitern nicht gedient. Sie übergaben schließlich die Entscheidungskompetenz in Streikfragen den Spezialisten der außerbetrieblichen Führungen.

Das Unterstützungswesen prägte den Charakter der deutschen Gewerkschaften entscheidend. Das oft wenig radikale Verhalten der Gewerkschaftsführungen war kein Opportunismus der Führungen. Sie waren im Interesse der Mitglieder verpflichtet, im Zweifel alles unter dem Gesichtspunkt der Kasse zu betrachten. Das existentielle Eigeninteresse der »Gewerkschaftsbeamten« am Erhalt der Organisation, d. h. ihres Arbeitsplatzes, verstärkte dieses Verhalten.

Der Kassenstandpunkt mußte jedoch immer wieder in Widerspruch treten zu aktuellen Kampfnotwendigkeiten oder Stimmungen, ganz zu schweigen von revolutionären Aktionsformen. Kritiker hatten vollständig recht, wenn sie anmerkten, daß vom Standpunkt eines Kassenwartes aus kein revolutionärer Massenstreik organisiert werden konnte, jedoch vergaßen sie meist hinzuzufügen, daß revolutionäre Massen auch kaum ihre Aktionen vom Erhalt einer Streikunterstützung abhängig machen würden.

Der Tarifvertrag

Der dritte Gewerkschaftskongreß 1899 beschloß:

> »Tarifliche Vereinbarungen, welche die Lohn- und Arbeitsbedingungen für eine bestimmte Zeit regeln, sind als Beweis der Anerkennung der Gleichberechtigung der Arbeiter seitens der Unternehmer bei Festsetzung der Arbeitsbedingungen zu erachten und in den Berufen erstrebenswert, in welchen sowohl eine starke Organisation der Unternehmer, wie auch der Arbeiter vorhanden ist, welche eine Gewähr für die Aufrechterhaltung und Durchführung des Vereinbarten bieten.«[38]

Vorausgegangen war dieser Entscheidung eine heftige Auseinandersetzung, die sich nach Abschluß eines reichsweiten Tarifvertrages für die Buchdrucker entzündete. Innerhalb des Buchdruckerverbandes führte diese Auseinandersetzung sogar zu einer Abspaltung und zur Gründung einer tarifvertragsfeindlichen Buchdruckergewerkschaft. Das Leipziger Gewerkschaftskartell unterstützte diese Organisation und beschloß, diejenigen »Vertreter der Buchdrucker, welche Anhänger der Tarifgemeinschaft sind, infolgedessen auf Hirsch-Dunckerschen Standpunkt stehen, nicht anzuerkennen, da diese Bestrebungen mit denen des Kartells nicht in Einklang zu bringen sind«[39]. Daraufhin strich die Generalkommission das Leipziger Gewerkschaftskartell aus der Kartelliste der freien Gewerkschaften und versagte der neuen Buchdruckergewerkschaft ihre Anerkennung. Solche radikalen Folgen der Auseinandersetzung waren jedoch die Ausnahme.

Die Gegner einer »Tarifgemeinschaft« sahen im friedlichen Verhandeln

---

38 Protokoll der Verhandlungen des dritten Kongresses der Gewerkschaften Deutschlands. Abgehalten zu Frankfurt a. M.-Bockenheim vom 8. bis 13. Mai 1899, S. 150.

39 Paul Barthel, a. a. O., S. 437.

mit dem »Klassenfeind«, dem Gemeinsam-an-einem-Tisch-sitzen, eine moralische Ungeheuerlichkeit, eine Aufgabe des Koalitionsrechtes, eine Schwächung der Erziehung zum Klassenkampf, einen Verrat am Klassenkampf schlechthin.

Die Befürworter sahen in der Verbesserung der Lohn- und Arbeitsbedingungen auf »friedlichem Wege« durch einen »collektiven Arbeitsvertrag« einen kulturellen Fortschritt. Besondere Bedeutung maßen sie jedoch der damit verbundenen Anerkennung der Gewerkschaften »als berechtigten Faktor bei der Festsetzung der Arbeitsbedingungen« bei. Für Legien war diese Anerkennung die »erste Vorbedingung dafür, die Production demokratisieren zu können, denn sie ist das erste Durchbrechen des Absolutismus im Fabrikbetriebe«[40].

Große Vorteile des Tarifvertrages sahen die Gewerkschaften darin, daß damit die Organisationen gestärkt, d. h. die Kassenbestände geschont werden konnten. Das einfache Argument, wenn »wir die Lohn- und Arbeitsbedingungen ohne Streik also friedlich verbessern können, dann natürlich ohne«, war nicht zu schlagen.

Die grundsätzliche Entscheidung, das friedliche Mittel des Tarifvertrages zur Regelung der Lohn- und Arbeitsbedingungen zu nutzen, wann immer dies möglich ist, bedeutete eine wesentliche sachliche Annäherung an Vorstellungen der liberalen und christlichen Gewerkschaften.

Die Gewerkschaften erwarteten nicht, daß die Unternehmer aus lauter Menschenfreundlichkeit »friedlich« gewerkschaftliche Forderungen erfüllen würden. Der Tarifvertrag wurde als ein Tauschgeschäft zum beiderseitigen Nutzen betrachtet: Die Unternehmer erhielten für die Dauer des Tarifvertrags die Garantie, daß die Arbeiterorganisationen keine neuen Lohnforderungen stellen bzw. deswegen nicht streiken würden, dafür waren sie bereit, im Rahmen eines Tarifvertrags Zugeständnisse zu machen, die ihnen sonst vielleicht nur durch einen Arbeitskampf abgetrotzt werden konnten. Der Verzicht der Gewerkschaften auf Ausnutzung des Koalitionsrechts, der Verzicht auf einen Arbeitskampf während der Laufzeit eines Tarifvertrages, war ein Preis, den sie dafür gerne entrichten wollten.

Der Tarifvertrag blieb vor 1914 jedoch ohne große Bedeutung. Bis 1912 waren erst 1,4 Mio. Arbeiter durch Tarifverträge erfaßt, und diese waren fast ausschließlich in Klein- und Mittelbetrieben beschäftigt. Die

40 Carl Legien, Ziele und Mittel der deutschen Gewerkschaftsbewegung, in: Sozialistische Monatshefte, 4. Jg., S. 112.

Großbetriebe im Maschinenbau, Elektro-, Kohle- und Stahlindustrie lehnten den Tarifvertrag ab[41].

Trotz der insgesamt geringen Verbreitung des Tarifvertrags hatte er z. B. für den Metallarbeiterverband bis 1913 bereits erhebliche Bedeutung gewonnen. Von 194104 Arbeitern, die im Metallbereich von Tarifverträgen erfaßt wurden, waren 62 % im Metallarbeiterverband organisiert und dies waren immerhin 35,62 % seiner Mitglieder[42].

Auch zeichneten sich seine innerorganisatorischen Konsequenzen schon sehr deutlich ab: Die Konzentration der Entscheidungskompetenz in außerbetrieblichen Führungsinstitutionen durch die Zentralisierung der Streikkompetenz und die Art des Unterstützungswesens wurde durch den kollektiven Arbeitsvertrag weiter verstärkt. Der Tarifvertrag bedeutete die Anerkennung der Gewerkschaften als legitime Vertretung der Arbeiter und die Anerkennung der Gewerkschaftsführer als die legitimen Verhandlungspartner. Die Anerkennung der Gewerkschaftsführungen durch die Unternehmer setzte ihre Anerkennung wenigstens durch die Mitglieder voraus. Nur solange die Basis der Führung gehorchte, wurde die Führung auch als Verhandlungspartner akzeptiert. Disziplin und Gehorsam waren als die Kardinaltugenden deutscher Gewerkschaftsmitglieder mehr denn je gefragt.

Der große »wilde« Hafenarbeiterstreik 1913 ist ein gutes Lehrstück für diesen Zusammenhang:

> »Aber diesmal hat das disziplinlose Vorgehen der Werftarbeiter die Interessen der gesamten Gewerkschaftsbewegung verletzt. Die Verhandlungs- und Vertragsfähigkeit der Gewerkschaften wird in Frage gestellt, wenn Mitgliedergruppen auf eigene Faust den Kampf eröffnen, während die verantwortlichen Verbandsinstanzen noch mit den Unternehmern Verhandlungen anknüpfen«[43].

Daß der wilde Streik berechtigt war, weil der von den Gewerkschaftsführungen 1910 langfristig abgeschlossene Tarifvertrag durch die Lebensmittelteuerung nicht das gehalten hatte, was versprochen worden war, spielte bei der Reaktion der Gewerkschaftsführungen keine Rolle. Es galt einen Präzedenzfall im Grundsätzlichen zu verhindern. Die Führung des Metallarbeiterverbandes, in dem von 35920 Streikenden 22654 organisiert waren, verweigerte die Streikunterstützung. Sie sah sich jedoch gezwungen, eine außerordentliche Generalversammlung

---

41 Zur Analyse des Tarifvertragswesens vgl.: Bd. 10 unserer Reihe, Rainer Kalbitz, Tarifpolitik – Streik – Aussperrung, Köln 1990.
42 Vgl.: Metallarbeiter-Zeitung, Nr. 26 vom 27. Juni 1914.
43 Corrbl., Nr. 39 vom 27. 9. 1913, S. 590.

einzuberufen. Mit einem fragwürdigen Kompromiß konnte sie den Abbruch des Streiks und die Wiederherstellung der Autorität der Verbandsführung durchsetzen: Die Verbandsführung bewilligte nachträglich die Streikgelder und durfte weiter im Amt bleiben.

Die im Tarifvertrag beschlossene Anerkennung der Gewerkschaften durch die Unternehmer hatte für die Gewerkschaften auch einen über den unmittelbaren Inhalt hinausreichenden Sinn:

> »Tarifgemeinschaft schaffen, heißt einen Schritt vorwärts thun, wenn auch nicht alle Aufgaben, welche den Gewerkschaften zufallen, erfüllen. Diese würden erst erfüllt sein, wenn der Conflikt zwischen Capital und Arbeit beendet ist, d. h. wenn die Besitzer des Capitals und Besitzer der Arbeitskraft eine soziale Gemeinschaft darstellen«[44].

Die Vorschule

Die Auffassung, daß die Gewerkschaften als Mittel für die Zwecke der Partei zu nutzen seien und daß sie folglich der Partei untergeordnet sind, wurde seit den mehr oder weniger erfolgreichen Versuchen der Lassalleaner rasch zu einem Gemeingut der sozialistischen Arbeiterbewegung. Während des Sozialistengesetzes war es ein Erkennungszeichen sozialdemokratischer Gewerkschaften, den beschränkten Charakter gewerkschaftlicher Organisationen ausdrücklich zu betonen. In der Resolution des Metallarbeiterkongresses 1888 zur Organisationsfrage wurde dies folgendermaßen zum Ausdruck gebracht:

> »Durchdrungen von der Überzeugung, daß die Arbeiter nicht im Stande sind, durch die gewerkschaftliche Organisation ihre Lage durchgreifend und auf die Dauer zu verbessern, ist sich der Kongreß dennoch bewußt, daß die gewerkschaftliche Organisation den Arbeitern ein Mittel bietet, ihre materielle Lage zeitweise zu heben, ihre Aufklärung zu fördern und sie zum Bewußtsein ihrer Klassenlage zu bringen«[45].

Als die Generalkommission begann, die Organisationsfrage zu diskutieren, faßte Legien den Konsens dahingehend zusammen, daß die Gewerkschaften »im Wesentlichen als Vorschule der politischen Bewegung und als Stützpunkt für dieselbe zu gelten haben«. Es seien gerade die Gewerkschaften mit ihren Lohnkämpfen, »welche den indifferenten Arbeiter zum Klassenbewußtsein und somit zur politischen Erkenntnis und Thätigkeit bringen«. Eine direkte politische Diskussion in den Ge-

44 Carl Legien, Tarifgemeinschaft und gemeinsame Verbände von Arbeitern und Unternehmern, in: Sozialistische Monatshefte, 1902, Nr. 1, S. 35.
45 DMZ, Nr. 1 vom 5. Januar 1889.

Deutscher Metallarbeiter-Verband, Verwaltungsstelle Berlin.
Bureau: Engel-Ufer 15, Zimmer 1—5. Fernsprecher: Amt VII, 353.

Frage-Bogen.

Werkstatt: .... **Ort:** .... **Straße Nr.** ....

Saal oder Abtheilung: .... **Hauptbeschäftigungsart:** ....

	Männl.	Weibl.	Lehrl.
Gesammtzahl der Beschäftigten			
Davon: Nicht-Metallarbeiter			
Metallarbeiter unter 18 Jahren			
„ über 60 Jahre			
Zum Deutsch. Metallarb.-V. gehörig			
Zu anderen Organisationen gehörig			

Die regelmäßige Arbeitszeit beträgt täglich ..... Stunden

Werden Ueberstunden gearbeitet? Wenn ja, wieviel Stunden täglich ....

Wird verkürzt gearbeitet? Wenn ja, wieviel Stunden täglich

Wird Sonntags gearbeitet, wieviel Stunden?

Wird Nachts gearbeitet, wieviel Stunden?

Verdienst in der Woche (Drchschn. d. letzt. Viertelj.)	Männl.	Weibl.	Lehrl.
unter 10 Mk.			
über 10 bis 12 „			
„ 12 „ 15 „			
„ 15 „ 18 „			
„ 18 „ 21 „			
„ 21 „ 24 „			
„ 24 „ 27 „			
27 „ 30 „			
„ 30 „ 33 „			
„ 33 „ 36 „			
„ 36 „ 39 „			
„ 39 „ 42 „			
„ 42 „ 45 „			
„ 45 „ 48 „			
über 48 „			
Verdienst nicht zu ermitt.			
Summa			

Wird vorwiegend in Lohn oder Akkord gearbeitet? (Nicht Zutreffendes ist zu durchstreichen.)
Wieviel Tage werden bei der Lohnberechnung einbehalten? ....
Ist die Löhnungsperiode wöchentlich oder 14tägig? (Nicht Zutreffendes ist zu durchstreichen.)
Wird in Kolonnen gearbeitet? Ja oder nein. (Nicht Zutreffendes ist zu durchstreichen.)

Fragen, welche auf die Einrichtungen der Werkstatt bezw. Abtheilung sich beziehen.

1. Ist Hand- oder Kraftbetrieb? (Nicht Zutreffendes ist zu durchstreichen.)
2. Besteht Kündigungsfrist? .... Welche?
3. Wird die Luft durch Ausdünstungen von Materialien, Maschinen, Apparaten, Säuren ꝛc. wesentlich verschlechtert? ....
4. Werden die Abfälle regelmäßig beseitigt? .... In welchen Zeiträumen?
5. Ist gute Ventilation und Beleuchtung vorhanden?
6. Sind Maschinen vorhanden, bei deren Bedienung häufig Unfälle vorkommen?
7. Sind Schutzvorrichtungen vorhanden? .... Sind die vorhandenen in gutem Zustande?
8. Sind die Arbeitsräume für beide Geschlechter getrennt?
9. Sind besondere Speiseräume vorhanden? .... Getrennt für Geschlechter?
10. Sind besondere Ankleideräume vorhanden? .... Getrennt für Geschlechter?
11. Sind besondere Waschräume vorhanden? .... Getrennt für Geschlechter?
12. Sind Aborte in genügender Zahl vorhanden? .... Getrennt für Geschlechter?
13. Ist eine Fabrik-Ordnung vorhanden?
14. Ist ein Arbeiter-Ausschuß vorhanden?
15. Werden Strafgelder erhoben? Ja oder nein. .... (Näheres unter Bemerkungen.)
16. Wird die Verwendung der Strafgelder von den Arbeitern kontrollirt? ....

Vorstehende Fragen sind mit Tinte auszufüllen!

Bemerkungen siehe Rückseite! **Bitte wenden!**

Zur Beachtung! Dieser Fragebogen ist spätestens bis zum 23. November 1902, Engel-Ufer 15, Zimmer 1, abzuliefern.

Fragebogen des Metallarbeiterverbandes über die Arbeitsverhältnisse in den einzelnen Betrieben.

Aus: Eduard Bernstein, Geschichte der Berliner Arbeiterbewegung, a.a.O.

werkschaften lehnte er mit Hinweis auf die Vereinsgesetzgebung jedoch ab. Die Arbeitsteilung zwischen Partei und Gewerkschaften bedeute, daß die Partei »eine Umgestaltung der gegenwärtigen Gesellschaftsorganisation« anstrebe, während die Gewerkschaften »auf dem Boden der heutigen bürgerlichen Gesellschaft« stünden, während also die Partei »in späterer Zeit durch die Umgestaltung der Produktionsweise allen Mitgliedern der Gesellschaft ein sorgenfreies Dasein« verschaffen wolle, suchen die Gewerkschaften »auf dem Boden des heutigen Klassenstaates die Lage der Arbeiter zu verbessern«[46]. Ähnliche Formulierungen finden sich bei Legien auch noch auf dem Kölner Parteitag 1893, dies jedoch nicht in der Absicht, die Bedeutung der Gewerkschaften herunterzuspielen, sondern umgekehrt, die Parteigenossen davon zu überzeugen, wie wichtig die Gewerkschaften als »Vorschule« für die politische Bewegung seien[47].

Dieses Verständnis gewerkschaftlicher Aufgaben vertrug sich gut mit der jetzt schon traditionellen sozialdemokratischen Auffassung, daß die Verwirklichung des Sozialismus letztlich im Bereich des Politischen zu suchen sei. Auf dem Erfurter Parteitag – nach der Meinung von Friedrich Engels die Geburtsstunde der marxistischen Sozialdemokratie – bekannte sich die Partei zu der zutiefst lassalleanischen Auffasung, »daß die Eroberung der politischen Macht das erste und Hauptziel ist, nach der jede klassenbewußte Proletarierbewegung streben muß«. Überhaupt wurde der »Kampf der Arbeiterklasse gegen die kapitalistische Ausbeutung« als »notwendigerweise« politischer Kampf definiert. Dieses Verständnis, das der gewerkschaftlichen Tätigkeit nur eine untergeordnete Bedeutung zumaß, korrespondierte mit einem naturwüchsigen Führungsanspruch der Partei:

> »Diesen Kampf der Arbeiterklasse (gegen Ausbeutung und für politische Macht, M.S.) zu einem bewußten und einheitlichen zu gestalten und ihm sein naturnotwendiges Ziel zu weisen – das ist die Aufgabe der Sozialdemokratischen Partei«[48].

Solange die Gewerkschaften einen ungewissen Kampf um ihre Existenz führten, war die Überzeugung, daß die Gewerkschaften allenfalls als Vor- bzw. Rekrutenschule für die Partei taugten, wenig Zweifeln ausgesetzt. Die großen Streikniederlagen der Bergarbeiter (Ende April 1891)

46 Corrbl., Nr. 3 vom 7. Februar 1891.

47 Vgl.: Protokoll über die Verhandlungen des Parteitages der Sozialdemokratischen Partei Deutschlands. Abgehalten zu Köln a. Rh. vom 22. bis 28. Oktober 1893, S. 183f. (Parteitagsprotokoll der SPD werden in der Folge zitiert als: Protokoll Parteitag).

48 Erfurter Programm, zitiert nach: Protokoll Parteitag 1891, S. 14.

und der Buchdrucker (Nov./Jan. 1891/92) sowie der mit dem konjunkturellen Rückschlag ab 1889 einsetzende Mitgliederrückgang (die Zentralverbände verloren von 1890 bis 1893 rund 75000 Mitglieder) verstärkten die Einschätzung, daß den Gewerkschaften keine große Zukunft beschieden sei. So erklärte Bebel auf dem Kölner Parteitag 1893:

»Wir können gewerkschaftlich organisiert sein, wie wir wollen, wenn das Kapital einmal allgemein eine solche Macht erobert hat wie bei Krupp und Stumm, in der Dortmunder Union, in den Kohle- und Eisenindustriebezirken Rheinland und Westfalen, dann ist es mit der gewerkschaftlichen Bewegung aus, dann hilft nur noch der politische Kampf. Aus ganz natürlichen und selbstverständlichen Ursachen wird den Gewerkschaften ein Lebensfaden nach dem anderen abgeschnitten«[49].

Doch selbst noch 1898 glaubte Rosa Luxemburg sich der Tatsache nicht verschließen zu können, »daß wir im großen und ganzen nicht Zeiten eines starken Aufschwungs, sondern des Niedergangs der gewerkschaftlichen Bewegung entgegengehen«[50].

Zum Zeitpunkt, als sich Rosa Luxemburg diese Fehleinschätzung leistete, zeigte die Kurve der Mitgliederentwicklung bei den Gewerkschaften steil nach oben: 1896 hatten sie den Stand von 1890 überflügelt, sie erzielten zweistellige Zuwachsraten und zählten 1898 knapp 500000 Mitglieder (vgl.: Tab. 3).

Diese Entwicklung, die gestützt wurde durch einen konjunkturellen Aufschwung, erklärt sich zum Teil dadurch, daß der Nutzen gewerkschaftlicher Tätigkeit für die Verbesserung der Arbeits- und Lebensbedingungen im »wirklichen« Leben der Arbeiter erfahrbar war, wenngleich die statistischen Zahlen sich nicht allzu dramatisch ausnehmen. So betrug die Reallohnerhöhung zwischen 1892 und 1900 ca. 8 %, und die tägliche Arbeitszeit sank maximal um eine Stunde auf zehneinhalb Stunden bei einer Sechstagewoche ohne Urlaubsanspruch.

Beim Versuch, die zunehmende Attraktivität der Gewerkschaften zu erklären, dürfen ihre sozialpolitischen Aktivitäten nicht vergessen werden. Die Arbeitsvermittlung (Arbeitsnachweis), von fast allen Gewerkschaftsverbänden berufsspezifisch in Konkurrenz zu den Innungs- und Unternehmereinrichtungen angeboten, gehört hierher, ebenso die Rechtsberatung in Fragen der Sozialversicherungen und Sozialgesetzgebung (durch »Arbeitersekretariate«) und das allgemeine Einmischen in die kommunale Sozialpolitik. Es waren vornehmlich die Gewerk-

49 Protokoll Parteitag 1893, S. 201.
50 Rosa Luxemburg, Sozialreform oder Revolution?, in: Gesammelte Werke, Berlin (DDR) 1970, Bd. 1/1, S. 391.

schaften, die sich darum kümmerten, daß die harten Fakten über die Lage der arbeitenden Klasse, über die wirklichen Lebensverhältnisse der Arbeiter ermittelt wurden. In Berlin initiierte z. B. die Gewerkschaftskommission eine einmalige Aktion: Nachdem alle Forderungen an die Stadtverwaltung, etwas gegen die zunehmende Arbeitslosigkeit zu tun (1902), abgelehnt wurden mit dem Argument, die Zahlen der Gewerkschaften seien maßlos übertrieben, organisierten die Gewerkschaften, unterstützt von der SPD, eine Arbeitslosenzählung von Haus zu Haus[51]. Ähnlich aufwendig erstellten sie ein Jahr später eine differenzierte Statistik über Einkommen und Ausgaben (für Miete, Lebensmittel, Bekleidung etc.), Wohn- und Familienverhältnisse der Berliner Arbeiter[52].

Oft erst auf Drängen der Gewerkschaften wurden Gewerbegerichte eingeführt, deren Beisitzer zu gleichen Teilen von Unternehmern und Arbeitern gestellt wurden. Die Gewerkschaften stellten die Kandidaten für die Beisitzer und organisierten die Wahlen zu diesen Gerichten. Vor allem nutzten sie diese Einrichtung zur Schlichtung gewerblicher Streitigkeiten und – teilweise spektakulär – als Einigungsamt in Arbeitskonflikten.

Es war jedoch sicher nicht nur die Wahrung materieller Interessen, die den Gewerkschaften Zuspruch sicherte. Und es war nicht nur die elende materielle Lage, die die Arbeiter in ein gemäßigt rebellisches Verhältnis zu den Unternehmern trieb, sondern ein vielfach arrogant auftrumpfender, für den Arbeiter entwürdigender Herr-im-Haus-Standpunkt, verbunden mit einer generellen Geringschätzung der Handarbeit und der Handarbeiter. Das dadurch verletzte Selbstwertgefühl äußerte sich in dem ideellen Bedürfnis nach Gegenwehr. In der allgemeinen Forderung einer jeden Gewerkschaft, die »Ehre« der Arbeiter zu wahren, fand es einen Ausdruck. Gab es vielfach Zweifel – durch Lassalle und Marx theoretisch genährt –, ob mit Streiks tatsächlich ein höherer Lebensstandard erkämpft werden könne, so waren Abwehrstreiks, »die unternommen werden zur Wahrung der Arbeiterehre – wie z. B. zur Beseitigung entwürdigender oder miserabler Behandlung« weniger umstritten[53].

Diese Seite gewerkschaftlicher Interessenvertretung erklärt auch teil-

51 Vgl.: Eduard Bernstein, Geschichte der Berliner Arbeiterbewegung, Dritter Band, Berlin 1910, S. 278ff.
52 Vgl.: Ebenda, S. 282.
53 Vgl.: DMZ, Nr. 17 vom 20. Juni 1984.

Sterbetafel

der

Allgemeinen Kranken- u. Sterbekasse der Metallarbeiter.

Nr. 23554. Oskar Frederiksen, Schlosser, geb. 20. März 1867, gest. 20. Mai 1888 an Lungenschwindsucht in Kiel.

Nr. 11650. Gustav Jabusch, Heizer, geb. 11. Febr. 1847, gest. 19. Mai 1888 an Lungenschwindsucht in Hannover.

Nr. 24611a Leopold Fromhold, Schmied, geb. 15. Nov. 1849, gest. 3. Juni 1888 an Lungenschwindsucht in Mainz.

Nr. 11579b. Friedrich Hennicke, Former, geb. 2. Aug. 1858, gest. 30. Mai 1888 an Lungenschwindsucht in Fermersleben.

Nr. 3837b. Johann Brück, Hilfsarbeiter, geb. 7. Juni 1849, gest. 29. Mai 1888. Ueberfahren. Gießen.

Nr. 23213a. Richard Feistel, Heizer, geb. 14. Dez. 1866, gest. 22. Mai 1888. Ertrunken. Breslau.

Nr. 13271b. Adolf Knust, Gürtler, geb. 4. Oktober 1848, gest. 24. Juni 1888 an Lungenschwindsucht in Berlin 3.

Nr. 15610b. August Knappe, Knopfarbeiter, geb. 24. Mai 1849, gest. 25, Mai 1888 an Lungenschwindsucht in Berlin 3.

Nr. 24229a. Hermann Krause, Arbeiter, geb. 27. Febr. 1858, gest. 26. Mai 1888 an Kehlkopf- und Lungenschwindsucht in Berlin 3.

Nr. 6202b. Julius Faßhauer, Schlosser, geb. 3. April 1852, gest. 1. Juni 1888 an Gehirnerweichung in Berlin 3.

Nr. 13091. Gustav Stamm, Schleifer, geb. 2. Nov. 1851, gest. 8. Juni 1888 an Lungenschwindsucht in Dorp.

Nr. 14753b. Friedrich Jaspert, Scheerenschmied, geb. 3. April 1863, gest. 12. Juni 1888 an Typhus in Dorp.

Nr. 13088. August Eilhorn, Schleifer, geb. 17. Febr. 1844, gest. 10. Mai 1888 an Lungenschwindsucht in Dorp.

Sterbetafel in der »Deutschen Metallarbeiter-Zeitung«

Ein Meer von Blut!

Es freue sich, wer da lebet im rosigen Licht,
Da unten aber ist's fürchterlich!

9743 Tote, 1031 Schwerverletzte, 17766 Leichtverletzte, zusammen 41982 entschädigungspflichtige Unfälle haben sich vom 1. Oktober 1885 bis 1. Januar 1897 in Deutschlands Bergbau-, Salinen- und Hüttenbetrieb ereignet!

...

Aus: Deutsche Berg- und Hüttenarbeiter-Zeitung, Nr. 49 vom 4. 12. 1897.

weise, warum die Arbeiter eher zu klassenkämpferischen Gewerkschaften drängten als zu den mehr klassenversöhnlich ausgerichteten liberalen und christlichen Verbänden.

Die sozialdemokratische Richtungsgewerkschaft

»Die Meinung, die Gewerkschaften seien nur Recrutenschulen für die sozialdemokratische Partei, hat nur noch einige oder gar keine Anhänger mehr in der Arbeiterbewegung . . .«
(Carl Legien, 1900)

Sozialdemokratische und christliche Gewerkschaften

Arbeitern, die ihre Haupttätigkeit dem Gedeihen der Gewerkschaften verschrieben hatten, drängte sich mit den kleinen Erfolgen im täglichen »Guerillakampf« mit den Kapitalbesitzern und dem stetigen Wachstum der Verbände die Erkenntnis auf, daß ihre Tätigkeit nicht ganz so gering zu schätzen sei, wie es einige Parteitheoretiker glauben machen wollten. Schon 1897 wies der Vorsitzende des Gemeindearbeiterverbandes Bruno Poersch, dessen Organisation gerade ein Jahr alt war und nur ca. 900 Mitglieder zählte, die Geringschätzung der Gewerkschaften als »Vorbildungsschule« oder »Rekrutierungsinstitut« mit der für die damalige Zeit ketzerischen Behauptung zurück: »Der gewerkschaftliche Kampf hat wohl eine große Bedeutung, mindestens dieselbe wie der politische«[1].

Das Bestreben, die Auffassung zu revidieren, daß die Gewerkschaften als Vorschule für die sozialdemokratische Partei zu dienen haben, wurde den Gewerkschaftern durch eine äußere Entwicklung aufgezwungen. Als Fanal wirkte die Gründung des »Gewerkvereins christlicher Bergarbeiter für den Oberamtsbezirk Dortmund« im Oktober 1894 in Essen. Damit wurde eine ausdrücklich gegen die sozialdemokratische Gewerkschaft des Alten Verbandes gerichtete Konkurrenzorganisation geschaffen, von der abzusehen war, daß sie beispielgebend für ähnliche Gründungen in anderen Industriebereichen sein würde[2]. Diese interkonfessionelle Gewerkschaft wollte »die Hebung der moralischen und sozialen Lage der Bergarbeiter auf christlicher und gesetzlicher Grundlage und Anbahnung und Erhaltung einer friedlichen Übereinkunft zwischen Arbeitgebern und Arbeitnehmern«. Die Hauptforderungen

1 Bruno Poersch, Woran krankt die deutsche Gewerkschaftsbewegung?, Berlin 1897, S. 4.
2 Vgl.: Michael Schneider, Die Christlichen Gewerkschaften 1894–1933, Bonn 1982.

waren die »Herbeiführung eines gerechten Lohnes« und die Verkürzung der Schichtzeit; parteipolitische und konfessionelle Erörterungen sollten ausgeschlossen bleiben; geschworen wurde, »treu zu Kaiser und Reich« zu stehen; außerdem wurde festgeschrieben, daß mit dem Eintritt in den Verband, »sich jeder als Gegner der sozialdemokratischen Grundsätze und Bestrebungen« bekenne. (Dok. 10) Ein Hauptgrund für die Entstehung christlicher Gewerkschaften war die Tatsache, daß es den freien Gewerkschaften nicht gelungen war, christlich gebundene, besonders katholische Arbeiter zu integrieren[3]. Im Gegenteil. Oft wurden durch eine oberflächlich atheistische Agitation christliche Arbeiter abgestoßen. Die populäre Auffassung, daß mit Darwin alle Rätsel der Natur- und Menschheitsgeschichte gelöst und mit Marx das Geheimnis der zukünftigen gesellschaftlichen Entwicklung gelüftet seien, verleitete gerade Sozialdemokraten, gläubigen Christen gegenüber eine unduldsame Haltung an den Tag zu legen, die mit der gutgemeinten Absicht, den christlichen Kollegen von seinem Aberglauben heilen zu wollen, für diesen nur um so unerträglicher wurde. Sozialdemokraten wie Otto Hue (Redakteur der Zeitung des Bergarbeiterverbandes), die bekannten: »Mir ist ein Kollege, der die Kirche regelmäßig besucht und außerdem seiner Arbeiterpflicht nachkommt, gerade so lieb, oft noch lieber, wie jemand, der einige Brocken von Darwin-Häckel gelesen hat und nun meint, den Ursprung alles Seins entdeckt zu haben«, waren die Ausnahme. (Dok. 9)

Da die katholischen Arbeiter des Ruhrgebiets sich politisch vielfach an der katholischen Partei des Zentrums orientierten, war ihnen eine sozialdemokratische Gewerkschaft zusätzlich suspekt.

Es war kein Zufall, daß der Bergarbeiterverband als eine der ersten sozialdemokratischen Gewerkschaften erkannte, daß die Standardformulierung in den Satzungen, »unter Ausschluß aller politischen und religiösen Fragen, die wirtschaftlichen Interessen« der Mitglieder allseitig zu wahren, nicht nur ein schlauer Schachzug zur Erfüllung vereinsrechtlicher Auflagen sein durfte bzw. daß es höchste Zeit war, sich einer in den Wirren des Parteistreits untergegangenen Erkenntnis des Gewerkschaftskongresses von 1872 zu erinnern:

> »In Erwägung, daß die Kapitalmacht alle Arbeiter, gleichviel, ob sie konservativ, fortschrittlich, liberal oder Sozialdemokraten sind, gleich sehr bedrückt und ausbeutet, erklärt der Kongreß es für heilige Pflicht der Arbeiter, allen Parteihader bei Seite

3 Vgl.: Bd. 1 unserer Reihe, Manfred Scharrer, Arbeiter . . ., a. a. O., besonders S. 85 ff.

zu setzen, um auf dem neutralen Boden einer einheitlichen Gewerkschaftsorganisation die Vorbedingungen eines erfolgreichen kräftigen Widerstandes zu schaffen, die bedrohte Existenz sicher zu stellen und eine Verbesserung ihrer Klassenlage zu erkämpfen«[4].

Der Bergarbeiterverband erlebte nach seiner Gründung im August 1889 eine stürmische Aufwärtsentwicklung – 1890 zählte er 58000 Mitglieder[5]. Ihr folgte nach dem verlorenen Streik im Frühjahr 1891 und dem allgemeinen Konjunktureinbruch ein dramatischer Abschwung. Jedoch können die Mitgliederverluste nicht nur auf diese Ereignisse zurückgeführt werden. Nach Einschätzung des Verbandes war dafür auch verantwortlich, daß viele christliche Mitglieder dem Verband davonliefen, weil sie sich abgestoßen fühlten »von der einseitigen, die Berufsverhältnisse nur oberflächlich behandelnden Schreibweise des Verbandsorgans, der Verquickung parteipolitischer und antireligiöser Polemik mit gewerkschaftlichen Angelegenheiten«[6]. Zum Zeitpunkt, als der christliche Bergarbeiterverband sich formierte, sank die Mitgliederzahl des »alten« Verbands auf 4500, und der Verband war »zum Sterben bereit« (Imbusch). Otto Hue, der 1895 die Redaktion der *Deutschen Berg- und Hüttenarbeiter-Zeitung* übernahm, mühte sich redlich, den Bergarbeiterverband auf einen parteipolitisch neutralen Kurs zu bringen. Nach seiner Einschätzung führte nicht zuletzt dieser Kurswechsel zu einem stetigen Wachstum des Bergarbeiterverbandes – ohne jedoch ein ähnlich starkes Wachstum des christlichen Gewerkvereins verhindern zu können. Im Ruhrgebiet zählte der freie Verband im Jahre 1900 22945 Mitglieder (von insgesamt 36420) und der christliche 26663 (von 28985). Otto Hue zog aus dieser Erfahrung folgende Lehre:

»Eine wirthschaftliche Organisation der Bergleute, die sich auf ein bestimmtes parteipolitisches oder religiöses Programm verpflichten wollte, die nicht darauf ausgeht, alle Berufsgenossen zu umfassen ohne Unterschied ihrer politischen und religiösen Anschauungen, ist heute einfach zu Einflußlosigkeit verdammt«[7].

4 Zitiert nach Otto Hue, Neutrale oder parteiische Gewerkschaften? o. O. 1900, S. 11.

5 Vgl.: Bildgeschichte der deutschen Bergarbeiterbewegung. Bearbeitet von Wolfgang Jäger. Texte von Wolfgang Jäger und Klaus Tenfelde, München 1989.

6 Deutsche Bergarbeiter-Zeitung, Nr. 45, 1901, zitiert nach: Heinrich Imbusch, Arbeitsverhältnis und Arbeiterorganisationen im Deutschen Bergbau, Essen 1908, Reprint, Bonn 1980, S. 441.

7 Otto Hue, Zur deutschen Bergarbeiterbewegung, in: Die Neue Zeit, Nr. 28, 1899–1900, 2. Bd., S. 10.

Parteipolitisch neutrale Gewerkschaften

Diese Anstrengungen des Bergarbeiter-Verbandes – die der Buchdrukker, die traditionell einen parteiunabhängigen Kurs steuerten, müssen hier unberücksichtigt bleiben – stießen bei den linken Parteitheoretikern auf strikte Ablehnung. Sie fürchteten, daß der Partei ihr wichtigstes Rekrutierungsfeld verlorengehen könne. Sie sahen die Zeit, wo Sozialdemokraten in »unzähligen« Gewerkschaftsversammlungen die »Saat einer modernen Weltanschauung« ausstreuen konnten, schwinden. (Dok. 9)

Zwar mochten sie nicht abstreiten, daß die Gewerkschaften ihre Aufgaben in Absehung weltanschaulich-politischer und religiöser Überzeugung besser erfüllen könnten, doch weil sie der gewerkschaftlichen Arbeit ohnehin keine große Bedeutung zumaßen, war für sie das Parteiinteresse vorrangig zu beachten. Dem Argument, daß parteipolitische Neutralität keine Abkehr von der Arbeiterpolitik bedeute, daß sie sogar identisch sei mit dem Bestreben der Sozialdemokratie und folglich auch nicht von der Sozialdemokratie wegführen könne, schenkten sie keinen Glauben. Sie befürchteten, daß parteipolitische Neutralität die Gewerkschaften auf antisozialdemokratische Abwege führen würde. Auch Karl Kautsky, der Cheftheoretiker der Partei, leugnete, daß zwischen Arbeiterpolitik und sozialdemokratischer Parteipolitik ein Unterschied bestehen könne, doch schloß er daraus, daß die Gewerkschaften sich deshalb gleich offen zur Sozialdemokratie bekennen müßten. Hinter einer parteipolitisch neutralen Gewerkschaft vermutete er nur eine bedenkliche »verschämte sozialdemokratische Politik« nach dem Motto Heines:

> »Blamir mich nicht, mein schönes Kind,
> Und grüß mich nicht unter den Linden,
> Wenn wir nachher zu Hause sind,
> Wird sich schon Alles finden«. (Vgl.: Dok. 9)

Otto Hue wollte weder »verschämte« noch »unverschämte« Parteipolitik betreiben, sondern war felsenfest davon überzeugt, daß hinter einer gewerkschaftlichen Arbeiterpolitik ein natürlicher Sachzwang zur Sozialdemokratie wirke:

> »Gesetzt der Fall, die neutrale Gewerkschaft wäre zur Hebung der Arbeiterlage absolut notwendig, . . . aber die Neutralität führe auf antisozialistische Wege, so würde ich der Sozialdemokratie den Rücken kehren, da sie dann keine Arbeiterpartei wäre!« (Dok. 9)

Die »Neutralitätsdebatte« begann, verschärft durch den gleichzeitig mit Erbitterung geführten »Revisionismusstreit«, zunehmend die Gemüter zu erhitzen. Schon waren Reizworte gefallen, wie »Neutralitätsduselei«, »Gewerkschaftssimpelei«, »Sisyphusarbeit«, die bestens geeignet waren, die Erregung weiter zu steigern. Schließlich versuchte Bebel im Mai 1900 im Berliner Gewerkschaftshaus ein Machtwort zu sprechen. Er schlug sich dabei auf die Seite der Anhänger parteipolitisch neutraler Gewerkschaften:

> »Die Aufgaben und Zwecke der Gewerkschaft werden umso gründlicher erreicht, je stärker diesselbe ist, das heißt je mehr Arbeitsgenossen aus dem gleichen Arbeitszweig ihr angehören . . . Da ferner in der Fabrik und im gewerblichen Betrieb Arbeiter ohne Unterschied der religiösen und politischen Überzeugung, oft auch von verschiedener Nationalität beschäftigt werden, so muß die Gewerkschaft ihre Mitglieder ohne Rücksicht auf religiöse und politische Meinungen und nationale Abstammung aufnehmen. Zusammenschmieden aller vorhandenen Gewerksgenossen in eine Organisation muß das erste Gebot ihrer Politik sein . . . Das erfordert also die Einstellung der religiösen und parteipolitischen Polemiken hüben und drüben . . .«[8].

Carl Legien versuchte ebenfalls die Wogen zu glätten, indem er den »Schriftstellern« der Partei klarzumachen versuchte, daß sie sich über eine Sache ereiferten, die »in der Gewerkschaftspraxis längst üblich« sei[9].

Erst als von Parteiseite aus versucht wurde, die Gewerkschaften vor das Tribunal des Mainzer Parteitages zu zitieren, wurde die Generalkommission deutlich, d. h. sie pochte auf ihre Selbständigkeit »in taktischen Fragen« gegenüber der Partei. Der Antrag »gewisser Spezialisten«, auf dem Parteitag über die Neutralität der Gewerkschaften zu diskutieren, fand dann nicht die notwendige Unterstützung.

Es waren die linken Theoretiker, vorneweg Karl Kautsky und Rosa Luxemburg, die in einer parteiunabhängigen Gewerkschaft, heute würde man von Einheitsgewerkschaft sprechen, einen »Prinzipienverrat« allererster Güte, einen Revisionismus schlimmster Art witterten.

Diese Artikel, in denen – nach Meinung der Verfasser – mit zwingender Logik nachgewiesen wurde, daß die Partei und Gewerkschaften zusammengehörten, lieferte den Vertretern der christlichen Gewerkschaften immer wieder nützliche Argumente, um das Werben für gewerkschaftliche Einheit oder wenigstens Zusammenarbeit, wie sie von Leuten wie

---

8 Zitiert nach: Otto Hue, Die Bergarbeiter. Historische Darstellung der Bergarbeiter-Verhältnisse von der ältesten bis in die neueste Zeit, Stuttgart 1913, Reprint, Bonn 1981, 2. Bd., S. 487.

9 Vgl.: Carl Legien, Neutralisierung der Gewerkschaften, Sozialistische Monatshefte, Nr. 7, 1900, S. 371.

Otto Hue betrieben wurde, als unglaubwürdig hinzustellen bzw. als geschickten Versuch, die christlichen Verbände zu »unterwühlen«. Das Bemühen, diesen Nachweis zu erbringen, zieht sich wie ein roter Faden durch die Darstellung der Bergarbeitergeschichte von Heinrich Imbusch, seit 1905 Redakteur der Zeitung des christlichen Bergarbeiterverbandes *Der Bergknappe* und hartnäckiger Gegenspieler Otto Hues.

Das verständliche Aufgreifen sozialdemokratischer Argumente durch die christliche Konkurrenzorganisation steigerte umgekehrt die Wut der Gewerkschafter auf die »Literaten«, denen sie vorwarfen, daß sie mit ihren praxisfernen Theorien die gewerkschaftliche Arbeit zusätzlich erschwerten. Hue lud Kautsky ein, doch wenigstens einmal ein kurzfristiges Praktikum in einer gewerkschaftlichen Orstverwaltung zu absolvieren.

Die berechtigte Ablehnung tatsächlich wenig überzeugender und in der praktischen Gewerkschaftsarbeit wenig hilfreicher Theorien war rationaler Bestandteil einer verbreiteten generellen Intellektuellenfeindlichkeit bei Gewerkschaftern. Der antiintellektuelle Affekt verhinderte dann oft den Dialog auch dort, wo nachdenkenswerte theoretische Kritik vorgetragen wurde. Der Graben zwischen – vor allem – linken Theoretikern und den durchgängig reformerisch eingestellten Pragmatikern bei den Gewerkschaften wurde in der Vorkriegssozialdemokratie zum beiderseitigen Nachteil nie überbrückt.

Noch größerer Beliebtheit als die Erklärungen von Parteileuten erfreuten sich bei den christlichen Gewerkschaftern Aussagen führender sozialdemokratischer Gewerkschafter, die den Verdacht, das Bekenntnis zur parteipolitischen Neutralität sei nur eine Tarnung, erhärteten. Zu den meistzitierten Äußerungen gehörte eine Nebenbemerkung Theodor Bömelburgs, dem Vorsitzenden des Maurerverbandes, auf dem Gewerkschaftskongreß 1902 in Stuttgart. Sie lautete kurz und bündig: »die deutsche Geschwerkschaftsbewegung und die deutsche Sozialdemokratie sind eins«.

Einen Höhepunkt in dieser Auseinandersetzung brachte die Massenstreikdebatte.

Der Bergarbeiterstreik von 1905

Vor allem bei den Bergarbeitern war die Frage einer parteiunabhängigen Gewerkschaft keine akademische Frage. Im Ruhrgebiet, wo der

Otto Hue. Aus: 90 Jahre Industriegewerkschaft, a.a.O., S. 104.

christliche Gewerkverein und der Alte Verband der Bergarbeiter annähernd gleich stark waren, konnte ein erfolgreicher Arbeitskampf kaum ohne die Zusammenarbeit dieser beiden Verbände durchgeführt werden. Diese Zusammenarbeit scheiterte jedoch immer wieder an der gegenseitigen Konkurrenz und weltanschaulichen Gegnerschaft. Sie führte sogar zu recht unerfreulichen Szenen. So z. B., wenn der eine Verband dem anderen bei Arbeitskämpfen versuchte ein Bein zu stellen, indem er seine Mitglieder als Streikbrecher auftreten ließ. Auch bei den Knappschaftswahlen zeigte sich deutlich, wie schädlich die Uneinigkeit beider Verbände sich auswirkte. Oft drängte sie die Unternehmerseite in die Rolle des lachenden Dritten. Die Reibereien waren zusätzlich von deftiger beiderseitiger Polemik begleitet, die – ausgetragen in aller Öffentlichkeit – die verantwortlichen Streithähne immer wieder vor dem Kadi zusammenführte. Die Schwächung gewerkschaftlicher Handlungsfähigkeit war umgekehrtproportional dem Unterhaltungswert dieser Auseinandersetzungen.

Dies war der Stand der Dinge, als sich nach 1900 die Lage der Bergarbeiter zunehmend verschlechterte. Nicht nur nutzten die Zechenbesitzer den konjunkturellen Abschwung zur Stillegung wirklich oder vermeintlich unrentabler Zechen, sie versuchten außerdem durch Lohnkürzung und Arbeitszeitverlängerung die Kosten der Krise auf den Rücken der Arbeiter abzuwälzen. Die wieder schärfer und oft auch willkürlich gehandhabte Methode der Lohnkürzung durch das »Wagennullen« (Förderwagen, die nach Meinung des Kontrolleurs zuviel Steine – »Berge« – enthielten, wurden anulliert) gehört in diesen Zusammenhang. Die gleichfalls schon seit Jahren grassierende »Wurmkrankheit« (eine Darmkrankheit, deren Therapie risikoreich war und deren Ursachen in den oft katastrophalen sanitären Verhältnisse unter Tage vermutet wurde) sowie das dramatische Ansteigen der Unfälle trugen zusätzlich dazu bei, daß den Bergarbeitern langsam der Geduldsfaden riß.

Da ihre Verbände nicht ausreichend handlungsfähig waren, griffen sie schließlich zur Selbsthilfe: Als Hugo Stinnes im Dezember 1905 auf der Zeche Bruchstraße in Langendreer bei Bochum eine Arbeitszeitverlängerung (Verlängerung der Seilfahrt um eine halbe Stunde) anordnete, antworteten die Arbeiter mit einem spontanen Streik. Stinnes nahm daraufhin die Anordnung mit der provokatorischen Begründung zurück, sie erst am 1. Januar in Kraft treten zu lassen, »damit diejenigen Arbeiter, welche diese ... Regelung nicht aufnehmen wollen, reichlich

Zeit haben, sich nach anderer Arbeitsgelegenheit umzusehen«[10]. Mit Unterstützung der Gewerkschaftsverbände traten die Arbeiter der Zeche Bruchstraße nach gescheiterten Verhandlungen am 6. Januar in den Streik. Gleichzeitig machten »schon längst unruhig gewordene Belegschaften« Anstalten, ebenfalls zu streiken. »Der Stein war einmal ins Rollen gekommen, kein Mensch konnte ihn aufhalten«. (Hue)

Angesichts dieser »elementaren Bewegung« fanden sich zunächst die Führer der vier Bergarbeiterorganisationen – des Bergarbeiterverbandes, des christlichen Gewerksvereins, des Hirsch-Dunckerschen Gewerksvereins und der polnischen Berufsvereinigung – erstmalig zu einer Art Notgemeinschaft zusammen, d. h. sie versuchten gemeinsam der Bewegung Herr zu werden, deren Entstehung sie hatten nicht verhindern können. Zunächst verfaßten sie einen gemeinsamen Aufruf an die Bergleute, in dem sie »alle Kameraden« beschworen, »den gewählten Führern unbedingt Gefolgschaft zu leisten, straffe Disziplin zu halten«. Sie forderten, daß keine Belegschaft ohne Einverständnis und Zustimmung der Organisationsleiter »vorgehen« dürfe und warnten eindringlich davor, jetzt zu streiken, weil »ein allgemeiner Streik ein Unheil für die Bergleute« sei und nur den Unternehmern Nutzen brächte[11]. Doch dieser Aufruf verpuffte ungehört. Zeche für Zeche traten die Belegschaften gegen den erklärten Willen ihrer Verbandsführer in den Streik. Die Führer des Alten Verbandes, des christlichen Gewerkvereins beschworen die Belegschaften händeringend, vom Streik abzulassen; die Verantwortlichen des polnischen und liberalen Verbandes – die weit weniger Gewicht besaßen – betätigten sich auf gleiche Weise. Doch so schnell konnten die Verbandsführer gar nicht von einer Zeche zur anderen eilen, wie dort die Streikbeschlüsse fielen. Selbst die Drohung, »Unterstützung bekommt ihr nicht«, fruchtete nichts. Dann »essen wir Kartoffeln mit Wasser oder hungern«, wurde den Funktionären darauf entgegnet. Nach dem Bericht von Fritz Husemann, dem späteren Vorsitzenden des Alten Verbandes (der 1935 von den Nazis im KZ ermordet wurde[12]), war es »nicht in erster Linie die Lohnfrage, die die Leute in den Streik getrieben hat, sondern die jahrelange miserable Behandlung«. Der Vorsitzende des Alten Verbandes Hermann Sachse äußerte seine tiefe Betrübnis wie folgt:

10 Zitiert nach Heinrich Imbusch, Arbeitsverhältnis . . ., a. a. O., S. 572.

11 Vgl.: Bergarbeiter-Zeitung, Nr. 2 vom 14. 1. 1905.

12 Vgl.: Udo Wichert, Fritz Husemann – »Dienst für die Arbeiterbewegung und die sozialistische Sache«, in: Bernd Faulenbach/Günther Högl (Hg.), Eine Partei in ihrer Region. Zur Geschichte der SPD im Westlichen Westfalen, Essen 1988.

»Daß man hier so planlos in den Streik eingetreten ist, ohne vorherige Rücksprache und Verständigung mit uns, verurteile ich auf das aller entschiedenste, und ich stehe auch heute nicht an zu sagen: Es ist eine Blamage für die Organisation, wie wir sie schlimmer nicht erleben konnten. Das habe ich den Leuten auch auf der Hobertusburg gesagt und habe mir die allergrößte Mühe gegeben, sie wieder zur Anfahrt zu bewegen. Ich wollte den Ausstand dämpfen, aber alles war umsonst . . . Glauben sie, es tat mir weh, als dieser Beschluß gefaßt wurde, bedeutet er doch nichts anders, als ein Beiseiteschieben ihrer gewählten Führer«[13].

In solchen Fällen haben Führungen gleich welcher Organisation immer die Alternative, sich beiseite schieben zu lassen oder zu versuchen, sich an die Spitze der Bewegung zu stellen. Letzteres haben die Bergarbeiterorganisationen getan. Auf der entscheidenden Revierkonferenz vom 12. Januar wurde ein Generalstreik der Ruhrbergarbeiter beschlossen. Gefordert wurde im wesentlichen eine Verkürzung der Arbeitszeit (8-Stunden-Schicht inklusive Ein- und Ausfahrt), Abschaffung des Wagennullens, Wahl der Wagenkontrolleure, Wahl von Arbeiterausschüssen, »humane Behandlung« und »Bestrafung und eventuell Entlassung aller die Arbeiter mißhandelnden und beschimpfenden Beamten«.

Nach der strikten Weigerung der Unternehmer traten nach dem 16. Januar über 200000 Bergarbeiter in den Streik. Er wurde geführt durch eine »Siebener Kommission«, die aus Vertretern der vier Bergarbeiterverbände bestand. Dieser Streik, der sogleich Gegenstand von Debatten im preußischen Abgeordnetenhaus und im Reichstag wurde, fand breite Unterstützung in der Öffentlichkeit. Am 9. Februar wurde er trotz dieser Unterstützung und einer fast geschlossenen Streikfront von der Streikdelegiertenkonferenz auf Anraten der Streikführung und gegen teilweise erbitterten Protest der streikenden Bergarbeiter mit 164 gegen 5 Stimmen ohne unmittelbaren Erfolg abgebrochen. Nach einheitlicher Meinung der Streikführung war der Hauptgrund für diese Entscheidung, daß die Finanzierung der Streikunterstützung nicht mehr gesichert war. Auch die begründete Angst, es könne zu einer unkontrollierbaren Radikalisierung und zu einem Eingreifen des Militärs kommen, mögen für diese Entscheidung eine Rolle gespielt haben.

Die Verbandsführer werteten den Streik trotzdem nicht als Niederlage, denn immerhin hatten sie die vage Zusage des Reichskanzlers erhalten, daß bei der Novellierung des Bergbaugesetzes die Forderungen der Arbeiter berücksichtigt würden. Tatsächlich brachte das neue Gesetz die Einrichtung von Arbeiterausschüssen, eine Arbeitszeitregelung, das

13 Bergarbeiter-Zeitung, Nr. 3 vom 21. 1. 1905.

Nr. 4 Bochum, den 28. Januar 1905. 17. Jahrgang.

Bergarbeiter-Zeitung

verbunden mit

Glück-Auf.

Abonnementspreis 50 Pfg. pro Monat, 1,50 Mk. pro Quartal. Durch die Post pro Monat 1,50 Mark; pro Quartal 4,50 Mark. Einzelne Nummern 1 Mark.

Anzeigen kosten die sechsgespaltene Petitzeile resp. deren Raum 50 Pfg. Bei 6maliger Aufnahme 20, bei 12maliger Aufnahme 30 und bei 30maliger Aufnahme 40 Prozent Rabatt.

Telephon-Nr. 1391. Organ zur Förderung der Interessen der Bergarbeiter und verwandten Berufe. Telephon-Nr. 1391.

Unverlangt eingegangene Manuskripte werden nicht zurückgesandt. Bei Abdruck unserer Originalartikel bitten wir um Quellenangabe.

Verantwortlich für die Redaktion: Alfred Janschek, Bochum. Druck u. Verlag von Hansmann & Co., Bochum, Wiemelhauserstr. 42.

Es wird keine Garantie dafür übernommen, daß Inserate an einem bestimmten Platz oder Tage zur Aufnahme gelangen.

Ein einig Volk von Brüdern!

Der Ausstand herrscht im Ruhrrevier,
Des Krieges eh'rne Würfel rollen;
Der grosse Kampfstreik wuchtet hier,
Und lässig feiern Schacht und Stollen.
Das Schlägel und die Keilhau ruh'n,
Weil Knappenarme sie nicht schwingen,
Doch feiern auch die Eisentruhn,
Die sonst den Bergmannsschweiss verschlingen.

Doch ist erstritten nicht der Sieg,
Doch haben wir schon „Eins" errungen:
Beendet ist der Bruderkrieg,
Die alte Zwietracht ist bezwungen. —
Vereinigt zieh'n wir in die Schlacht
Als treue Brüder allerwegen,
Das ist der Anfang von der Macht,
Das ist des Kampfes erster Segen. —

Glückauf dazu aus voller Brust!
Glückauf dazu aus ganzem Herzen!
Das gibt den Knappen wieder Lust,
Das scheucht den Hader und die Schmerzen.
Nun können wir, ein starkes Heer,
Dem stolzen Feind zu Leibe rücken,
Und wird der Kampf auch hart und schwer,
Doch unser gutes Recht durchdrücken. —

Zu lang' schon trugen wir Geduld,
Denn Hohn und Spott ward unsern Klagen,
Man hat die Wagen uns vernullt
Und uns missbandelt und geschlagen. —
Nun will verlängern man die Schicht
Und uns noch mehr darnieder ringen —
Dem Tage gilt's, dem gold'nen Licht,
Wofür wir jetzt die Waffen schwingen! —

Wohlan denn, Brüder, fechtet gut,
Und lasst durch nichts euch irren, schrecken,
Kämpft mit dem alten Knappenmut
Und mit dem Schilde blank von Flecken.
Ihr seid so oft im Kohlenschacht
Dem Tod begegnet ohne Zagen,
So schlagt auch furchtlos diese Schlacht,
Ihr sollt sie für die Freiheit schlagen. —

Und denkt an Weib und Kind dabei,
Die schon so lange mit euch darben,
Und schwingt das Knappenbanner frei
Im Kampf, dem wundenreichen, harben. —
Ihr habt den Frieden ja gewollt,
Ihm galt das letzte lange Mahnen —
Man hat getrutzt euch und gegrollt,
Nun führt zum Siege eure Fahnen! —

R. L.

Streikende Bergarbeiter!

Die Herren vom „Bergbaulichen Verein" **lehnen** nach wie vor die Verhandlung mit der Arbeitervertretung **ab**. Die Zechenherren **weisen auch die Vermittlungstätigkeit der Regierungskommission schroff zurück!** Da sich die Siebenerkommission der **Arbeiter stets und gern zu Einigungsverhandlungen bereit** erklärt, weiß nunmehr alle Welt, daß nicht die Arbeiter, sondern die Werksbesitzer **die Feinde des Friedens** sind.

Der „Bergbauliche Verein" verlangt von den **Bergleuten** bedingungslose Unterwerfung! Wenn die Kameraden nun, wo sie in den Kampf eingetreten sind, selbst gegen die Mahnungen der Organisationsleiter, sich still und wehmütig unterwerfen wollten dem Willen der Zechenverwaltungen, dann bräche grenzenloses Elend über die Kameradschaft herein. Deshalb heißt nun die Parole der Kameradschaft: **Brüderlich zusammenhalten!!! Mit aller bergmännischer Zähigkeit muß der uns aufgezwungene Streik durchgeführt werden!!! Mag es dauern, so lange es will, keine Belegschaft kann anfahren ohne die Genehmigung des Revierkomitees**, welches zusammengesetzt ist aus Mitgliedern der vereinigten Verbände.

Die Unternehmer haben gehofft, **innerhalb** weniger Tage die Streikenden niedergezwungen zu haben. Jetzt werden die Herren schon eingesehen haben, daß ihre Rechnung ein großes Loch hat. Die „Bergarbeiterzeitung" hat **vor Ausbruch des Ausstandes** warnend geschrieben, sollte der **Kampf** aufgenommen werden, so würde er jedenfalls **monatelang** dauern! Darauf ist uns von den Kameraden in den Riesenversammlungen gesagt worden: **„Wir haben bei der Arbeit gehungert, da können wir auch ohne Arbeit hungern!"** So stark ist die Erbitterung gestiegen. Da die Kameradschaft mit hoher, seltener, einmütiger Begeisterung den aufgenötigten Kampf angenommen hat, **ist es nun ihre unbedingte Pflicht, ruhig und unerschütterlich im Kampfe zu beharren!!!**

Ruhe halten! Jede Ausschreitung vermeiden!!! Dann werden wir siegen! Das ganze Volk, die gesamte Presse — mit verschwindenden **Ausnahmen** — hervorragende Persönlichkeiten aus allen politischen Parteien sympathisieren mit den kämpfenden Bergleuten, die Zechenherren stehen so gut wie allein, verurteilt von der öffentlichen Meinung, ja selbst am Sonnabend den 21. Januar scharf kritisiert von Herrn Minister Möller, der einige Tage vorher noch die Partei der Unternehmer ergriffen hatte. Das halsstarrige Weigern der Zechenherren, sich zur Einigung zu entschließen, **hat im verstärkten Maße die Sympathieen aller Volksfreunde den Bergleuten zugewendet! Die Regierung hat am letzten Samstag im Reichstag die schleunige Vorlage von Arbeiterschutzgesetzen angekündigt!!!** Alle Welt sieht ein, daß der schroffe Unternehmerstandpunkt die Gemeininteressen schädigt.

Kameraden, erhalten und verstärken wir uns die **Sympathieen** der Oeffentlichkeit durch eine **beispiellos musterhafte, ruhige Haltung!** Es stehen **über 220000 Bergleute im Ausstande**, unter ihnen sind sicher auch solche, die sich schlecht selbst zügeln können. Kameraden, setzen wir unseren Stolz darin, diesen Riesenkampf in einer bisher **beispiellosen Selbstzucht durchzuführen!** Jede, auch die geringste Störung der öffentlichen Sicherheit muß durch unsere Kerntruppen verhindert werden! Lassen wir die Arbeitswilligen ruhig gehen, nicht die geringste Belästigung darf vorkommen! Ihr dürft die betr. Leute wohl in kameradschaftlicher Weise (aber nicht auf der Straße) ersuchen, an dem Kampf der ja auch ihrer Besserstellung gilt, brüderlich teilzunehmen. Aber hütet euch vor heftigen, beleidigenden Worten oder gar vor Tätlichkeiten — **sie werden schwer bestraft und schaden nur der gerechten Arbeitersache!!! Je ruhiger der Kampf geführt wird, um so sicherer der endliche Sieg!**

Keine Ansammlungen vor den Zechentoren, keine Ansammlungen auf Straßen und Plätzen! Es sind hunderte von Gendarmen und Polizisten von **auswärts** in das Streikgebiet geschickt worden. Kameraden, zeigt den **Sicherheitsorganen**, daß wir Bergleute gesetzesachtende Bürger sind, die etwaigen Heißspornen im eigenen Lager schon Zügel anzulegen wissen. Befolgt die **Anordnungen** der Behörden! **Leistet keinerlei Widerstand**, auch wenn ihr meint, es geschehe euch Unrecht. Meldet aber sofort alle solche Fälle den Streikbureaus, diese erstatten Bericht an das Zentralkomitee und dieses wird sofort sich mit den **höheren Behörden** ins Einvernehmen setzen! Melde man vor allen Dingen, wie sich die „Zechenpolizei" (Werksbeamte) beträgt!

Kameraden, keine Eigenmächtigkeit darf jetzt vorkommen. **Keine** Belegschaft darf für sich eigenmächtig entscheiden, **sondern ohne Weigern ist überall den Anordnungen des Revierkomitees der vereinigten Verbände Folge zu leisten!** Wir sind im Kriege, deshalb muß **eiserne Mannszucht** herrschen! Von den alten Organisierten erwarten wir, daß sie die junge Mannschaft zur **unbedingten Disziplin** nötigen. Die bisher **beobachtete** musterhafte Ordnung hat uns schon die **Bewunderung** aller derjenigen Sozialpolitiker eingetragen, die etwas verstehen **von** einer Massenbewegung. Kameraden, führen wir den Riesenkampf bis zu Ende durch, ohne die geringste **Ausschreitung**, **mit entschlossener Ruhe**, dann erringt sich der vielfach verkannte Bergarbeiterstand die größte Hochachtung in der ganzen gebildeten Welt!

Kameraden wir gewinnen umsomehr, je mehr wir die Vorschriften unserer Gesetze beachten!!! Kampfesgenossen, Freunde, Arbeitsbrüder, helft alle mit am guten Werke, seid unerschütterlich standhaft und kaltblütig, **dann ist der Sieg** unser!

Der Streik vor den Parlamenten.

Kurz hintereinander nahmen der preußische **Landtag** und der **deutsche Reichstag** Stellung zu dem Riesenstreik im Ruhrgebiet. Im Landtage erwähnte Herr Abg. **Herold** (Zentrum) bei der Etatsdebatte den Bergarbeiterstreik und sprach sich mit warmen Worten für den **Frieden** aus. Das genügte schon dem Herrn Abg. **Friedberg** (nationalliberal), um Herrn Herold vorzuwerfen, er habe den Streik — zur **Zentrumsparteisache** gemacht! Als ob nicht jeder einsichtige Parlamentarier und Vaterlandsfreund den Wunsch aussprechen müßte, den Arbeitern solle ihr Recht werden! Die **Bergleute appellieren an die Sympathie aller Rechtsfreunde**; die Kämpfenden wenden sich an keine politische Partei speziell, sondern an die **arbeiterfreundlichen Bürger aller Parteirichtungen!** Der Streik ist die Sache keiner politischen Partei, sondern eine reinwirtschaftliche Angelegenheit. [illegible] natürlich erst recht der Herr Abg. **Hirsch**-Essen (natlib.), [illegible] der dortigen Handelskammer, [illegible] eine rechte Scharfmacherrede über „verbrecherische Hetzereien" — der Arbeiterführer.

Durchaus unparteiisch ließ sich dagegen der **Reichskanzler Graf Bülow** aus über den Streik. Selbstredend betonte er den Willen der Behörden, „die Arbeitswilligen mit aller Macht zu schützen", für „Aufrechterhaltung von Ruhe und Ordnung zu sorgen", aber er redete doch auch den Unternehmern eindringlich zu, sich in **Unterhandlungen mit den Arbeitern einzulassen**, damit der Friede wieder schnell hergestellt würde.

Auch Herr **Bergwerksminister Möller** sprach an dem Tage — es war am Samstag den 14. Januar — im versöhnenden, vermittelnden Sinne, erklärte, seine Kommissare seien im Ruhrgebiet zur Beilegung des Kampfes tätig. Ganz anders klang aber die Rede des Herrn Möller am Montag den 16. Januar. Ihm war da die **Ablehnung der behördlichen Vermittlungskommissare seitens der Unternehmer bekannt**, aber statt sich gegen deren Halsstarrigkeit zu wenden, mit den [illegible] Werksbesitzer in ihrer ablehnenden Haltung. Darüber quittierte denn auch die Werkspresse mit lautem Jubel.

Die Forderungen der Bergleute **fanden am 16.** im Landtage entschiedene und sachkundige Vertretung durch Herrn Abg. **Brust** (Zentrum). Er sagte, die Bergleute seien „Riesenesel", wenn sie sich die **Verlängerung** der Arbeitszeit, eine Verschlechterung ihrer Arbeitsbedingungen gefallen ließen. Eingehend wies Herr **Brust** nach, daß die Forderungen der Arbeitervertretung durchaus berechtigt, nicht übertrieben und durchführbar seien, wenn nur die Unternehmer einigen guten Willen zeigten. Wenn hier vom Kontraktbruch der Arbeiter geredet würde, dann sage er, es müßte viel eher ein **Kontraktbruch der Unternehmer** konstatiert werden. Diese änderten die „Arbeitsordnung" willkürlich, diktierten einseitig die Bedinge auf, anerkennten nicht das [illegible] der Bergleute bei der Festsetzung der [illegible] mehr ausgebrochene Streik sei [illegible]

Verbot des Wagennullens, doch blieben diese Verbesserungen weit hinter den Forderungen der Gewerkschaften zurück. »Schlimmer sind wohl noch nie die Erwartungen der Arbeiter getäuscht worden«, kommentierte das *Correspondenzblatt* das Gesetz.

Bot das materielle Ergebnis des Streiks wenig Anlaß zur Freude, so um so mehr das ideelle – jedenfalls für die *Bergarbeiter-Zeitung*:

> »Erhebend, begeisternd, das härteste Gemüt erschütternd war diese weltgeschichtliche Demonstration, unter dessen gewaltigen Eindruck alles zerstob, was die Kameraden so oft getrennt hatte! Und das soll kein Erfolg sein, wenn der Mensch zum Menschen findet und unter heißen Freudentränen weißhaarige Kämpfer von 1872, 1877, 1889 und 1893 ausrufen: Nun sind wir uns endlich einig! . . .
>
> Vor wenigen Monaten noch leidenschaftlicher Bruderstreit, jetzt empfing jubelende Begeisterung die bekannten Führer des alten Verbandes in Massenversammlungen an Orten, wo sie früher überhaupt nicht sprechen konnten! . . . Wir erblicken in dem großartigen Zusammenschluß der vorher zersplitterten Masse den großartigsten, weitreichensten Erfolg des Generalstreiks!!!«[14]

Dieser überzogene Jubel war wohl eher dafür gedacht, bei den Mitgliedern Enttäuschung aufzufangen und Wut zu dämpfen als die Aktionseinheit realistisch zu beschreiben. Ob eine Chance bestanden hatte, den Streik erfolgreich zu beenden, darüber gingen im nachträglichen Streit die Meinungen auseinander. Radikale Kritiker zeigten für den »Kassenstandpunkt« der Gewerkschaftsführer keinerlei Verständnis. Noch viel weniger mochten sie in dem gemeinsamen Handeln der Bergarbeiterverbände einen Erfolg oder gar ein »welthistorisches Ereignis« erblicken. Konrad Haenisch (zu dieser Zeit Redakteur der *Leipziger Volkszeitung*) sah hier im Gegenteil ein »völliges Versagen« der Leitung des Bergarbeiter-Verbandes. Nach seiner Meinung hätte diese die günstige Gelegenheit nutzen müssen, »die zögernde und schwankende christliche Gegenorganisation mit einem kühnen Schlage zu zertrümmern und für den Verband einen Fischzug zu tun, wie er ihn noch nie tat!«[15].

Diese Kritik zielte an den wirklichen Gegebenheiten und an den Bestrebungen des Bergarbeiterverbandes weit vorbei. Etwas »Dummeres« sei ihr noch nicht »untergekommen«, schrieb die *Bergarbeiter-Zeitung*. Nicht zu unrecht befürchtete sie, daß solche Artikel den Gegnern einer Zusammenarbeit in den Reihen des christlichen Gewerkvereins nur

---

14 Ebenda, Nr. 8 vom 25. Februar 1905.
15 Leipziger Volkszeitung Nr. 43, zitiert nach: Bergarbeiter-Zeitung, Nr. 12 vom 25. 3. 1905.

Munition liefern würde. Aus der Aktionseinheit der Bergarbeiterverbände ist dann sehr schnell wieder die übliche Gegnerschaft geworden.

Der »Gewerkschaftsstreit«

Es wäre allerdings verfehlt, das Scheitern einer Zusammenarbeit zwischen den Richtungsgewerkschaften nur den Sozialdemokraten anzulasten. Tatsächlich war es keineswegs so, daß die Aktionseinheit besonders zwischen freien und christlichen Gewerkschaften nur bei Sozialdemokraten mißtrauisch beäugt wurde. Vor allem in den Reihen der katholischen Kirche und des Zentrums war ja nicht nur die Angst verbreitet, ihre Mitglieder in den christlichen Gewerkschaften könnten bei einer Berührung mit den freien Gewerkschaften vom wahren Christenglauben abfallen, sondern hier wurde bereits die Existenz der interkonfessionellen christlichen Gewerkschaften als gefährliche Verirrung betrachtet. So wandten sich die katholischen Bischöfe im Jahre 1900 indirekt gegen die christlichen Gewerkschaften, als sie den Aufbau von Fachabteilungen in den katholischen Arbeitervereinen nach dem Beispiel des »Ostdeutschen Verbandes katholischer Arbeitervereine, Sitz Berlin« ausdrücklich befürworteten, die christlichen Gewerkschaften hingegen mit keinem Wort erwähnten. In den Reihen der katholischen Arbeiterbewegung wurde damit ein Streit vom Zaune gebrochen, der – weil es hier auch letztlich um die Frage der Leitung, d. h. der geistlichen Oberaufsicht in den Arbeiterorganisationen ging – auffällige Parallelen zur Auseinandersetzung über parteiunabhängige Gewerkschaften im sozialdemokratischen Lager hatte. Adam Stegerwald, Vorsitzender des christlichen Holzarbeiterverbandes und ab 1903 Generalsekretär des Gesamtverbandes christlicher Gewerkschaften Deutschlands, und seine Mitstreiter mußten für die Unabhängigkeit der christlichen Gewerkschaften mit gewichtigen Kirchenmännern einen jahrelangen »Gewerkschaftsstreit« ausfechten[16]. Jedes Zusammengehen mit sozialdemokratischen Gewerkschaften war dabei Wasser auf die Mühlen der Gegner interkonfessioneller-christlicher Gewerkschaften. Über den weltanschaulichen und politischen Gegensatz zu den sozialdemokratischen Gewerkschaften hinaus erschwerte dieser existenzbedrohende Streit erheblich eine oft sachlich gebotene Zusammenarbeit und dürfte das Ver-

16 Vgl.: Michael Schneider, a. a. O., besonders S. 172ff.

langen der christlichen Gewerkschaften nach Bündnissen mit den freien Gewerkschaften erheblich gedämpft haben.

Dies war sicher auch ein Grund, den Gewerkverein christlicher Bergarbeiter davon abzuhalten, mit dem Alten Verband, den liberalen und polnischen Bergarbeiterverbänden gemeinsame Sache zu machen, als es 1910 erneut darum ging, die Lohn- und Arbeitsbedingungen der Bergarbeiter zu verbessern. Offiziell wurde das Angebot des Alten Verbandes zur Zusammenarbeit mit der Behauptung abgelehnt, dieses sei nicht ehrlich gemeint, sondern nur eine geschickte Taktik zur »Vernichtung« des christlichen Gewerkvereins. Hinter diesem Vorwurf stand auch die Abneigung, sich in eine offensive Auseinandersetzung mit den Zechenbesitzern hineinziehen zu lassen, da man grundsätzlich einer klassenversöhnenden Politik verpflichtet war, d. h. den Streik nur als alleräußerstes Mittel akzeptierte.

Das gemeinsame Vorgehen der drei übrigen Verbände war so von vornherein entscheidend geschwächt. Als es im Februar 1912 ernst wurde, d. h. die Zechenbesitzer sich strikt weigerten, auf die Forderungen des »Dreibundes« einzugehen und dieser zum Streik aufrief, distanzierte sich der christliche Gewerkverein nicht nur von diesem Streik, sondern forderte den Innenminister auch noch auf, Arbeitswillige mit Militär zu schützen, falls dafür die Polizeikräfte nicht ausreichen sollten.

Trotzdem gewann der Streik in den ersten Tagen eine erstaunliche Breite. Über 200 000 Bergarbeiter, das waren ca. 61 % der Ruhrbergarbeiter, beteiligten sich an diesem Ausstand. Der »Streikbruch« des christlichen Gewerkvereins, mangelnde Unterstützung in der Öffentlichkeit und vor allem der massive Einsatz von Polizei und Militär ließen nach wenigen Tagen die »Streikfront« dramatisch abbröckeln. Nach neun Tagen mußte der Streik ergebnislos abgebrochen werden. Der Alte Verband hatte eine große Niederlage erlitten[17].

Auf der anderen Seite hatte der christliche Gewerkverein nachdrücklich demonstriert, daß er mit den klassenkämpferischen sozialdemokratischen Gewerkschaften nichts im Sinne hat, daß er umgekehrt – wie immer beteuert – ein wirkungsvolles Bollwerk gegen die Gefahr der Sozialdemokratie darstellte. Diese Haltung dürfte seine Wirkung auf den sich im Frühjahr 1912 erneut zuspitzenden »Gewerkschaftsstreit«

17 Vgl.: Albin Gladen, Die Streiks der Bergarbeiter im Ruhrgebiet in den Jahren 1899, 1905 und 1912, in: Arbeiterbewegung an Rhein und Ruhr. Beiträge zur Geschichte der Arbeiterbewegung in Rheinland-Westfalen, Hg.: Jürgen Reulecke, Wuppertal 1974, besonders S. 146.

nicht verfehlt haben. Im Herbst des gleichen Jahres wurde der Streit auf allerhöchste Weisung, d. h. durch den Papst, halbwegs beigelegt. Zwar favorisierte der Papst die konfessionellen katholischen Arbeitervereine, jedoch brach er auch nicht den Stab über jene katholischen Arbeiter, die sich in interkonfessionellen Gewerkschaften organisierten. Die Anerkennung dieser Gewerkschaften geschah allerdings in denkbar zurückhaltender Form: »... es könne geduldet und den Katholiken gestattet werden, auch jenen gemischten Vereinigungen ... sich anzuschließen, so lange nicht wegen neu eintretender Umstände diese Duldung aufhört, zweckmäßig oder zulässig zu sein«[18].

Die christlichen Gewerkschaften interpretierten diese Stellungnahme unbeirrt in dem eindeutigen Sinne, daß es katholischen Arbeitern »ausdrücklich gestattet« sei, interkonfessionellen Verbänden anzugehören. Demonstrativ verwiesen sie jedoch gleichzeitig darauf, welche Bedeutung ihnen im Kampf gegen die »antinationale, christentumsfeindliche Sozialdemokratie« zukomme. (Dok. 11)

Die traditionelle Gegnerschaft zwischen dem Alten Verband und dem christlichen Gewerkverein war nach dem Streik von 1912 in ein fast feindseliges Verhältnis umgeschlagen. Daß Erklärungen wie die obige nicht dazu beitrugen, eine Wende zum Guten herbeizuführen, verwundert nicht. Die Zeit für Bündnisse zwischen den sozialdemokratischen und christlichen Gewerkschaften oder gar für eine einheitliche, parteipolitisch- und weltanschaulich-neutrale Gewerkschaft war längst noch nicht gekommen. Es bedurfte noch vieler leidvoller Erfahrungen, bis nach dem Ende des Zweiten Weltkrieges die Einheitsgewerkschaft für Sozialisten und Christen gleichermaßen selbstverständlich war[19].

Die Massenstreikdebatte

Die am Bergarbeiterstreik 1905 beteiligten Gewerkschaftsführer zogen aus dem Streik vor allem die eine Lehre: daß ihnen nicht noch einmal ein Streik und schon gar nicht ein unfinanzierbarer Massenstreik aufge-

18 Enzyklika Singulari quadam (Pius X.), zitiert nach: Texte zur katholischen Soziallehre. Die sozialen Rundschreiben der Päpste und andere kirchliche Dokumente, Hg.: Bundesverband der KAB, 6. Auflage, Kevelaer 1985, S. 84.

19 Vgl.: Bd. 4 unserer Reihe, Michael Fichter, Einheit und Organisation. Der Deutsche Gewerkschaftsbund im Aufbau 1945–1949, Köln 1990.

zwungen werden dürfe. In dieser Schlußfolgerung wußten sie sich einig mit allen anderen Verbandsführern.

Doch kaum hatten sie ihren Massenstreik »gemeistert«, wurde in Rußland das zaristische Herrschaftssystem durch Massenstreiks in den industriellen Zentren des Landes nachhaltig erschüttert. Zwar hatten diese Streiks ursprünglich auch ökonomischen Charakter, jedoch gewannen sie, durch die Reaktionen der staatlichen Macht provoziert, sehr schnell politische Qualität. Vor allem Rosa Luxemburg begann nun den politischen Massenstreik als Kampfmittel auch der deutschen Arbeiterbewegung aufs wärmste zu empfehlen. Sie setzte dabei gerade auf die von Gewerkschaften und der Sozialdemokratie insgesamt so gefürchteten unorganisierten Massen, die unkontrollierbar und spontan in Aktion treten konnten, die jedoch in Rußland, ohne Gewerkschaften, ohne Kassen und ohne Koalitionsrecht so Großes vollbracht hätten. In diesen, mit spitzen Anmerkungen an die Adresse der deutschen Gewerkschaften reich gespickten Artikeln, verkündete sie u a., daß »durch den bloßen bienenartigen Ausbau der gewerkschaftlichen Zellen ins unendliche« der Boden nicht bereitet werden könne für jene Momente, »wo die Arbeiterklasse um wirklicher Lebensinteressen willen bereit sein wird, nicht bloß ›alle Räder stillstehen‹ zu lassen, sondern nötigenfalls auch ihr Blut im Straßenkampf zu verspritzen«[20].

Die Begeisterung, nötigenfalls das eigene Blut zu verspritzen, hielt sich bei jenem Teil der Arbeiterklasse, der sich in den Gewerkschaften (und in der sozialdemokratischen Partei) engagierte, in Grenzen, und bei jenem Teil, der sich noch nicht einmal gewerkschaftlich organisierte, dürfte sie kaum größer gewesen sein. Gewerkschaftsführer und Mitglieder sahen auch keineswegs ihre Aufgabe darin, den Boden für eine solche Gelegenheit zu bereiten, sondern eher umgekehrt, alles zu tun, damit es nicht zu solchen Konsequenzen käme. Die Gewerkschaften fühlten sich durch solche Töne jedenfalls aufgerufen, ihre Meinung zum politischen Massenstreik unmißverständlich kundzutun. Dies auch deshalb, um der Diskussion auf dem anstehenden Parteitag in dieser Frage eine Orientierungshilfe zu geben.

Der 5. Kongreß der Gewerkschaften Deutschlands in Köln vom 22. bis 27. Mai 1905 war dafür der geeignete Ort. In großer Einmütigkeit (bei nur 7 Gegenstimmen) erklärten die Delegierten »alle Versuche, durch

20 Rosa Luxemburg, Eine Probe aufs Exempel, in: Sächsische Arbeiter-Zeitung, Nr. 52 vom 3. März 1905, zitiert nach: Gesammelte Werke, Bd. 2, S. 531.

Adam Stegerwald.
Aus: 90 Jahre Industriegwerkschaft, a.a.O., S. 253.

die Propagierung des politischen Massenstreiks eine bestimmte Taktik festlegen zu wollen, für verwerflich«. Weiter hieß es in der Resolution:

»Den Generalstreik, wie er von Anarchisten und Leuten ohne jegliche Erfahrung auf dem Gebiete des wirtschaftlichen Kampfes vertreten wird, hält der Kongreß für indiskutabel; er warnt die Arbeiterschaft, sich durch die Aufnahme und Verbreitung solcher Ideen von der täglichen Kleinarbeit zur Stärkung der Arbeiterorganisationen abhalten zu lassen«. (Dok. 13)

Daß diese Botschaft des Gewerkschaftskongresses bei den angesprochenen »Leuten« keine Freude aufkommen ließ, verwundert nicht. Allerdings wurden die Liebhaber scharfer Polemiken von Theodor Bömelburg durch eine Formulierung entschädigt, die viele linke Befürchtungen zu bestätigen schien:

»Wir alle wissen, welche Mühe es gekostet hat, daß die Gewerkschaften einen solchen Stand erreicht haben. Das ist nicht die Arbeit eines Jahres, nein, darin steckt die mühsame Arbeit von drei, vier Jahrzehnten. Ungeheure Opfer hat es gekostet, um den augenblicklichen Stand der Organisation zu erreichen, und ungeheure Opfer wird es noch kosten, um die Organisation auf eine noch höhere Stufe der Macht zu heben. Um aber unsere Organisationen auszubauen, dazu bedürfen wir in der Arbeiterbewegung Ruhe«[21].

Das »Ruhebedürfnis« der deutschen Gewerkschaftsbeamten wurde sprichwörtlich, und in fast keiner Kritik am Kölner Gewerkschaftskongreß fehlten ein paar nette Anmerkungen dazu. So sah Karl Kautsky die Gefahr englischer Gewerkschaften heraufziehen, »mit ihren großen Kassen und ihrer ebenso großen Impotenz und Apathie, ihrem krankhaften Ruhebedürfnis, das sie die schlimmsten Demütigungen und Entrechtungen ruhig hinnehmen läßt, und ihrem hochgradigen Krämersinn, der jede Aktion verabscheut, die sich nicht sofort in klingender Münze bezahlt macht«[22]. Die von Rosa Luxemburg entdeckte »selbstgefällige, strahlende, selbstsichere Borniertheit«[23] der Gewerkschaftsdelegierten nimmt sich im Reigen der Polemiken fast noch wie eine Schmeichelei aus.

Besonders der Bergarbeiter-Verband, der wegen seines Verhaltens im Streik und wegen seiner traditionellen »Neutralitätsduselei« von den Linken bevorzugt kritisiert wurde, fühlte sich herausgefordert:

21 Protokoll der Verhandlungen des fünften Gewerkschaftskongresses der Gewerkschaften Deutschlands, abgehalten zu Köln a. Rh. vom 22. bis 27. Mai 1905, S. 221.

22 Karl Kautsky, Der Kongreß von Köln, in: Die Neue Zeit, Nr. 36, 31. 5. 1905, S. 313.

23 Rosa Luxemburg, Die Debatten in Köln, Sächsische Arbeiter-Zeitung, Nr. 124 vom 31. Mai 1905, zitiert nach: Gesammelte Werke, Bd. 2, S. 585.

»In der Sache ist es natürlich ganz egal, ob uns ein ›theoretisch‹ gebildeter Bourgoissprößling, der im Bourgoislager steht, Dummkopf schilt, oder ob dies ein ›Theoretiker‹ besorgt, der aus dem Bourgoislager in die ›Arbeiterbewegung‹ übersiedelte und hier den einzig echten Verzapfer ›unverfälschster proletarischer Gesinnung‹ spielt. Wir besitzen Humor genug, uns über diese ›proletarischen‹ Gesinnungsathleten zu amüsieren . . . Sollten die Hetzereien sich fortsetzen und dadurch die Geschmähten zu energischen Gegenwehr gezwungen werden, dann können die ›Literaten‹ noch ihr blaues Wunder erlegen . . . Also mäßige man sich gefälligst in der Herabsetzung der ›bornierten‹ Gewerkschafter, im anderen Falle müßte den ›Literaten‹ recht deutlich begreifbar gemacht werden, wie das Wort zu verstehen ist: ›Die Befreiung der Arbeiterklasse kann nur das Werk der Arbeiter selbst sein‹«[24].

Der gegebene Fall

Bis zum Jenaer Parteitag im September 1905 wurde noch manch böses Wort gewechselt und alle waren neugierig, wie wohl die Entscheidung des Parteitages aussehen würde. Zur großen Freude der Linken schlug sich Bebel und die Parteitagsmehrheit auf die Seite der Anhänger des Massenstreiks – so glaubten sie jedenfalls. Bei genauem Lesen der Resolution läßt sich eine solche Einschätzung nicht aufrechterhalten. Bereits ihre Länge ist ein untrügliches Zeichen für einen klassischen Formelkompromiß, dessen Wesen darin besteht, gegensätzliche Positionen in derart kunstvolle Formulierungen zu kleiden, daß jeweils beide Seiten ihre Auffassung darin bestätigt sehen können. (Dok. 14)

So empfahl Bebel – um die Zustimmung der Gewerkschafter zu erreichen – das Mittel des Massenstreiks wesentlich nur als defensives Kampfmittel, das auch dann nicht »unter allen Umständen, koste es was es wolle« proklamiert werden solle, sondern nur »gegebenenfalls, unter bestimmten Voraussetzungen«. Ob und wann diese Voraussetzungen wirklich gegeben seien, darüber sollten sich die »Parteiführer mit den gewerkschaftlichen Führern« beraten. (Dok. 16) Da selbst diese abgeschwächte Variante des Massenstreiks im Vergleich mit dem Kölner Gewerkschaftsbeschluß immer noch eine bittere Pille für die Gewerkschafter darstellte, wurde sie ihnen versüßt mit dem Zusatz, daß alle Parteimitglieder verpflichtet seien, Mitglied einer Gewerkschaft zu werden.

Dies reichte noch nicht aus, den Vorsitzenden der Generalkommission

24 Bergarbeiter-Zeitung, Nr. 24 vom 17. 6. 1905.

zu besänftigen. Die Resolution wurde jedoch mit 287 gegen 14 Stimmen bei 2 Enthaltungen angenommen.

Das »Mannheimer Abkommen«

Schon die Debatte des Jenaer Parteitages zeigte, daß mit dieser Resolution die Diskussion nicht vorüber sein würde. Unschwer abzusehen war, daß sich an der Auslegung des »gegebenen Falles« die Gemüter erneut erhitzen würden. Um allen Mißverständnissen vorzubeugen, erklärte die *Bergarbeiter-Zeitung* sogleich, daß das Verhalten des Verbandes nicht durch die Parteitagsresolution vorgeschrieben sei, sondern durch die Entscheidung des Kölner Gewerkschaftskongresses. Weiter hieß es dann:

> »Ob und wann ein Streik beschlossen werden soll, das können und dürfen wir uns nicht von Nichtgewerkschaftlern vorschreiben lassen. Das würde eine schöne Geschichte werden, wenn sich die Gewerkschaften von außen befehlen ließen, was sie gegebenenfalls zu tun haben. Darüber beschließen die Gewerkschaften selbständig, sonst könnte es passieren, daß irgendein Nurliterat von Einfluß plötzlich den gegebenen Fall entdeckte und loskommandierte«[25].

Als dann im Zusammenhang mit der Frage, wie eine drohende Verschlechterung des Wahlrechts in Sachsen und Hamburg abgewehrt bzw. das preußische Dreiklassenwahlrecht abgeschafft werden könne, einige Parteiredakteure den »gegebenen Fall« bereits gegeben sahen, glaubten der Parteivorstand und die Gewerkschaftsführung, es sei nun an der Zeit, sich über die Ungereimtheiten der Jenaer Resolution auszusprechen.

Über diese »streng vertrauliche« Besprechung zwischen Parteivorstand und Generalkommission am 16. Februar 1906 – in der Einmütigkeit darüber bestand, daß der gegebene Fall längst nicht gegeben sei, wurde eine Protokollnotiz angefertigt, die ein »Lump« den Berliner Lokalisten zuspielte. Diese veröffentlichten sie in ihrem Organ *Einigkeit* mit einem scharfen Angriff auf Bebel. Ihm wurde vorgeworfen, den Jenaer Beschluß preisgegeben zu haben. Diese Interpretation war nicht abwegig, hieß es doch im Punkt eins der Notiz:

> »Der Parteivorstand hat nicht die Absicht, den politischen Massenstreik zu propagieren, sondern wird, soweit es ihm möglich ist, einen solchen zu verhindern suchen«[26].

---

25 Ebenda, Nr. 44 vom 4. 11. 1905.
26 Vorwärts, Nr. 146 vom 27. 6. 1906.

Bebel dementierte sogleich, daß er dies so gesagt habe und sprach von »irreführenden Darstellungen« und »Mißverständnissen« des Protokollanten. In Wirklichkeit habe er gesagt, daß der Parteivorstand nicht die Absicht habe, »gegenwärtig« den politischen Massenstreik zu propagieren[27]. Dies erboste wiederum die Gewerkschafter, die in einer Gegendarstellung an der Richtigkeit der Protokollnotiz festhielten[28]. Eine ausufernde, gereizte Diskussion begann die Zeitungsspalten der sozialdemokratischen Blätter zu füllen.

Die Gewerkschaftsführer erregten sich dann besonders darüber, daß der Parteivorstand gegen ihren ausdrücklichen Willen die Protokollauszüge der Vorständekonferenz der Gewerkschaften veröffentlichte, auf der über die vertrauliche Sitzung zwischen Parteivorstand und Generalkommission berichtet und diskutiert worden war. Legien widmete einen großen Teil seines Referats zum Massenstreik auf dem Mannheimer Parteitag diesem Thema. Vor allem Bebel wurde von ihm scharf kritisiert: »Bebel hatte nicht das Recht, über diese Verhandlungen eine Publikation zu erlassen (Bebel: da hört sich doch alles auf!), ohne sich mit dem Parteivorstand vorher zu verständigen«[29]. Die Linken wiederum waren entsetzt, daß der Parteivorstand »heimliche Abmachungen« mit der Generalkommission »in stiller Kammer« traf. Ihr zentrales Thema war jedoch die Anmaßung der Gewerkschaften, auf ihrem Kongreß überhaupt in einer Frage zu entscheiden, die sie gemäß der Arbeitsteilung zwischen Partei und Gewerkschaften gar nichts anginge. Alleine die Partei habe über politische Fragen zu entscheiden, also auch über den politischen Massenstreik, und Gewerkschaften hätten sich gefälligst unterzuordnen. Erneut verfaßten sie Artikel, in denen die Ober- und Unterordnung als das einzig »natürliche« Verhältnis zwischen Partei und Gewerkschaften nachgewiesen wurde. Das Wesen der Gewerkschaften bestünde eben darin, daß sie »nur bestimmte ökonomische Augenblicksinteressen ihrer Mitglieder« verträten, daß sie »sich nicht das Ziel der Abschaffung der kapitalistischen Produktionsweise, sondern nur die Wahrung der Interessen ihrer Mitglieder innerhalb dieser Produktionsweise« setzten, während die Partei das »Endziel« ansteuere, »das der kapitalistischen Ausbeutung ein für allemal ein Ende macht«[30]. Kautsky verzichtete auch nicht darauf, die Tätigkeit der Ge-

27 Vorwärts, Nr. 150 vom 1. 7. 1906.
28 Vgl.: Ebenda.
29 Protokoll Parteitag 1906, S. 244.
30 Karl Kautsky, Partei und Gewerkschaften, in: Die Neue Zeit, Nr. 49, Jg. 1906, 2. Bd., S. 749f.

werkschaften mit dem Bild des Sisyphus zu charakterisieren, mit dem sich Rosa Luxemburg, kaum in Deutschland angekommen, von den Gewerkschaften bereits wieder verabschiedet hatte. Bei Rosa Luxemburg hieß es in Anlehnung an das frühe Verständnis der Gewerkschaften, wie es Legien noch 1893 formuliert hatte, kurz und bündig: »Der gewerkschaftliche Kampf umfaßt die Gegenwartsinteressen, der sozialdemokratische Kampf die Zukunftsinteressen der Arbeiterbewegung«. Aus dieser Annahme folgerte sie, daß das Verhältnis der Gewerkschaften zur Sozialdemokratie »das eines Teils zum Ganzen« sei und der Partei die »natürliche Leitung« zukomme. Die Theorie der »Gleichberechtigung« zwischen Partei und Gewerkschaften sei zwar nicht »völlig aus der Luft gegriffen«, doch beruhe sie auf »einer Illusion der ruhigen ›normalen‹ Periode der bürgerlichen Gesellschaft«, letztlich sei sie jedoch ein »Ausdruck der bekannten Tendenz jenes opportunistischen Flügels der Sozialdemokratie, der den politischen Kampf der Arbeiterklasse auch tatsächlich auf den parlamentarischen Kampf reduzieren und die Sozialdemokratie aus einer revolutionären proletarischen in eine kleinbürgerliche Reformpartei verwandeln will«. (Dok. 18)

Auf dem Mannheimer Parteitag forderte die Linke die formale Unterordnung der Gewerkschaften unter die Partei. Die Gewerkschaften sollten vom »Geiste der Sozialdemokratie beherrscht« werden, und deshalb sei es Pflicht eines jeden Parteigenossen, auch bei der gewerkschaftlichen Tätigkeit sich an »die Beschlüsse der Parteitage gebunden zu fühlen«.

Diese Forderung, von Kautsky in einem Zusatzantrag gestellt (Dok. 15a) wurde vom Parteivorstand abgelehnt und, als sich in der Diskussion abzeichnete, daß dafür keine Mehrheit zu bekommen war, von Kautsky selbst zurückgezogen.

Schon im Vorfeld des Parteitages hatte sich der Parteivorstand und die Gewerkschaftsführung darauf verständigt, das Kriegsbeil zu begraben. Unisono verkündeten sie jetzt, daß es zwischen der Resolution des Jenaer Parteitages und der des Kölner Gewerkschaftskongresses keinen Widerspruch gebe. Diese willkürliche Interpretation erregte wenig Aufsehen. Um so mehr jedoch die Verpflichtung des Parteivorstandes, sobald er einen politischen Massenstreik für notwendig erachte, »sich mit der Generalkommission der Gewerkschaften in Verbindung zu setzen« bzw. daß allgemein bei Aktionen, die Gewerkschaften und Parteien gemeinsam berühren, sich die Zentralleitungen beider Organisationen zu verständigen haben. (Dok. 15)

Diese im Grunde selbstverständliche Übereinkunft, denn es war nicht gut vorstellbar, daß die Partei die Gewerkschaften gegen ihren Willen zu einem politischen Generalstreik zwingen könnte, führte dazu, daß der Mannheimer Parteitag als Tag der »Gleichberechtigung« zwischen Partei und Gewerkschaften von den einen bejubelt und von den anderen beklagt, in die Geschichte der Arbeiterbewegung einging.

Betrachtet man die Entschließung des Mannheimer Parteitages genau, dann zeigt sich, daß zwar eine formale Unterordnung der Gewerkschaften unter die Partei darin abgelehnt wurde, jedoch – und das scheint mir wesentlich – die Gewerkschaften nach wie vor als sozialdemokratische Richtungsgewerkschaft definiert wurden:

> »Um aber jene Einheitlichkeit des Denkens und Handelns zwischen Partei und Gewerkschaft zu sichern, ... ist es unbedingt notwendig, daß die gewerkschaftliche Bewegung von dem Geiste der Sozialdemokratie erfüllt werde«. (Dok. 15)

Selbst in den Kampfbegriffen der Zeit gedacht, kann von einem Sieg der Revisionisten über die Marxisten keine Rede sein. Die Marxisten stimmten deshalb dieser Resolution zu.

Jedoch, eine wirklich parteipolitisch neutrale Gewerkschaft war auch für viele »revisionistische« Gewerkschafter zu dieser Zeit noch undenkbar. Nur so erklärt sich, daß die vielen Gewerkschafter auf dem Parteitag die Resolution unterstützten, einschließlich Legien. Ebenfalls wird verständlich, warum nur entschiedene Anhänger einer die Gräben zwischen Christen, Liberalen und Sozialdemokraten überwindenden, einheitlichen Gewerkschaftsorganisation wie Otto Hue und Adolf von Elm zu jenen fünf Delegierten gehörten, die mit Nein stimmten.

Die nachträgliche Distanzierung von diesem Teil der Entschließung durch die Generalkommission: »Es scheint fraglich, ob es notwendig war, im letzten Absatz der Resolution zu sagen, daß die Genossen bestrebt sein sollen, die Gewerkschaften von sozialdemokratischen Geist zu erfüllen«[31], kam zu spät, um zu verhindern, daß die christlichen Gewerkschaften sich wieder einmal darin bestätigt sahen, daß die sozialdemokratischen Gewerkschafter oft anders reden als sie meinen[32].

---

31 Corrbl., Nr. 41 vom 13.10.1906, S. 710.

32 Vgl.: Michael Schneider, a. a. O., besonders S. 223 f.

In der Neutralitätsdebatte war von den Gewerkschaften das alte Verständnis, die Gewerkschaften hätten nur als Vor- oder Rekrutenschule für die Partei zu dienen, zurückgewiesen worden, ebenso der Anspruch, die Partei leiste die wesentliche und die Gewerkschaften die mindere Arbeit. Darin war bereits eine stille Absage an einen Führungsanspruch der Partei enthalten. Erst der Versuch von Parteilinken, die Gewerkschaften organisatorisch der Partei unterzuordnen, zwang die Gewerkschaften, ihre Selbständigkeit deutlicher zu betonen. Der ganze Streit drehte sich dabei nie um eine andere Gewerkschaftspolitik. Diese war unumstritten. Nur in der Bewertung dieser Ansicht gingen die Ansichten auseinander. Die Einschätzung gewerkschaftlicher Tätigkeit als einer »Art Sisyphusarbeit« verleitete die Anhänger einer solchen Auffassung dazu, einer sachlich unbegründeten »natürlichen Leitung« der Partei das Wort zu reden.

Die Massenstreikdebatte war im Grunde nur eine Debatte über den Führungsanspruch der Partei. Es ging in erster Linie nicht um die Frage, ob mit einem Streik in der konkreten Situation eine politische Forderung durchgesetzt oder ein Anschlag auf bestehende politische Rechte abgewehrt werden könne, sondern um die hypothetische Frage, ob im Falle eines Falles dieses Mittel von der Sozialdemokratie angewandt werden solle bzw. könne. Dabei stellte sich heraus, daß sich Gegner und Befürworter eines Massenstreiks sogar grundsätzlich darin einig waren, daß so ein Kampf gar nicht von der Partei oder den Gewerkschaften organisiert oder kommandiert werden könne, sondern daß er »ein geschichtliches Produkt des Klassenkampfes sei«. Aus dieser verwirrenden Gemeinsamkeit wurden dann wieder gegensätzliche Schlüsse gezogen: Während die einen verlangten, die Partei müsse eine solche eventuelle Entwicklung bewußt mitmachen und an ihrer Spitze marschieren, fürchteten die andern nichts so sehr wie von Partei und Gewerkschaften unabhängige, spontane soziale Bewegungen. Den unorganisierten Massen stand die Sozialdemokratie in Partei und Gewerkschaften traditionell mit allergrößtem Mißtrauen gegenüber, und daß jemand in »undisziplinierten«, »indifferenten« Massen, die im Grunde nur Unheil anrichten konnten, ein Vorbild erblickte, war auch für Leute wie Bebel unfaßbar. Hier lagen Welten zwischen dem tradierten sozialdemokratischen Organisationsverständnis von Disziplin und Ordnung und Auffassungen, wie sie Rosa Luxemburg vertrat. Umgekehrt konnte Rosa Luxemburg eine ausschließlich organisationszentrierte

Haltung nicht verstehen. Für sie war Bebels Verhalten auf dem Mannheimer Parteitag ein »feiges Abrücken von der Idee des Massenstreiks ohnegleichen«[33].

Klagelieder konnten jedoch nur diejenigen anstimmen, die wie Rosa Luxemburg und Karl Kautsky glaubten, die Gewerkschaften hätten sich nur um die ökonomischen Interessen der Arbeiter innerhalb der bestehenden Gesellschaft zu kümmern, während die Partei, das »Endziel« der Arbeiterbewegung fest im Blick, den Weg in die Zukunft steuere. Nur wer Ökonomie und Politik und die Aufgaben der Partei und Gewerkschaften so mechanisch trennte, an eine natürliche Führungsrolle der Partei glaubte und das Heil des Sozialismus ausschließlich im politischen Bereich und in der politischen Machteroberung vermutete, nur der konnte und kann die Entscheidungen des Mannheimer Parteitages als Niederlage der Marxisten und als Sieg der Revisionisten interpretieren.

Gemessen an der dogmatischen Methode und Mode, die die Marxsche Theorie zum Maßstab für die Richtigkeit einer Auffassung macht, hatten die reformistischen Parteileute und Gewerkschafter mit der Auffassung, daß nur über eine materielle Verbesserung der Lebensverhältnisse die Voraussetzung politischer und sozialer Emanzipation geschaffen werden könne und daß die Gewerkschaften parteipolitisch unabhängig sein müßten, weit mehr recht als jene, die glaubten, im Namen von Marx die Gewerkschaften der Partei unterordnen zu müssen.

Unabhängig davon, daß die Marxisten in dieser Frage Marx gründlich mißverstanden haben, gehört die Frage, warum auch oder gerade gescheite Leute, die theoretische Überzeugung eines Menschen für unfehlbar erklären, wesentlich in den Bereich der Religionswissenschaften.

Die Auseinandersetzung über den Massenstreik bzw. über das Verhältnis von sozialdemokratischer Partei und Gewerkschaften war auch in anderer Beziehung nicht nur ein »Literatengezänk«, wie es oberflächlich scheinen konnte. Das Dogma einer Unterordnung der Gewerkschaft unter die Partei, das durch diese Auseinandersetzung erst geschaffen wurde, gehörte hinfort zum festen Glaubenssatz eines Teils der Linken mit weittragenden, verhängnisvollen Konsequenzen – nicht

---

33 Rosa Luxemburg, Brief an Clara Zetkin (Oktober 1906), in: Gesammelte Briefe, Bd. 2, Berlin (DDR) 1982, S. 273.

nur national, sondern international. Vor allem Lenin erwies sich als gelehriger Schüler Kautskys.

Die Revisionismustheorie des Marxismus-Leninismus begreift durchaus in der Tradition von Kautsky und Luxemburg die »politische Neutralität« der Gewerkschaften – so wird die parteipolitische Unabhängigkeit schon verfälschend übersetzt – bis heute als »die wichtigste Erscheinungsform des Revisionismus in der Gewerkschaftsbewegung«[34].

Auch in der allerjüngsten »Geschichte der SED« wird im Zusammenhang des Mannheimer Parteitages noch von einem Sieg des »Opportunismus« (dies ist der Terminus technicus für Sozialdemokratie schlechthin) in der deutschen Arbeiterbewegung gesprochen[35].

Durch die Reformen von Gorbatschow, besonders jedoch durch die Umwälzungen in Polen, Ungarn, der ČSFR und in der DDR mußte das politische, ökonomische und moralische Scheitern einer nach den Grundsätzen des Marxismus-Leninismus geformten Gesellschaft eingestanden werden. In der neuen Sprache der SED ausgedrückt lautet dies: »Der staatlich-administrative Sozialismus ist als Gesellschaftssystem in unserem Land endgültig gescheitert«[36].

Mit diesem Eingeständnis der ehemals herrschenden kommunistischen Parteien mußten auch wesentliche Dogmen des Marxismus-Leninismus als historische Irrtümer geopfert werden: Sie schworen der Führungsrolle der kommunistischen Partei ab, ebenso der Ein-Parteien-Diktatur als staatlicher Herrschaftsform; parteiunabhängige Gewerkschaften, Rechtsstaatsprinzip, pluralistische parlamentarische Demokratie akzeptieren sie nun als zivilisatorischen Fortschritt; die zentrale staatliche Planwirtschaft – jetzt abwertend als »Kommandowirtschaft« bezeichnet –, einst Kernstück des wahren Sozialismus, wird mehr oder weniger fluchtartig aufgegeben.

Dies alles sind Revisionen, die noch vor kurzem im Namen eines angeblich revolutionären Marxismus als finsterster Antikommunismus verdammt wurden.

Über unzählige Menschen, die im Herrschaftsbereich der kommunistischen Parteien solches auch nur gedacht haben, wurde jahrzehntelang im Namen des Sozialismus namenloses Leid gebracht.

---

34 Frank Deppe u. a., Geschichte der deutschen Gewerkschaftsbewegung, Köln 1977, S. 84.
35 Geschichte der SED, Band 1, a. a. O., S. 616.
36 Neues Deutschland, vom 12. Dezember 1989.

In einer von DDR-Historikern neu geschriebenen Geschichte der deutschen Arbeiterbewegung, dürften die alten Dogmen, verbunden mit ihren Haßtiraden auf »kleinbürgerlich entartete« Gewerkschafter[37], der Vergangenheit angehören. Sie bleiben jedoch Gegenstand der Geschichtsschreibung, denn diese hat vornehmlich die Aufgabe, Vergangenes vor dem Vergessen zu bewahren.

37 Geschichte der deutschen Arbeiterbewegung, Band 2, Vom Ausgang des 19. Jahrhunderts bis 1917, Hg., Institut für Marxismus Leninismus beim ZK der SED, Berlin (DDR) 1966, S. 55.

Patriotismus und Internationalismus

»Wir wollen keinen Krieg! Nieder mit dem Kriege!
Hoch die internationale Völkerverbrüderung!«
(Der SPD-Parteivorstand am 25. 7. 1914)

»Wir lassen in der Stunde der Gefahr
das eigene Vaterland nicht im Stich.«
(Die SPD-Reichstagsfraktion am 4. 8. 1914)

August 1914

Am 4. August 1914 stimmte die Reichstagsfraktion der SPD geschlossen – zusammen mit den anderen Parteien – für die Bewilligung der Kriegskredite. Schon am 2. August hatte die Vorständekonferenz der freien Gewerkschaften sich darauf verständigt, alle laufenden Lohnkämpfe einzustellen und für die Dauer des Krieges keine mehr zu führen[1]. Außerdem hatte sie dem Innenministerium angeboten, bei der Vermittlung von Arbeitskämpfen zur Einbringung der Ernte zu helfen[2]. Nicht zuletzt gehörten der sozialdemokratischen Reichstagsfraktion 29 Gewerkschaftsfunktionäre an – darunter 6 Mitglieder der Generalkommission und eine Reihe von Vorsitzenden der Einzelverbände –, von denen bei der fraktionsinternen Entscheidung über die Haltung der SPD zu den Kriegskrediten mit Ausnahme des Redakteurs der Schuhmacherzeitung Wilhelm Bock alle 25 anwesenden Gewerkschafter für eine Bewilligung stimmten[3].

Im Unterschied zu den freien Gewerkschaften (und zur SPD) wirft die bedingungslose Kriegsunterstützung der christlichen und liberalen Gewerkschaften (und der ihnen nahestehenden Parteien) keine Fragen auf, waren diese Gewerkschaften doch im bewußten Gegensatz zu den »internationalen« sozialdemokratischen Gewerkschaften der nationalen Sache, dem Kaiser und dem Reich treu ergeben. Sie brauchten auch

---

1 Vgl. für das Verhalten der Gewerkschaften besonders Bd. 3 unserer Reihe: Michael Ruck, Gewerkschaften – Staat – Unternehmer, Die Gewerkschaften im sozialen und politischen Kräftefeld 1914 bis 1933, Köln 1990.

2 Der offizielle Beschluß, Angriffsstreiks einzustellen, wurde erst in der Sitzung der Vorständekonferenz vom 17. August gefaßt. Vgl.: Quellen zur Geschichte der deutschen Gewerkschaftsbewegung im 20. Jahrhundert, Bd. 1, Die Gewerkschaften in Weltkrieg und Revolution 1914–1919, bearbeitet von Klaus Schönhoven, Köln 1985.

3 Vgl.: Hans-Joachim Bieber, Gewerkschaften in Krieg und Revolution. Arbeiterbewegung, Industrie, Staat und Militär in Deutschland 1914–1920, Hamburg 1981, S. 79.

Oeffentliche politische Versammlungen.

Große Protest-Versammlungen

am

Dienstag, den 28. Juli, abends 8½ Uhr

in folgenden Lokalen:

Berlin:

Arminhallen, Kommandantenstr. 58/59.
Bock-Brauerei, Tempelhofer Berg.
Gewerkschaftshaus, Engelufer 15.
Urania, Wrangelstr. 10/11.
Konzert- und Festsäle, Koppenstr. 29.
Elysium, Landsberger Allee 40/41.
Brauerei Friedrichshain, Am Friedrichshain 16/23.
Berliner Musiker-Säle, Kaiser-Wilhelm-Str. 31.
Brauerei Königstadt, Schönhauser Allee 10.
Germania-Säle, Chausseestr. 110.
Kastanienwäldchen, Badstr. 15/16.
Pharus-Säle, Müllerstr. 142.
Moabiter Gesellschaftshaus, Wiclefstr. 24.

Neukölln: Ad. Bartsch, Hermannstr. 49.
„**Deutsches Wirtshaus**", Bergstr. 136.
Schöneberg: „Gesellschaftshaus des Westens", Hauptstr. 30/31.
Charlottenburg: „Volkshaus", Rosinenstr. 3.

Cöpenick: „Stadttheater", Friedrichstr. 6.
Britz: „Gesellschaftshaus", Chausseestr. 97.
Treptow-Baumschulenweg: „Neues Gesellschaftshaus", Treptower Chaussee 14.
Tempelhof-Mariendorf: „Stadt Dresden", Tempelhof, Berliner Straße 78.
Steglitz-Friedenau-Wilmersdorf: „Birkenwäldchen", Schützenstr.
Lichtenberg-Friedrichsfelde-Stralau: „Schwarzer Adler", Frankfurter Chaussee 5.
Café Bellevue", Am Bahnhof Stralau-Rummelsburg.
Oberschöneweide: „Wilhelminenhof", Schloßparkstr.
Pankow-Niederschönhausen-Buchholz:
„**Zum Kurfürsten**", Pankow, Berliner Straße 102.
Reinickendorf-Ost und -West: „Schützenhaus", Residenzstraße 1/2.
Weißensee: „Schloß Weißensee".

Tagesordnung:

Gegen den Krieg.

Parteigenossen! Parteigenossinnen! Der Krieg ist der Todfeind einer freien politischen, wirtschaftlichen und kulturellen Entwicklung. Darum ist die Arbeiterklasse der geschworene Feind jeder Kriegspolitik. Bekundet durch Massenbesuch der Versammlungen den unerschütterlichen Friedenswillen des klassenbewußten Proletariats.

Für die Einberufer: **Eugen Ernst**, Lindenstr. 2.

Aus: Vorwärts, Nr. 202 vom 27. 7. 1914.

nicht erst einen »Burgfrieden« zu erklären, weil sie ohnehin schon immer eine klassenkämpferische Haltung abgelehnt hatten.

Vor allem aus heutiger Sicht, also in Kenntnis der Geschichte des Ersten Weltkrieges, seines Charakters, seiner Ursachen und seiner Folgen für die deutsche Geschichte und für die Geschichte der sozialistischen Arbeiterbewegung, muß die Kriegsunterstützung der Sozialdemokratie als verhängnisvolle Entscheidung gewertet werden.

Nicht abgerissen ist bis heute auch die allgemeine Diskussion über die Frage der Verantwortlichkeit und Schuld für diesen Krieg. Besonders die im Versailler Vertrag festgeschriebene Alleinschuld der Deutschen – mit der die Friedensbedingungen der Sieger begründet wurden – löste in Deutschland quer durch alle politischen Parteien helle Empörung aus. Deutsche Historiker schrieben dutzende Bücher, in denen sie nachzuweisen versuchten, daß diese Schuldzuweisung ungerecht sei.

Schließlich – in den deutsch-französischen Vereinbarungen zu Fragen gemeinsamer Geschichte 1951 – einigte man sich darauf, daß die Schuld am Ersten Weltkrieg sich gleichmäßig auf alle beteiligten Regierungen verteile, bzw. daß die Dokumente es nicht erlauben, »im Jahre 1914 irgendeiner Regierung oder einem Volk den bewußten Willen zu einem europäischen Krieg zuzuschreiben[4].

Diese mühsam errungene Eintracht in einer Frage, die so unendlich viel politisches Unheil angerichtet hatte, wurde nachdrücklich gestört durch Fritz Fischers Untersuchung »Griff nach der Weltmacht«. Fischer kam zu dem Schluß, daß die »deutsche Reichsführung den entscheidenden Teil der historischen Verantwortung für den Ausbruch des allgemeinen Krieges« trage[5]. Das treibende Motiv für diese Politik seien die imperialistischen Interessen Deutschlands gewesen, wie die Kriegszieldiskussion beweise. Vor allem diese Annahme ist umstritten, da sich für die Julikrise keine Dokumente auftreiben lassen, die belegen könnten, daß Kriegsziele, wie sie nach Beginn des Krieges formuliert wurden, eine Rolle gespielt haben. Tatsächlich kann mit einigem Recht dagegen eingewandt werden, daß diese Kriegszieldiskussion Folge und nicht Ursache für die deutsche Politik gewesen sei. Selbst nichtkonser-

---

4 Zitiert nach: Karl Dietrich Erdmann, Hat Deutschland auch den Ersten Weltkrieg entfesselt? Kontroversen zur Politik der Mächte im Juli 1914, in: Karl Dietrich Erdmann/Egmond Zechlin, Politik und Geschichte, Europa 1914 – Krieg oder Frieden, Hg.: Landeszentrale für politische Bildung Schleswig-Holstein, Kiel 1985, S. 45.

5 Fritz Fischer, Griff nach der Weltmacht, Düsseldorf 1961, zitiert nach Nachdruck der Sonderausgabe, Kronberg/Ts. 1977, S. 82.

vative Historiker wie Dieter Groh lehnen deshalb Fischers Erklärung ab. Zwar geht Groh ebenfalls davon aus, daß die deutsche Regierung die Hauptschuld am »Ausbruch« des Krieges trage, jedoch vermutet er als Motiv hinter ihrer Politik keinen imperialistischen Eroberungsdrang, sondern einen Präventivkrieg mit »defensiver Tendenz« auf Grund zunehmender militärischer Schwäche des deutschen Reiches im Rüstungswettlauf mit den Großmächten des gegnerischen Bündnissystems[6]. Es ist hier nicht der Platz, diese Diskussion zu führen, die als »Fischer-Kontroverse« Bücher füllt[7], doch selbst wenn man Fischers These nicht zustimmt, daß deutsches Hegemonialstreben unmittelbar die Ursache für jene politischen Entscheidungen war, die zum Kriege geführt haben, dann bleibt doch die These der Hauptverantwortung für die »Entfesselung« des Krieges schlüssig und die These Egmond Zechlins von einer »präventiven Abwehr« wenig überzeugend. Für diese Annahme wäre wenigstens der Nachweis zu erbringen, daß Rußland, Frankreich oder England Deutschland aggressiv bedroht hätten. Doch Anhängern der These, daß Deutschland einen defensiven Präventivkrieg geführt habe, umgehen diese Schwierigkeit, indem sie nicht die objektive, sondern die subjektiv empfundene Bedrohung der deutschen Reichsführer ihrem Urteil zugrunde legen. Das vielbeschworene Einkreisungssyndrom scheint jedoch selbst wieder nur ein Reflex auf imperialistische Eroberungssehnsüchte, auf die vorherrschende Meinung, Deutschland sei bei der kolonialen Aufteilung der Welt im Vergleich zu Frankreich und Englang zu kurz gekommen.

Für unsere Diskussion über das Verhalten der sozialistischen Arbeiterbewegung zu Beginn des Ersten Weltkrieges genügt die Erkenntnis, daß, wie immer die Motive und die Politik der Reichsführung eingeschätzt werden mögen, eines mit Sicherheit nicht behauptet werden kann, daß Deutschland einen Verteidigungskrieg aufgezwungen bekam, wie es Kaiser und Reichskanzler in den entscheidenden Juli- und Augusttagen der Öffentlichkeit in bewußt täuschender Absicht weiszumachen versuchten. So erklärte der Kaiser:

> »Uns treibt nicht Eroberungslust, uns beseelt der unbeugsame Wille, den Platz zu bewahren, auf den Gott uns gestellt hat, für uns und alle kommenden Geschlechter.
>
> Aus den Schriftstücken, die Ihnen zugegangen sind, werden sie ersehen, wie Meine Regierung und vor allem mein Kanzler bis zum letzten Augenblick bemüht waren,

---

6 Dieter Groh, Negative Integration und revolutionärer Attentismus, Frankfurt-Berlin-Wien 1973.

7 Vgl.: Immanuel Geiss, Die Fischer-Kontroverse, in: Studien über Geschichte und Geschichtswissenschaft, Frankfurt/M. 1972.

das Äußerste abzuwenden. In aufgedrungener Notwehr mit reinem Gewissen und reiner Hand ergreifen wir das Schwert«[8].

Und sein Reichskanzler von Bethmann-Hollweg ergänzte:

»Wir wollten in friedlicher Arbeit weiterleben, und wie ein unausgesprochenes Gelübbde ging es vom Kaiser bis zum jüngsten Soldaten: nur zur Verteidigung einer gerechten Sache soll unser Schwert aus der Scheide fliegen.

(Lebhaftes Bravo).

Der Tag, da wir es ziehen müssen, ist erschienen – gegen unseren Willen, gegen unser redliches Bemühen. Rußland hat die Brandfackel an das Haus gelegt. (Stürmische Rufe: Sehr richtig! Sehr wahr!)

Wir stehen in einem erzwungenen Kriege mit Rußland und Frankreich«[9].

Zu klären ist die Frage, wie es dazu kommen konnte, daß die deutschen Sozialdemokraten – und die gleiche Frage ist an die französischen Sozialisten zu richten – den Krieg unterstützen konnten, wo sich die internationale Sozialdemokratie doch in den Jahren vorher als jene politische Kraft profiliert hatte, die am entschiedendsten gegen Rüstung, Militarismus und Kriegstreiberei aufgetreten ist.
Wird der Blick nur auf diese Seite der Sozialdemokratie gerichtet, auf die großartigen Kundgebungen und Manifestationen zur Völkerverständigung, die auf den internationalen Sozialistenkongressen ein besonders feierliches Gepräge erhielten, dann erscheint dieses Verhalten unverständlich, wenn nicht als Verrat an vormals so oft beschworenen Grundsätzen.

Die sozialistische Internationale

Schon auf dem zweiten internationalen Sozialistenkongreß 1891 in Brüssel rückte die Frage, wie sich die Arbeiterklasse gegenüber einem drohenden Weltkrieg verhalten solle, in das Zentrum der Auseinandersetzung. Provoziert wurde der Streit durch die Forderung des holländischen Sozialisten Domela Nieuwenhuis, daß die Sozialisten aller Länder im Falle einer »etwaigen Kriegserklärung« einen Aufruf an das

8 Wilhelm II, Thronrede, 4. August 1914, Verhandlungen des Reichstags. XIII. Legislaturperiode. II. Session, Bd. 306. Stenographische Berichte, Berlin 1916, S. 2.
9 Reichskanzler v. Bethmann Hollweg, Rede in Reichstagssitzung am 4. August 1914, zitiert nach: ebenda, S. 5.

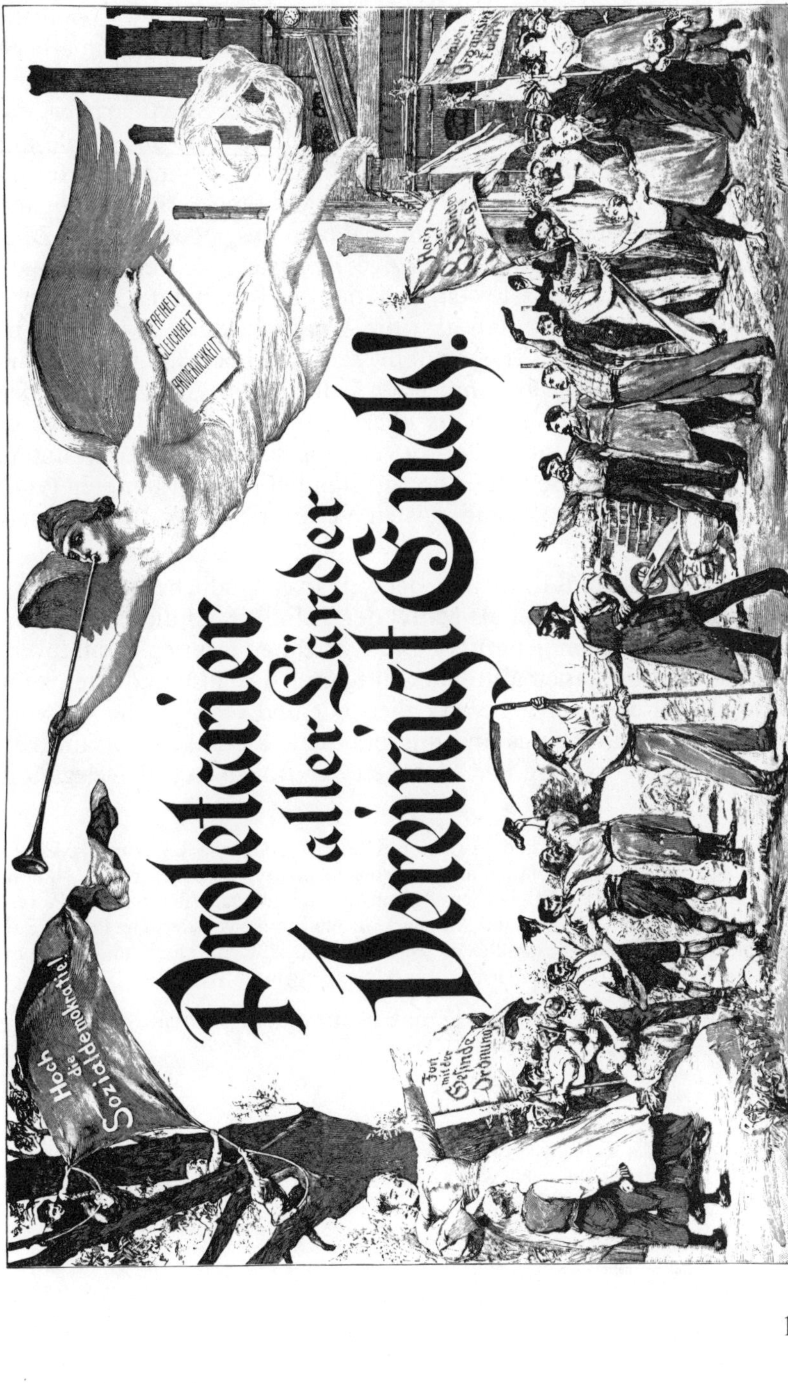

Aus: Archiv Udo Achten.

Volk zur »allgemeinen Arbeitseinstellung« erlassen sollten[10]. Vom deutschen Delegierten Wilhelm Liebknecht wurde dies als »jämmerliche Phrase« abgetan. Dies war auch die Meinung der überwältigenden Mehrheit der Delegierten und sollte es bleiben. Der Streit darüber, wie Sozialisten auf einen drohenden Krieg reagieren müßten, wurde auf allen folgenden internationalen Kongressen mit zunehmender Heftigkeit fortgesetzt. Eine Ursache für diese Meinungsverschiedenheiten war, daß Sozialisten wie Nieuwenhuis davon ausgingen, daß im Zeitalter des Imperialismus »keine einzige Regierung sich entschuldigen kann, daß sie provoziert ist, weil der Krieg das Resultat des internationalen Kapitalismus ist«, daß also die Unterscheidung zwischen Angriffs- und Verteidigungskrieg hinfällig sei[11]. Die überwältigende Mehrheit der Internationale bekannte sich jedoch zum Grundprinzip des »vollen Selbstbestimmungsrechts aller Nationen«, zum Recht, diese Selbständigkeit, falls notwendig, zu verteidigen, und zum Recht unterdrückter Nationen, ihre staatliche Selbständigkeit zu erkämpfen (vgl.: 19a). Lenin war einer der radikalsten Verfechter dieser Position und stritt sich darüber mit Rosa Luxemburg über Jahre hinweg[12].

Hinter diesen Grundsätzen und der selbstverständlichen Ablehnung kriegerischer Maßnahmen als Mittel der Politik stand die Unterscheidung zwischen einem Angriffs- und Verteidigungskrieg. Unmißverständlich kam dies auch auf dem Stuttgarter Sozialistenkongreß zum Ausdruck, der endgültig eine abschließende und verbindliche Antwort zum Thema »Militarismus und internationale Konflikte« formulieren sollte. In dem Vorschlag der Mehrheit der französischen Delegation hieß es dazu:

> »Die Arbeiterklasse aller Länder ist daran zu erinnern, daß eine Regierung die Unabhängigkeit einer fremden Nation nicht bedrohen kann, ohne sich gegen diese Nation, gegen deren Arbeiterklasse und ebenso gegen die internationale Arbeiterklasse zu vergehen. Die bedrohte Nation und Arbeiterklasse haben die gebieterische Pflicht, ihre Unabhängigkeit und Selbständigkeit gegen diese Angriffe zu wahren, und sie haben ein Anrecht auf den Beistand der Arbeiterklasse der ganzen Welt«[13].

Der Position von Gustave Hervé, daß es für das Proletariat gleichgültig

10 Verhandlungen und Beschlüsse des Internationalen Arbeiter-Kongresses zu Brüssel (16.–22. August 1891), zitiert nach: Kongreß-Protokolle der Zweiten Internationale, Bd. 1, Paris 1889 – Amsterdam 1904, Glashütten im Taunus 1975, S. 27.

11 Ebenda.

12 Vgl. Manfred Scharrer, Die Spaltung der deutschen Arbeiterbewegung, Stuttgart 1985, S. 19ff.

13 Internationaler Sozialisten-Kongreß zu Stuttgart, 18. bis 24. August 1907, Berlin 1907, S. 86.

sei, »in und unter welcher National- und Regierungsmarke die Kapitalisten es ausbeuten«[14], hielt Jean Jaurès entgegen:

»Das Vaterland will Hervé zerstören. Wir wollen das Vaterland zum Nutzen der Proletarier sozialisieren durch Überführung der Produktionsmittel in das Eigentum aller. (Beifall) Denn die Nation ist das Schatzhaus des menschlichen Genies und Fortschritts, und es stände dem Proletariat schlecht an, die kostbaren Gefäße menschlicher Kultur zu zertrümmern. (Sehr gut)«. (Dok. 19)

Nicht weniger großartig war August Bebels patriotisches Bekenntnis zum gleichen Thema:

»Hervé sagt: Das Vaterland sei das Vaterland der herrschenden Klassen, das ginge dem Proletariat nichts an. Ein ähnlicher Gedanke ist im Kommunistischen Manifest ausgesprochen, wo es heißt: Der Proletarier hat kein Vaterland. Aber einmal haben Marx' und Engels' Schüler erklärt, daß sie nicht mehr die Anschauungen des Manifests teilten und zweitens haben sie im Laufe der Jahrzehnte zu den europäischen und deutschnationalen Fragen sehr klar und keineswegs negativ Stellung genommen. Was wir bekämpfen, ist nicht das Vaterland an sich, das gehört dem Proletariat weit mehr als den herrschenden Klassen, sondern die Zustände, die in diesem Vaterlande im Interesse der herrschenden Klassen vorhanden sind. (Sehr richtig!)«. (Dok. 19)

Die große Auseinandersetzung in Stuttgart drehte sich jedoch nicht um diese Differenzen. Hervé war ein Außenseiter, ein »enfant terrible«, wie ihn Rosa Luxemburg zur Heiterkeit der Delegierten titulierte. Hauptstreitpunkt waren die unterschiedlichen Auffassungen der französischen und deutschen Delegierten in der Frage, welche Maßnahmen die Sozialisten ergreifen sollten, falls es zum Krieg käme, bzw. genauer, welche Maßnahmen jene Sozialisten ergreifen sollten, von deren Land aus ein Eroberungskrieg angezettelt werden sollte. Jaurès verlangte in seiner Resolution, daß diese Sozialisten dann verpflichtet seien, von der »parlamentarischen Intervention, der öffentlichen Agitation bis zum Massenstreik und zum Aufstand« alles zu unternehmen, um einen solchen Krieg zu verhindern. Bebel wehrte sich entschieden gegen eine solche Verpflichtung. Zur Begründung entwickelte er ein Schreckensszenario, das in den Worten gipfelte:

»In den Massenschlachten der Gegenwart, so hat ein deutscher General gesagt, werden wir nicht wissen, wo wir die Verwundeten aufnehmen und die Toten begraben sollen. Und in solcher Situation sollen wir uns mit Massenstreikspielereien abgeben? Bei unserem ersten Aufruf dazu würden wir ausgelacht werden ... Wir können also nichts tun, als aufklären und Licht in die Köpfe bringen, agitieren und organisieren«[15].

---

14 Ebenda, S. 87.
15 Ebenda, S. 100.

Da eine Einigung über diesen Gegensatz nicht erzielt werden konnte, machte Bebel den Vorschlag, eine »Subkommission« zu bilden mit dem Auftrag, eine Resolution auszuarbeiten, der möglichst alle zustimmen konnten. Letzteres brauchte den Mitgliedern nicht eigens gesagt werden, denn der Anspruch des Kongresses war ja, der Welt eine geschlossene und einheitliche sozialistische Internationale zu demonstrieren. Dies war die Stunde der Formulierungskünstler. Lenin, Rosa Luxemburg u. a. gelang es, um den Preis weitestgehender Unverbindlichkeit, Formulierungen zu finden, die tatsächlich alle Delegierten zufrieden stellten. Die entscheidende Passage der Resolution lautete nun:

> »Droht der Ausbruch eines Krieges, so sind die arbeitenden Klassen und deren parlamentarischen Vertretungen in den beteiligten Ländern verpflichtet, . . . alles aufzubieten, um den Ausbruch des Krieges durch Anwendung entsprechender Mittel zu verhindern . . . Falls der Krieg dennoch ausbrechen sollte, ist es die Pflicht, für dessen rasche Beendigung einzutreten und mit allen Kräften dahin zu streben, um die durch den Krieg herbeigeführte wirtschaftliche und politische Krise zur Aufrüttelung des Volkes auszunutzen und dadurch die Beseitigung der kapitalistischen Klassenherrschaft zu beschleunigen«[16].

Nach Kriegsbeginn beriefen sich alle Sozialisten auf eben diese Resolution, um ihr jeweils unterschiedliches Verhalten zu rechtfertigen.

Das patriotische Bekenntnis

Den patriotischen Bekenntnissen deutscher Sozialdemokraten auf den internationalen Kongressen entsprachen eher noch entschiedenere Äußerungen im eigenen Land. Das berüchtigste Beispiel ist die »Flintenrede« Bebels im Reichstag 1904:

> ». . . aber wenn der Krieg ein Angriffskrieg werden sollte, ein Krieg, in dem es sich dann um die Existenz Deutschlands handelte, dann – ich gebe Ihnen mein Wort – sind wir bis zum letzten Mann und selbst die ältesten unter uns bereit, die Flinte auf die Schulter zu nehmen und unseren deutschen Boden zu verteidigen, nicht Ihnen, sondern uns zu Liebe, selbst meinetwegen Ihnen zum Trotz.
>
> (Sehr wahr! sehr richtig! bei den Sozialdemokraten.)
>
> Wir leben und kämpfen auf diesem Boden, um dieses Vaterland, unser Heimatland, das so gut unser Vaterland, vielleicht noch mehr als Ihr Vaterland ist.
>
> (Sehr gut! bei den Sozialdemokraten.)
>
> Das ist unser Bestreben, das suchen wir zu erreichen, und deshalb werden wir jeden Versuch, von diesem Vaterlande ein Stück Boden wegzureißen, mit allen uns zu Gebote stehenden Kräften bis zum letzten Atemzuge zurückweisen«. (Dok. 20)

16 Ebenda, S. 66.

Noch auf dem Parteitag 1907 in Essen wiederholte Bebel diese Formulierungen. Immer noch war es ihm »bitter ernst« damit, daß er selbst als »alter Knabe« noch die »Flinte auf den Buckel« nehmen würde, wenn es gegen Rußland, den »Feind aller Kultur und aller Unterdrückten« – ginge[17]. Hauptsächlich ging es in dieser Diskussion jedoch um eine Rede Gustav Noskes, der ganz im Tenor von Bebel im Reichstag eine patriotische Rede gehalten hatte. (Dok. 21) Vor allem Karl Liebknecht kritisierte Noske deshalb, hatte dieser doch seine Auffassungen zu Militarismus im Namen der Partei als die Meinung eines einzelnen abgetan. Das gleiche tat Bebel später als Zeuge im Hochverratsprozeß gegen Karl Liebknecht. Auf dem Essener Parteitag stieß Karl Liebknecht mit seinem Vorschlag, den Proletariern den Kasernendrill zu »verekeln«, ebenfalls auf wenig Gegenliebe und sah sich dann gezwungen, zu erklären, daß er »den Standpunkt einer völligen Wehrlosmachung des Volkes nicht vertrete«. (Dok. 22)

Es waren jedoch nicht nur schwungvolle patriotische Reden, mit denen Sozialdemokraten immer wieder versuchten, ihre »nationale Zuverlässigkeit« unter Beweis zu stellen, sie waren auch zu entsprechenden Taten bereit. So stimmten sie 1913 für die Kostendeckung der Heeresvorlage, nachdem Bebel u. a. sich vorher in der geheimen Budgetkommission davon überzeugen ließen, daß Deutschland einer Bedrohung durch Rußland ausgesetzt sei, und die Deckungsvorlage gekoppelt wurde mit dem »Reichsvermögenszuwachssteuergesetz«. Zur Begründung erklärte Bebel: »Wir müssen in Deutschland mit der Möglichkeit des Angriffskrieges von außen leider einstweilen noch rechnen, namentlich von Osten her«[18].

Das Prinzip »diesem System keinen Mann und keinen Groschen« wurde hier bereits zugunsten des Grundsatzes »direkte, statt indirekte Steuer« aufgegeben.

An der Bereitschaft der Sozialdemokratie, im Falle eines Angriffes von außen einen deutschen Verteidigungskrieg zu unterstützen, konnte vor 1914 kein Zweifel bestehen, und diese Bereitschaft war besonders groß, falls Deutschland von Rußland angegriffen würde. Dies bot für die deutsche Reichsführung sogar die Möglichkeit, die Unterstützung der Sozialdemokratie auch für einen Eroberungskrieg zu gewinnen, falls sie ihn nur glaubhaft als Verteidigungskrieg erscheinen lassen konnte. Der

---

17 Vgl.: Protokoll Parteitag 1907, S. 255.

18 Vgl. besonders: Dieter Groh, Negative Integration, a. a. O., S. 429ff.

Reichskanzler Bethmann Hollweg nutzte diese Chance zum Verhängnis der Sozialdemokratie dann meisterhaft.

Diese Gefahr wurde von einigen durchaus gesehen. Ihre Warnungen, daß die Unterscheidung zwischen Angriffs- und Verteidigungskrieg kein tauglicher Maßstab zur Bestimmung sozialdemokratischer Politik sein könnte, wurden jedoch in den Wind geschlagen. Kautskys Äußerungen auf dem Essener Parteitag 1907 waren prophetisch:

> »Die deutsche Regierung könnte aber auch eines Tages den deutschen Proletariern weismachen, daß sie die Angegriffenen seien, die französische Regierung könnte das gleiche den Franzosen weismachen, und wir hätten dann einen Krieg, in dem deutsche und französische Proletarier mit gleicher Begeisterung ihren Regierungen nachgehen und sich gegenseitig morden und die Hälse abschneiden«[19].

Weder die Partei und schon gar nicht die Gewerkschaften befaßten sich mit solchen und ähnlichen Einwänden ernsthaft. Nur zu bereitwillig vertrauten die Sozialdemokraten Bebels Argument, daß, wenn es schon beim Krieg 1870/71 möglich war, die Unterscheidung zwischen Angriffs- und Verteidigungskrieg zu treffen, wie viel leichter sei dies dann heute, wo sie doch »inzwischen älter und gescheiter« geworden seien.

Bebel starb 1913 und brauchte den Beweis für seine Fähigkeit nicht anzutreten; Kautsky fühlte sich in seiner Einschätzung, nachdem seine Prophezeihung in Erfüllung gegangen war, bestätigt. Jedoch leitete er nun aus der Unmöglichkeit, einen Verteidigungs- von einem Angriffskrieg unterscheiden zu können, das Recht einer jeden nationalen Partei ab, einen Verteidigungskrieg bei subjektiv ehrlicher Überzeugung zu unterstützen.

Die Entscheidung

Am 28. Juni 1914 wurde der österreichische Thronfolger in Sarajewo ermordet. Die Sozialdemokraten erkannten, daß das »Problem Österreich« sich »immer drohender zu einer Gefahr für den Frieden Europas« erhob. An eine konkrete Kriegsgefahr mochten sie jedoch nicht glauben, zumal sich in den Tagen nach dem Attentat die Erregung zunehmend verflüchtigte. Der Ruhe nach außen stand eine fieberhafte Tätigkeit der Geheimdiplomatie gegenüber. Am 5. Juli ermutigte der deutsche Kaiser die Österreicher, die günstige Gelegenheit zur Aus-

19 Protokoll Parteitag 1907, S. 261.

schaltung Serbiens nicht verstreichen zu lassen, und gab ihnen eine »Blankovollmacht« für einen Krieg gegen Serbien auch auf die Gefahr hin, daß dies zu einem europäischen Krieg führen könnte. Die These, Deutschland trage die Hauptverantwortung am Ausbruch des Krieges, stützt sich auf diesen unbestrittenen Vorfall, denn ohne die Zusage einer bedingungslosen Unterstützung hätte der österreichisch-ungarische Ministerrat am 7. Juli nicht beschließen können, den Krieg gegen Serbien zu wagen. Dies alles geschah hinter dem Rücken einer ahnungslosen Öffentlichkeit. In den Julitagen war auch die Sozialdemokratie bloßer Spielball der Geheimdiplomatie und Kabinettspolitik.

Als am 24. Juli das österreichische Ultimatum an Serbien bekannt wurde, erkannte die Weltöffentlichkeit die drohende Kriegsgefahr. Es bereitete auch keine Schwierigkeiten, die österreichische Regierung als verantwortlichen Kriegstreiber namhaft zu machen, denn die Forderungen an Serbien waren so gestellt, daß sie nur unter Preisgabe seiner Souveränität erfüllt werden konnten.

In diesem Zusammenhang steht nun der berühmte Aufruf des sozialdemokratischen Parteivorstandes vom 25. Juli, gegen »die frivole Kriegsprovokation der österreichisch-ungarischen Regierung« (in abendlichen Versammlungen) zu protestieren. Gleichzeitig sollten sie an die deutsche Regierung appellieren, »daß sie ihren Einfluß auf die österreichische Regierung zur Aufrechterhaltung des Friedens ausübe, und falls der schändliche Krieg nicht zu verhindern sein sollte, sich jeder kriegerischen Einmischung enthalte«. (Dok. 23)

Hinter diesem Aufruf stand die Auffassung, die deutsche Regierung habe ein Interesse an der Aufrechterhaltung des Friedens. Diese Einschätzung verbreitete Rosa Luxemburg noch am 28. Juli:

> »Fragt man freilich, ob die deutsche Regierung kriegsbereit sei, so kann die Frage mit gutem Recht verneint werden. Man kann den kopflosen Leitern der deutschen Politik ruhig zugestehen, daß ihnen in diesem Augenblick jede andere Perspektive in lieblicherem Lichte erschien als die, um des habsburgischen Bartes willen alle Schrecken und Wagnisse des Krieges mit Rußland und Frankreich oder gar am letzten Ende mit England auf sich zu nehmen«. (Dok. 25)

Offensichtlich konnte sich selbst der gescheiteste Kopf der Linken nicht vorstellen, daß die deutsche Regierung das Risiko eines Zweifrontenkrieges bewußt eingehen könnte. Diese eklatante Fehleinschätzung der tatsächlichen Politik der deutschen Führung trug fatalerweise dazu bei, den Eindruck eines Verteidigungsfalles für Deutschland zu unterstützen. Rosa Luxemburgs Ausführungen zum Mechanismus der Bündnissysteme verstärkten diesen Eindruck noch dadurch, daß der russische

Zarismus als jene entscheidende Karft benannt wurde, die den europäischen Krieg auslösen könnte:

»Sie (die Bündnispflichten des Dreibundes, M.S.) wandeln sich aber, nach der eigenmächtigen Kriegsprovokation Österreichs, in eine ›Pflicht‹ für Deutschland, sich gleichfalls in das Blutmeer kopfüber zu stürzen, sobald das verbrecherische Treiben Österreichs den russischen Bären auf den Kampfplatz wird herausgelockt haben. Und ebenso soll Frankreichs Volk an die Schlachtbank geschleppt werden, sobald und weil der russische Zarismus, gepeitscht durch die Erinnyen der Revolution im Innern und die Furien des Imperalismus in seiner auswärtigen Politik, zwischen den Speeren die Rettung oder den Untergang suchen wird«. (Dok. 25)

Hier ist exakt der Ablauf der äußeren Ereignisse beschrieben, wie er dann stattfand, nur mit dem Unterschied, daß die deutsche Öffentlichkeit und auch die überwiegende Mehrheit der deutschen Sozialisten, nachdem Rußland am 30. Juli die Generalmobilmachung verkündete, die »Pflicht« Deutschlands, auf Seiten Österreichs in den Krieg einzutreten nicht in Anführungsstriche setzten, sondern nun davon ausgingen, Deutschland habe sich gebenüber Rußland zu verteidigen.

In dieser gegenüber dem 25. Juli vollständig veränderten Situation, in der die Sozialdemokraten noch hofften, daß der Konflikt auf den Balkan begrenzt bleiben würde, entschied sich die sozialdemokratische Führung, einen Verteidigungskrieg zu unterstützen. In der Erklärung von Hugo Haase, mit der die Fraktion im Reichstag ihre Zustimmung zu den Kriegskrediten begründete, lauteten die entscheidenden Sätze:

»Für unser Volk und seine freiheitliche Zukunft steht bei einem Sieg des russischen Despotismus, der sich mit dem Blute der Besten des eigenen Volkes befleckt hat (lebhafte Rufe »Sehr wahr!« bei den Sozialdemokraten), viel, wenn nicht alles auf dem Spiel. (Erneute Zustimmung.) Es gilt, diese Gefahr abzuwehren, die Kultur und die Unabhängigkeit unseres eigenen Landes sicherzustellen. (»Bravo!«)

Da machen wir wahr, was wir immer betont haben. Wir lassen in der Stunde der Gefahr das eigene Vaterland nicht im Stich. (Lebhaftes »Bravo!«) Wir fühlen uns dabei im Einklang mit der Internationale, die das Recht jedes Volkes auf nationale Selbständigkeit und Selbstverteidigung jederzeit anerkannt hat (»Sehr richtig!« bei den Sozialdemokraten.), wie wir auch in Übereinstimmung mit ihr jeden Eroberungskrieg verurteilen. (»Sehr gut!« bei den Sozialdemokraten.) (Dok. 24)

Diese Entscheidung der Sozialdemokratie, im guten, wenngleich falschen Glauben, einen Verteidigungskrieg zu unterstützen, entsprach ihrer Tradition. Schon 1870 stimmten die drei Sozialdemokraten des Allgemeinen deutschen Arbeitervereins in der Einschätzung, Preußen müsse sich eines Angriffs Frankreichs erwehren, für die Kriegskredite, während Bebel und Liebknecht von den Eisenachern in der Einschätzung, dies sei ein rein »dynastischer Krieg«, sich der Stimme enthielten.

Erst als der deutsch-französische Krieg offenkundig in einen deutschen Eroberungskrieg umschlug, stimmten die Sozialdemokraten geschlossen gegen die Kriegskredite.

Die Zustimmung der Reichstagsfraktion zu den Kriegskrediten 1914 war trotz dieser Tradition nicht zwingend. Denn es entsprach ebensogut einem sozialdemokratischen Grundsatz, der Regierung prinzipiell alle Mittel zu verweigern. Dieser Grundsatz hatte sogar besonders große Bedeutung, weil die Sozialdemokraten glaubten, damit ihre »Todfeindschaft« zum bestehenden undemokratischen System am besten unter Beweis stellen zu können. Daß sich in der fraktionsinternen Abstimmung dann nur 14 Abgeordnete fanden, die den Kriegskrediten nicht zustimmen wollten, scheint in erster Linie dem Umstand geschuldet, daß ein Bekenntnis zur Verteidigung nur schwer vermittelt werden konnte mit der Entscheidung, dem Vaterland die Mittel zu seiner Verteidigung zu verweigern[20].

Die Zustimmung der 14 Neinsager im Reichstag wird meistens mit dem Hinweis auf die Fraktionsdisziplin erklärt. Diese Erklärung wäre jedoch nur dann verständlich, wenn auch diese 14 Neinsager davon überzeugt waren, Deutschland habe sich zu verteidigen. Kaum vorstellbar wäre es, daß so integere Personen wie Hugo Haase, Georg Ledebour oder Karl Liebknecht in der Überzeugung, Deutschland sei auf imperialistische Eroberungen aus, sich der Fraktionsdisziplin gebeugt hätten und aus diesem vergleichsweise lächerlichen Grund einem »imperialistischen Raubkrieg« ihre Zustimmung gegeben hätten. Hier könnte dann mit Fug und Recht von einem Prinzipienverrat gesprochen werden.

Erst als Karl Liebknecht – und später andere – die Überzeugung gewannen, Deutschland führe keinen Verteidigungskrieg, brachen sie die Fraktionsdisziplin und stimmten gegen die Kriegskredite.

Die Massen

Die falsche, aber subjektiv ehrliche Annahme, Deutschland habe sich vor allem gegen einen Angriff des russischen Zarismus zu verteidigen, war für die Entscheidung der Sozialdemokratie grundlegend und erklärt diese Entscheidung wesentlich. Es mag sein, daß sie nicht für alle

20 Vgl. dazu: Susanne Miller, Burgfrieden und Klassenkampf, Düsseldorf 1974.

Fraktionsmitglieder gleichermaßen bedeutsam war, und nicht zu leugnen ist, daß sich auch noch andere Überlegungen damit verbanden. Alle ernst zu nehmenden anderen Erklärungsansätze für das Verhalten der Sozialdemokratie in den ersten Augusttagen 1914 beruhen jedoch auf dieser Einschätzung.

Eine Erklärung für den »Meinungsumschwung« in der Frage, wie man sich bei der Abstimmung über die Kriegskredite verhalten solle, lautet, daß die beginnende Kriegsbegeisterung auch die sozialdemokratischen Massen erfaßt habe und die Parteiführung schließlich nur nach dem opportunistischen Grundsatz »lieber mit Massen irren als gegen sie recht haben« dem Druck von unten folgte. Für diese These, daß die Führer gegen besseres Wissen gehandelt hätten, lassen sich jedoch keine stichhaltigen Belege erbringen.

Allenfalls Clara Zetkin – die Redakteurin der sozialdemokratischen Frauenzeitschrift *Die Gleichheit* – scheint diesem Verhaltensmuster entsprochen zu haben, als sie einen Protest gegen die Reichstagsfraktion mit der Begründung ablehnte, daß dies »von Niemand verstanden« und nur zeigen würde, wie die Protestierer »völlig isoliert in der Luft stehen«. (Dok. 26) Unbestritten ist, daß zum gleichen Zeitpunkt, als die Sozialdemokratie gegen den drohenden Krieg demonstrierte, eine sich steigernde, massenhafte chauvinistische Kriegsbegeisterung entstand. Gegen die Umzüge dieses »patriotischen Mobs«, dem nach Einschätzung des *Vorwärts* keine Arbeiter angehörten, verwahrte sich die Sozialdemokratie energisch. Franz Jung vermittelt in seinem autobiographischen Roman ein Bild von dieser Stimmung in Berlin:

> »Die Straße Unter den Linden zu beiden Seiten entlang zum Schloß zog eine nach Tausenden zählende Menge hin und her, unter infernalischem Gebrüll, woraus ein Reporter die Wacht am Rhein herausgehört haben wird. Auch in der Erinnerung heute fast unvorstellbar. War das Ende der Welt gekommen?
>
> Zum mindesten stürzte eine Welt zusammen über die paar Dutzend Friedensdemonstranten, in die ich hinein geraten war. Soviel ich mich erinnere, war diese Demonstration von den Syndikalisten um Kater und Rocker aufgezogen worden. Ein Transparent, über zwei Stangen gespannt, wurde hochgehoben, eine rote Fahne entfaltet, und die Demonstration: Nieder mit dem Krieg! begann sich in Reihen zu ordnen. Wir sind nicht weit gekommen.
>
> Ich glaube nicht, daß besondere Gewalt angewendet worden ist; die Flut ging über uns weg, wir trieben vereinzelt und auseinandergerissen in dieser Flut, jeder wahrscheinlich unfähig, sich zu wehren, sich überhaupt zu rühren. Polizei hatte nicht nötig einzugreifen«[21].

21 Franz Jung, Der Torpedokäfer, Neuauflage von: Der Weg nach unten, Neuwied 1972, S. 96.

München, 25. August 1914
19. Jahrgang Nr. 21
SIMPLICISSIMUS
Abonnement vierteljährlich 3 Mk. 60 Pfg.
Begründet von Albert Langen und Th. Th. Heine
Zwei Deutsche
„Na, Bebel, jetzt lernen wir uns doch noch richtig kennen!"

Aus: Vom Sozialistengesetz zur Mitbestimmung. Zum 100. Geburtstag von Hans Böckler, hrsg. von Heinz Oskar Vetter, Köln 1975, Tafel 7.

Eine Reaktion von Fabrikarbeitern schildert Karl Retzlaw:

»Ich kann mich nicht entsinnen, von ihnen einen Protest gegen den Krieg gehört zu haben ... Man sprach über den Krieg wie etwa über ein Erdbeben, man nahm ihn hin wie ein Naturereignis ... Aber der Ausspruch Bebels, daß er, wenn es gegen den russischen Zarismus gehe, auch das Gewehr ergreifen werde, war beinahe bei allen bekannt«[22].

Sieg oder Niederlage

Wahrscheinlich spielte die Frage nach den Ursachen und dem Charakter des Krieges für viele von dem Augenblick an, als der Krieg eine vollendete Tatsache war, keine oder nur noch eine untergeordnete Rolle:

»Solange die Frage lautete: Krieg oder Frieden, wandten sie (die Volksmassen, M.S.) sich energisch gegen den Krieg. Als er aber doch gekommen war, als die Frage nur noch lautete: Sieg oder Niederlage, riefen dieselben, die eben noch gerufen hatten: wir müssen den Frieden erhalten, mit der gleichen Entschiedenheit: wir müssen siegen. Das Vaterland der Invasion, die Armee der Niederlage, das heißt der Vernichtung preisgeben, das wäre ihnen unfaßbar erschienen«[23].

Vor allem in den Reihen der Gewerkschaften war schon vor 1914 ein solches Verständnis verbreitet. Hier verband es sich sogar teilweise mit einem gänzlich fragwürdigen wirtschaftlichen Nützlichkeitsdenken. Besonders ungeschminkt referierte Gustav Bauer, der stellvertretende Vorsitzende der Generalkommission, einmal diese Position:

»Die Kriegsfrage ist kein prinzipielles, sondern ein taktisches Problem. Es gilt für das Proletariat der einzelnen Länder abzuwägen, ob der Krieg Vorteil bringen könne oder nicht und danach ist ihr Verhalten einzurichten ...

Jeder Proletarier weiß oder fühlt es, oder es wird ihm schon von den Vertretern der bürgerlichen Parteien erzählt, daß mit dem Siege der Kapitalisten seines Landes dessen Industrie emporblühen werde, daß es ihm damit auch relativ besser gehe, daß er mehr Lohn erringen könne, daß die Arbeitslosigkeit sinken werde und so weiter«[24].

Ohnehin gehörten die Gewerkschaftsführer zu den stärksten Gegnern einer verbindlichen Absprache, was im Falle eines Krieges von seiten der Sozialdemokratie getan werden solle, auch wenn sie auf den internationalen Sozialisten-Kongressen die Wortführung den Parteileuten überließen und in den internationalen Gewerkschaftsorganisationen

---

22 Karl Retzlaw, Spartacus – Aufstieg und Niedergang, Frankfurt/M. 1971, S. 28f.
23 Karl Kautsky, Wirkungen des Krieges, in: Die Neue Zeit, 2. Bd., Nr. 23, 25. Sept. 1914, S. 975.
24 Zitiert nach Dieter Groh, a. a. O., S. 604f.

die Diskussion solcher »politischer« Fragen ausklammerten[25]. Eine Verpflichtung zum Massenstreik gar wurde von ihnen entschieden abgelehnt. Als dieser Vorschlag 1911 gemacht wurde, um der deutschen Regierung in den Arm zu fallen, als diese mit der Entsendung eines Kriegsschiffes nach Agadir (»Panthersprung nach Agadir«) ihren Anspruch auf Kolonien provokatorisch demonstrierte, gab dies auf dem anschließenden Parteitag eine heftige Debatte. Vor allem Bebel referierte nochmals alle Argumente, die gegen einen Massenstreik zur Verhinderung eines drohenden Krieges sprachen, wobei er nach Meinung der Generalkommission »der Generalstreiksidee tödliche Hiebe versetzte«[26].

Hinter dieser Haltung stand die seit dem Sozialistengesetz nicht überwundene Angst, die Organisationen könnten wieder verboten werden, und deshalb verweigerte man strikt, sich auf Aktionsmittel festlegen zu lassen, die ein Verbot der Organisationen erwarten ließen. Bei der überragenden Bedeutung, die deutsche Sozialdemokraten ihren Organisationen beimaßen, darf angenommen werden, daß eine latente unkritische Neigung bestand, im unübersichtlichen Konfliktfalle eher einer Einschätzung zu folgen, die keine organisationsgefährdende Politik verlangte. Trotzdem läßt sich die These, daß für Sozialdemokraten und Gewerkschafter die »Furcht vor der Strenge des Kriegsrechts hätten genügen können, um die Abstimmung für die Kriegskredite zu entscheiden«[27], nicht belegen und sie ist auch wenig wahrscheinlich.

Es verwundert jedoch nicht, daß auf der Vorständekonferenz am 2. August über die Ursache und Verantwortlichkeit für den Krieg überhaupt nicht mehr diskutiert wurde. Es verstand sich für die Gewerkschaftsführer offenbar von selbst, für einen Sieg Deutschlands alles in ihren Kräften stehende zu tun. Sie gehörten dann auch während der gesamten Dauer des Krieges zu den härtesten Durchhaltepolitikern[28].

Das Denken in der Alternative Sieg oder Niederlage findet sich – nach der Kriegserklärung am 1. August – durchgängig in den Kommentaren der Gewerkschaftszeitungen. Die *Bergarbeiterzeitung* ist dafür ein eher noch zurückhaltendes Beispiel:

---

25 Vgl.: Bd. 4 unserer Reihe, Sabine Hanna Leich/Wolfgang Kruse, Internationalismus und nationale Interessenvertretung. Zur Geschichte der internationalen Gewerkschaftsbewegung, erscheint 1991.

26 Corrbl., Nr. 28 vom 23. 11. 1911.

27 Carl E. Schorske, Die Große Spaltung. Die Deutsche Sozialdemokratie 1905–1917, Berlin 1981, S. 364.

28 Vgl.: Bd. 3 unserer Reihe, Michael Ruck, Gewerkschaften . . ., a. a. O.

»Wir ersehnen mit Millionen und Abermillionen heißen Herzens die rasche Wiederkehr des Friedens herbei. Doch können und können wir nicht wünschen, daß Kosakentum und echtrussisches Knutenregiment den Sieg über Deutschland davonträgt! ...

Diesen Sieg zu verhindern, heißt auch den Lebensinteressen der freigewerkschaftlich organisierten Arbeiter dienen. Schlagen wir den Zarismus nicht, dann schlägt er uns! So ist jetzt die Situation«[29].

Schon einiges schärfer formulierte es die *Metallarbeiter-Zeitung*:

»Der Vorwand zu Englands Kriegserklärung ist von lächerlicher Fadenscheinigkeit; man will der deutschen Industrie einen Schlag versetzen, der sie auf Jahrzehnte hinaus am Wettbewerb mit der englischen Industrie hindert.

Feinde ringsum! Aber Bange machen gilt nicht und das ganze deutsche Volk ist entschlossen, alles aufzubieten, um den Sieg zu erringen ...

Wir sind nicht schuld, an dem Unheil, von dem Deutschland auf jeden Fall betroffen wird. Weil aber im Falle der Niederlage das Massenelend noch viel schlimmer werden würde, deshalb wünschen wir nicht nur den Sieg, sondern tun auch alles, um ihn an unsere Fahnen zu heften«. (Dok. 27)

Vaterlandslose Gesellen

Die sich nach Bekanntwerden der russischen Generalmobilmachung zeigende, teilweise ungehemmte Bereitschaft von Sozialdemokraten, den Krieg zu unterstützen, hat sicherlich auch eine psychologische Ursache. Die im Kaiserreich systematisch als »vaterlandslose Gesellen« diffamierten Sozialdemokraten, ihre über diesen Kampfbegriff betriebene gesellschaftliche und nationale Ausgrenzung durch die politische Rechte wurde als tiefe Kränkung empfunden. Die Sozialdemokraten reagierten darauf hilflos, d. h. mit oft überzogenen patriotischen Bekenntnissen. Dieser Versuch, sich als die besseren Patrioten darzustellen, war wenig erfolgreich. Die Erklärung des Kaisers »Ich kenne keine Parteien mehr, Ich kenne nur Deutsche« kam einer psychologischen Überrumpelung gleich, die selbst bei den linken Sozialdemokraten ein Umkippen in nationalistische Begeisterung auslöste. Konrad Haenisch ist hierfür das klassische Beispiel:

»Leicht ist dies Ringen zweier Seelen in der einen Brust wohl keinem von uns geworden ... um alles in der Welt möchte ich jene Tage inneren Kampfes nicht noch einmal durchleben! Dieses drängend heiße Sehnen, sich hineinzustürzen in den gewaltigen Strom der allgemeinen nationalen Hochflut und von der anderen Seite her die furcht-

29 Bergarbeiter-Zeitung, Nr. 32 vom 3. 8. 1914.

Nr. 733 18 (Ersatznummer für Nr. 732) Stuttgart, den 28. August 1914

DER WAHRE JACOB

Abonnementspreis pro Jahr Mk. 2.60 | Erscheint alle vierzehn Tage. | Verantwortlich für die Redaktion: B. Heymann in Stuttgart.
Anzeigen pro 4 gespaltene Nonpareille-Zeile Mk. 2.50 | Preis bei Postbezug vierteljährlich 65 Pfg. (ohne Bestellgeld). | Druck und Verlag von J. H. W. Dietz Nachf. G.m.b.H. Stuttgart.

„Nun, Kinder, drauf los! Jetzt hilft nur noch das Dreschen!"

Aus: Archiv Udo Achten.

bare seelische Angst, diesem Sehnen rückhaltlos zu folgen, ... Bis dann – ich vergesse den Tag und die Stunde nicht – plötzlich die furchtbare Spannung sich löste, bis man wagte, das zu sein, was man doch war, bis man zum ersten Male (zum ersten Male seit fast einem Vierteljahrhundert wieder!) aus vollem Herzen, mit gutem Gewissen und ohne jede Angst, dadurch zum Verräter zu werden, einstimmen durfte in den brausenden Sturmgesang: Deutschland, Deutschland über alles!«[30].

Häufiger als dieser nationalistische Überschwang scheint ein patriotisches Pflichtbewußtsein gewesen zu sein, wie es in folgender Erklärung für das Verhalten der sozialdemokratischen Arbeiter formuliert ist:

»Die Millionen sozialistischer Arbeiter wollten sich bei diesem Anlaß nicht vom Volke trennen, zu dem sie gehörten, und das sie immer mehr für sich gewinnen wollten. Das Volk hatte doch den Krieg zu führen und zu erdulden, da mußte man bei ihm stehn, nicht aber es schädigen und gegen es kämpfen, indem man der Regierung den Gehorsam verweigerte. Die Sozialisten hatten plötzlich genug des Zwistes. Sie wollten mit dem ganzen Volk gehen, sich mit ihm noch enger verbünden, und dann auch ihre Ziele leichter mit ihm zusammen erreichen«[31].

Neben einem mehr oder weniger gesteigerten Patriotismus stand das kühle Abwägen einiger exponierter Revisionisten wie Eduard David oder Wolfgang Heine, die die Rücknahme der nationalen Ausgrenzung der Sozialdemokratie durch den Kaiser als große Chance für reformistische zukünftige Politik begriffen und das Zeitalter des Revisionismus anbrechen sahen. Eine Ablehnung der Kriegskredite kam ihnen auch oder sogar vor allem aus diesem Grunde nicht in den Sinn.

Ähnliche Gründe mögen auch für die Haltung der Gewerkschaftsfunktionäre in der Reichstagsfraktion eine Rolle gespielt haben. Es war dabei vielleicht nicht so sehr die Rücknahme der nationalen Ausgrenzung entscheidend, als vielmehr die so lang und heiß ersehnte Anerkennung der Gewerkschaften durch den Staat. So jedenfalls durfte die sich anbahnende Zusammenarbeit mit dem Reichsamt des Innern bei der Organisierung der Ernteeinbringung interpretiert werden. Die Angst, daß die gewerkschaftlichen Organisationen erneut einem staatlichen Verbot ausgesetzt werden konnten, begann zu weichen. Ganz trauten die Gewerkschaftsführer dem Burgfrieden im Kriege jedoch noch nicht, wie die teilweise Überweisung der Kassenbestände auf sichere Konten zeigt.

---

30 Konrad Haenisch, Die deutsche Sozialdemokratie in und nach dem Weltkriege, Berlin 1916.

31 Wilhelm Muehlon, Die Verheerung Europas. Aufzeichnungen aus den ersten Kriegsmonaten von August bis November 1914, in: Wilhelm Muehlon, Ein Fremder im eigenen Land. Erinnerungen und Tagebuchaufzeichnungen eines Krupp-Direktors 1908–1914, Hg. und eingeleitet von Wolfgang Benz, Bremen 1989, S. 107.

Verrat

Die Entscheidung, besonders der deutschen und französischen Sozialisten, den Krieg ihrer Länder als einen Verteidigungskrieg zu unterstützen, führte dazu, daß die einen den jeweils anderen einen Verrat an den Beschlüssen der Internationale vorwarfen. Die deutschen Sozialdemokraten konnten in der Bereitschaft der Franzosen, Rußland zu unterstützen, ebensowenig einen Verteidigungsfall erkennen wie umgekehrt die Franzosen im Beistand der Deutschen für Österreich, das offenkundig den Krieg mit Serbien provoziert hatte. Jede verlangte von der anderen Partei, daß sie den Krieg ihrer jeweiligen Regierungen hätte bekämpfen müssen.

Eine andere Begründung hatte die Verratsthese von Rosa Luxemburg gegenüber allen Sozialisten, die den Krieg unterstützten. Ihrer Meinung nach gab es im Zeitalter des Imperialismus keine nationalen Kriege mehr, die Unterscheidung zwischen Angriffs- und Verteidigungskrieg sei hinfällig geworden.

Mit dieser Einschätzung kann jedoch eine Verratsthese nicht begründet werden, weil die sozialistische Internationale sich zweifelsfrei zum Selbstbestimmungsrecht der Nationen und zum Recht, diese Selbständigkeit auch zu verteidigen, bekannte. Der Verratsvorwurf von Lenin wiederum gründete sich darauf, daß er weder für Deutschland noch für Frankreich oder irgendein anderes am Krieg beteiligtes Land einen nationalen Verteidigungsfall erkennen konnte.

Vor allem in der marxistisch-leninistischen Geschichtsschreibung wurde die Verratsthese bis in die jüngste Zeit hinein gepflegt. Allerdings meidet man in neueren Darstellungen das böse Wort Verrat. Hieß es noch in der 1966 erschienenen »Geschichte der deutschen Arbeiterbewegung«: »Die rechte sozialdemokratische Führung verriet die deutsche Arbeiterklasse und ihre ruhmreichen Traditionen«, so lautet das Urteil in der jüngsten »Geschichte der SED« folgendermaßen:

> »Unter dem Vorwand patriotischer Pflichterfüllung bewilligte die sozialdemokratische Reichtagsfraktion dem deutschen Imperialismus die finanziellen Mittel zur Führung seines aggressiven imperialistischen Raubkrieges. Damit handelten die opportunistischen Führer in der Sozialdemokratie und in den freien Gewerkschaften gegen die Interessen der Arbeiterklasse und aller Werktätigen, gegen die Beschlüsse für den revolutionären Antikriegskampf«. (Dok. 28)

Einem solchen Urteil wird dadurch Plausibilität verliehen, daß das uneingeschränkte Bekenntnis der Sozialdemokratie zur Vaterlandsverteidigung, die grundsätzlichen Beschlüsse der Internationale zum Selbstbestimmungsrecht der Nationen und die Überzeugung, Deutschland führe einen Verteidigungskrieg, ausgeblendet werden.

Eine ähnliche Geschichtsklitterung liegt vor, wenn nicht nur ein Prinzipienverrat, sondern auch noch ein Verrat der sozialdemokratischen Führer an angeblich zum Kampf gegen den Krieg bereiten Massen behauptet wird. Zum Beweis werden die Antikriegsdemonstrationen (zu denen der Parteivorstand aufgerufen hatte) der Zustimmung zu den Kriegskrediten unvermittelt gegenübergestellt, ohne daß die grundlegend veränderte Situation zwischen dem österreichischen Ultimatum und der russischen Generalmobilmachung erwähnt wird. Die pädagogische Variante dieser Verratsthese lautet:

> »In Demonstrationen, die ihren Höhepunkt zwischen dem 25. und 30. Juli erreichten, bewiesen fast eine halbe Million ihre entschlossene und kampfbereite Kriegsgegnerschaft. Doch bereits am 31. Juli verhandelte der Vorstand der Sozialdemokratischen Partei geheim mit der Regierung«[32].

Versäumnisse und Versagen

Die Geschichte und die Lehre, die daraus zu ziehen ist, wären natürlich sehr einfach, wenn die Bewilligung der Kriegskredite durch die sozialdemokratische Reichstagsfraktion am 4. August als Verrat von Führern erklärt werden könnte.

Stimmt man jedoch der Erklärung zu, daß die Sozialdemokratie im August 1914 getäuscht wurde, als sie für die Verteidigung des Vaterlandes eintrat, und akzeptiert das Recht auf Selbstverteidigung der Nationen als Grundlage sozialistischer Politik, dann beginnt die Kritik bei der Frage, warum die Sozialdemokraten so leicht zu täuschen waren: In der kritiklosen Übernahme der imperialistischen Bündnislogik scheint mir dann das große Versäumnis der deutschen (und der französischen) Sozialdemokraten und der Internationale zu liegen. Als sich die maßgeblichen Führer der Internationale am 29. und 30. Juli in Brüssel trafen – Österreich hatte bereits den Krieg an Serbien erklärt – beteuerten sich Jaurès und Haase gegenseitig die friedliebenden Absichten ihrer Regierungen. Der Mechanismus des Bündnissystems, wie ihn Rosa Luxemburg einen Tag vorher noch beschrieben hatte, wurde auch jetzt nicht diskutiert. Wenn es einen Ort gab, an dem sich die Sozialisten noch auf

32 Frank Deppe u. a., Geschichte . . ., a. a. O., S. 92f.

eine gemeinsame Politik hätten verständigen können, dann war es hier. An die Radikalität der Franzosen, die sie auf den vergangenen internationalen Kongressen demonstriert hatten, an die scharfen Reden über Massenstreik, Militärstreik und Aufstand wagte niemand zu erinnern – auch nicht die gleichfalls anwesende Rosa Luxemburg. Statt dessen verlegte man den nächsten Kongreß von Wien nach Paris und ging unverrichteter Dinge wieder auseinander[33].

Die Internationale erwies sich nun als das, was sie gewesen ist: »alle paar Jahre prunkvolle Kongresse, schöne Reden, Feuerwerke der Begeisterung, dröhnende Manifeste und kühne Resolutionen«. (Rosa Luxemburg)

Findet die Zustimmung zu den Kriegskrediten am 4. August unter den angeführten Umständen eine Erklärung in der Tradition der Sozialdemokratie, so nicht das Verhalten der Fraktion zum Überfall der deutschen Truppen auf das neutrale Belgien. Es war ein moralisches und politisches Versagen, dagegen nicht protestiert und zur Rechtfertigung des Reichskanzlers, »Not kennt kein Gebot«, geschwiegen zu haben. Immerhin gab es wenigstens einen Abgeordneten, den Vorsitzenden der Schuhmachergewerkschaft Josef Simon, der sich diese Moral der deutschen Reichsführung nicht zu eigen machen wollte und der deshalb vor der Abstimmung über die Kriegskredite unbemerkt den Plenarsaal verließ. Dieser bescheidene Protest blieb allerdings politisch bedeutungslos, weil Josef Simon erst nach dem Ende des Zweiten Weltkrieges in seinen Lebenserinnerungen diese Tat zu gestehen wagte[34].

Für die deutschen Sozialdemokraten, die in einem politischen System lebten, in dem die Regierung dem Kaiser verantwortlich und in der die Volksvertretung von der zentralen Entscheidung über Krieg und Frieden ausgeschlossen war, kommt das Versäumnis hinzu, wenig getan zu haben, um wenigstens Einfluß auf diese Entscheidungsstruktur zu bekommen. Bevor es zum Ernstfall kam, wäre vielfach Gelegenheit gewesen, glaubwürdig zu drohen, sich unter dieser Voraussetzung nicht für die Finanzierung eines Krieges einspannen zu lassen.

Die »weltgeschichtliche Katastrophe« (Rosa Luxemburg) vom 4. Au-

33 Vgl.: Georges Haupt, Der Kongreß fand nicht statt. Die Sozialistische Internationale 1914, Wien-Frankfurt-Zürich 1967 und: Jürgen Rojahn, Um die Erinnerung der Internationale: Rosa Luxemburg contra Pieter Jelles Troelstra, in: International Review of Social History, Vol. XXX (1985), Part. I.

34 Adolf Mirkes (Hg.), Josef Simon. Schuhmacher, Gewerkschafter, Sozialist mit Ecken und Kanten, Köln 1985, S. 102.

gust wäre jedoch vergleichsweise gering gewesen, wenn die sozialdemokratische Partei und die Gewerkschaften, als offenkundig wurde, daß Deutschland keinen Verteidigungskrieg führt, ihre Haltung korrigiert hätten. Eine alternative Politik, die die Kriegskredite verweigert und Taten zur Beendigung des Krieges verlangt hätte, wie sie die Opposition um Hugo Haase, Eduard Bernstein und Karl Kautsky einschlug, war möglich. Statt dessen blieb die Mehrheitssozialdemokratie während des ganzen Krieges treu bei der Fahne der Regierung und brachte nicht einmal die Kraft auf, gegen den »Raubfrieden« von Brest-Litowsk zu stimmen, der Rußland die Abtretung riesiger Gebiete diktierte.

Dokumente

Hinweise zur Arbeit mit den Dokumenten

1. Sozialistengesetz

Aus den klassischen Texten der frühen staatlichen Unterdrückung sozialdemokratischer Partei- und Gewerkschaftsorganisation und der Verfolgung von Sozialdemokraten (Dok. 1 und 2) lassen sich die praktische Anwendung des Gesetzes, seine Folgen, die Grenzen und Möglichkeiten der Unterdrückung kaum erkennen. In der Darstellung werden dazu ausreichend Hinweise gegeben. Es sollte jedoch vor allem die langfristige Wirkung des Ausnahmerechts auf das Verhalten von Sozialdemokraten beachtet werden. Der für sozialdemokratische Partei- und Gewerkschaftspolitik oft beschriebene unbedingte »Legalismus« erfuhr unter dem Sozialistengesetz (als letztlich erfolgreiche Taktik) seine entscheidende Prägung. In diesem Zusammenhang wurde das Selbstverständnis – wie es für die Vorkriegssozialdemokratie bestimmend blieb – im Rahmen von Reform und Revolution neu definiert (Abbildung S. 29 und Dok. 3).

2. Berufs- oder Industriegewerkschaft

Die Auseinandersetzung über diese Alternative wurde während des Sozialistengesetzes beispielhaft in den Reihen der Metallarbeiter (Dok. 4, 4a, 5, 6) und allgemein auf dem ersten Gewerkschaftskongreß 1892 geführt (Dok. 7).

Die Entscheidung des Metallarbeiterkongresses von 1891 (Gründungskongreß des Metallarbeiterverbandes) war nur noch ihr Resultat. Mit der Anerkennung des Industrieverbandsprinzips wurde auf dem ersten Kongreß der Gewerkschaften Deutschlands (Dok. 8) eine entscheidende Weiche für die Entwicklung der Gewerkschaften in Deutschland gestellt. Die Argumente für und wider das Industrieverbandsprinzip haben nicht nur historische Bedeutung, sondern lassen bestimmende

Strukturmerkmale der heutigen deutschen Gewerkschaften erkennen (für andere Industriegesellschaften, z. B. für die britische, besaß der zentralistische Industrieverband keineswegs die Faszination wie in Deutschland).

3. Parteipolitisch neutrale Gewerkschaft oder parteigebundene Richtungsgewerkschaft

Dieses Thema ist eng verbunden mit der Diskussion über das Selbstverständnis von Partei und Gewerkschaften, wie sie im Band 1 »Arbeiter und die Idee von den Arbeitern« entwickelt wurde. Vor allem die Dokumente zum Themenkreis 3 »Parteien und Gewerkschaften« aus diesem Band können zur Diskussion über die »Neutralitätsdebatte« (Dok. 9) herangezogen werden. Es handelt sich hier um die erste große Auseinandersetzung über die Konzeption einer einheitlichen Gewerkschaftsorganisation. Die wesentlichen Grundzüge einer Einheitsgewerkschaft im modernen Sinne, parteipolitische Unabhängigkeit und weltanschauliche Toleranz, werden hier ausgesprochen. Oft ist die Neutralitätsdebatte nur als Variante des Revisionismusstreits gesehen worden, d. h. als eine mehr theoretisch-ideologische Auseinandersetzung, die zudem noch über die Köpfe der Partei- und Gewerkschaftsmitglieder hinweg geführt wurde. In unserem Zusammenhang ist es interessanter zu zeigen, daß das Bestreben nach parteipolitischer Unabhängigkeit der realen Schwierigkeit entsprang, wie die »indifferenten« Arbeiter für die Gewerkschaft gewonnen und wie die Spaltung in Richtungsgewerkschaften überwunden werden können. Aus diesem Blickwinkel sollten die unterschiedlichen Auffassungen analysiert und gewertet werden.

Die Unterschiede zwischen freien und liberalen sowie christlichen Gewerkschaften lassen sich anhand der Statuten des Gewerkvereins christlicher Bergarbeiter (Dok. 10), der Resolution des außerordentlichen Kongresses der christlichen Gewerkschaften 1912 (Dok. 11) und des Programms der Hirsch-Dunckerschen Gewerkvereine erarbeiten (Dok. 12).

4. Massenstreik, Partei und Gewerkschaften

Die Massenstreikdebatte als der Streit darüber, ob der politische Massenstreik geeignet sei, die gesellschaftlichen und politischen Verhältnisse zum Tanzen zu bringen, war im wesentlichen nur eine theoretische Diskussion, bei der es ernsthaft nie um die Frage ging, dieses Mittel auch konkret anzuwenden. Gleichwohl werden hier grundsätzliche Fragen revolutionärer Aktion im Zusammenhang mit ihren realen Voraussetzungen und Möglichkeiten aufgeworfen.

Von vornherein war diese Diskussion vermischt mit Fragen über die Aufgabe und Funktion der Partei und Gewerkschaften, die sich zuspitzen im Streit über den Führungsanspruch der Partei. Im »Mannheimer Abkommen« (Dok. 15), das nach landläufigem Verständnis die Gleichberechtigung von Partei und Gewerkschaften besiegelte, wurde dieser Streit beigelegt. Oft wird dabei übersehen, daß im gleichen Abkommen die Gewerkschaften weiter als sozialdemokratische Richtungsgewerkschaften definiert wurden.

Endgültig zurückgewiesen wurde der Anspruch der Parteilinken, die Gewerkschaften formal der Führung der Partei unterzuordnen (Dok. 15a).

Mit der Montage eines Streitgespräches aus den Redebeiträgen des Jenaer und Mannheimer Parteitags (Dok. 16 und 17) und Anmerkungen Rosa Luxemburgs (Dok. 18) wird versucht, alle wesentlichen Argumente (pro und contra) in knapper und polemischer Form zusammenzustellen. Dies soll die Analyse und Wertung der Resolutionen (Dok. 13, 14 und 15) erleichtern helfen.

Gerade dieser Streit berührt Grundfragen sozialistischer Arbeiterbewegung, die besonders durch den gesellschaftlichen Umbruch in der DDR aktualisiert werden. Die Auseinandersetzung mit der Legitimationswissenschaft des Marxismus-Leninismus und eine allgemeine Diskussion über das Sozialismuskonzept drängt sich in diesem Zusammenhang auf. In der Darstellung werden hierzu Anregungen gegeben.

5. Internationalismus

Die Zweite Internationale hatte seit ihrem Bestehen vor allem ein großes Zentralthema: Wie sollen sich die sozialistischen Parteien im Falle eines drohenden Krieges verhalten? Der Stuttgarter Sozialisten-Kongreß 1907 (der »Höhepunkt im Leben der Zweiten Internationale«) sollte auf diese Frage eine für alle Parteien verbindliche Antwort geben.

Aus den Resolutionen (vgl. dazu die ausführlichen Zitate im Kapitel

»Die sozialistische Internationale«), der Debatte (Dok. 19) und dem Schlußwort von Emile Vanderfelde (Dok. 19a) ergeben sich die Gemeinsamkeiten und Differenzen in den Auffassungen hinreichend scharf. In den Ausführungen von Vanderfelde und der Schlußresolution (ausführliches Zitat in der Darstellung) sind alle Differenzen verschwunden. Es ist hier die Frage nach dem kleinsten gemeinsamen Nenner der Internationale gestellt. Als Einstieg in die Diskussion bietet sich an, die wesentlichen Teile der Schlußresolution des Kongresses ohne Vorinformationen zu diskutieren und die entstehenden Fragen über die Analyse des Streitgesprächs (Dok. 19) aufzulösen.

6. Patriotismus

In der Geschichtsschreibung wird beim Thema Vorkriegssozialdemokratie häufig nur auf ihren Internationalismus, auf ihre Manifestationen zur Völkerverständigung und Völkerverbrüderung hingewiesen. Diese Sichtweise wird verstärkt durch die Ausgrenzung der Sozialdemokraten als »vaterlandslose Gesellen« durch ihren politischen Gegner. Weniger bekannt sind die patriotischen Bekenntnisse führender Sozialdemokraten. Im Zusammenhang mit den Äußerungen auf den internationalen Kongressen (Dok. 19) läßt sich aus den Reden von Bebel (Dok. 20) und Noske (Dok. 21) sowie der Debatte auf dem Parteitag 1907 (Dok. 22) die Haltung der Sozialdemokratie zu Patriotismus und Internationalismus bestimmen.

7. Entscheidung für die Kriegsunterstützung

Die Entscheidung der sozialdemokratischen Reichstagsfraktion, am 4. August 1914 für die Bewilligung der Kriegskredite zu stimmen, markiert eine Wegscheide in der Geschichte der Arbeiterbewegung.

Vor der Wertung dieser Entscheidung geht es darum, erklären zu können, wie sie zustande kam. Als pädagogische Provokation könnte die Stellungnahme von Hugo Haase (Dok. 24) und/oder der Kommentar aus der Metallarbeiter-Zeitung (Dok. 27) vor den Themen Internationalismus und Patriotismus diskutiert werden. Ähnlich anregend kann der Widerspruch zwischen dem Aufruf des SPD-Parteivorstandes (Dok. 23) und der Stellungnahme der Fraktion (Dok. 24) wirken.

Die Klärung dieses Widerspruches verlangt besonders hier eine hinreichend genaue ereignisgeschichtliche Information über die Julikrise 1914 – diese versucht die Darstellung zu geben, auch der Artikel von Rosa Luxemburg (Dok. 25) soll dazu dienen – und die Kenntnis tradierter sozialdemokratischer Vorstellungen zu Patriotismus und Internationalismus.

Eine These für das Verhalten der sozialdemokratischen Führung im August 1914 lautet, die Führer hätten sich opportunistisch der Massenstimmung angeschlossen. Für die einzelnen Mitglieder der Reichstagsfraktion läßt sich dieses Verhalten nicht nachweisen. Einzig der Brief Clara Zetkins (Dok. 26) demonstriert eine solche Haltung.

Große Popularität gewann die Verratsthese. Sie wurde vor allem von der marxistisch-leninistischen Geschichtsschreibung vertreten. Der Auseinandersetzung mit dieser Position dient der Auszug aus der jüngsten »Geschichte der SED« (Dok. 28).

DOKUMENT 1

Das Gesetz gegen die gemeingefährlichen Bestrebungen der Sozialdemokratie (1878)

§ 1. Vereine, welche durch sozialdemokratische, sozialistische oder kommunistische Bestrebungen den Umsturz der bestehenden Staats- oder Gesellschaftsordnung bezwecken, sind zu verbieten.

Dasselbe gilt von Vereinen, in welchen sozialdemokratische, sozialistische oder kommunistische auf den Umsturz der bestehenden Staats- oder Gesellschaftsordnung gerichtete Bestrebungen in einer den öffentlichen Frieden, insbesondere die Eintracht der Bevölkerungsklassen gefährdenden Weise zutage treten.

Den Vereinen stehen gleich Verbindungen jeder Art.

§ 3. Selbständige Kassenvereine (nicht eingeschriebene), welche nach ihren Statuten die gegenseitige Unterstützung ihrer Mitglieder bezwekken, sind im Falle des § 1 Absatz 2 zunächst nicht zu verbieten, sondern unter eine außerordentliche staatliche Kontrolle zu stellen.

[...]

§ 7. Auf Grund des Verbots sind die Vereinskasse, sowie alle für die Zwecke des Vereins bestimmten Gegenstände durch die Behörde in Beschlag zu nehmen.

[...]

§ 8. Das von der Landespolizeibehörde erlassene Verbot, sowie die Anordnung der Kontrolle ist dem Vereinsvorstande, sofern ein solcher im Inlande vorhanden ist, durch schriftliche, mit Gründen versehene Verfügung bekannt zu machen. Gegen dieselbe steht dem Vereinsvorstande die Beschwerde (§ 26) zu.

Die Beschwerde ist innerhalb einer Woche bei der Behörde anzubringen, welche dieselbe erlassen hat.

Die Beschwerde hat keine aufschiebende Wirkung.

§ 9. Versammlungen, in denen sozialdemokratische, sozialistische oder kommunistische auf den Umsturz der bestehenden Staats- oder Gesellschaftsordnung gerichtete Bestrebungen zutage treten, sind aufzulösen.

Versammlungen, von denen durch Tatsachen die Annahme gerechtfertigt ist, daß sie zur Förderung der im ersten Absatz bezeichneten Bestrebungen bestimmt sind, sind zu verbieten.

Den Versammlungen werden öffentliche Festlichkeiten und Aufzüge gleichgestellt.

§ 10. Zuständig für das Verbot und die Auflösung ist die Polizeibehörde. Die Beschwerde findet nur an die Aufsichts-Behörde statt.

§ 11. Druckschriften, in welchen sozialdemokratische, sozialistische oder kommunistische auf den Umsturz der bestehenden Staats- oder Gesellschaftsordnung gerichtete Bestrebungen in einer den öffentlichen Frieden, insbesondere die Eintracht der Bevölkerungsklassen gefährdenden Weise zutage treten, sind zu verbieten. Bei periodischen Druckschriften kann das Verbot sich auch auf das fernere Erscheinen erstrekken, sobald auf Grund dieses Gesetzes das Verbot einer einzelnen Nummer erfolgt.

[...]

§ 26. Zur Entscheidung der in Fällen der §§ 8, 13 erhobenen Beschwerden wird eine Kommission gebildet. Der Bundesrat wählt vier Mitglieder aus seiner Mitte und fünf aus der Zahl der Mitglieder der höchsten Gerichte des Reichs oder der einzelnen Bundesstaaten.

Die Wahl dieser fünf Mitglieder erfolgt für die Zeit der Dauer dieses Gesetzes und für die Dauer ihres Verbleibens im richterlichen Amte.

Der Kaiser ernennt den Vorsitzenden und aus der Zahl der Mitglieder der Kommission dessen Stellvertreter.

Quelle: Eduard Bernstein, Geschichte der Berliner Arbeiterbewegung, Zweiter Band, Berlin 1907.

DOKUMENT 2

Der Puttkamersche »Streikerlaß« (1886)

[...]

Namentlich kommen in dieser Beziehung in Betracht die bei Arbeitseinstellungen auf der Seite der Arbeiter häufig hervortretenden Bestrebungen, den Arbeitgebern die Aufnahme und Durchhaltung des Kampfes dadurch unmöglich zu machen, daß durch alle Mittel der Überredung, Verführung und unter Umständen sogar der Einschüchterung versucht wird, solche einheimische Arbeiter, welche als Ersatz für die durch die Arbeitseinstellung entstandenen Lücken einzutreten bereit sind oder solche, die aus anderen Orten herangezogen werden, von der Erfüllung ihrer freiwillig eingegangenen vertragsmäßigen Verpflichtungen abzuhalten. Es ist beobachtet worden, daß auf den Bahnhöfen beim Eintreffen der fremde Arbeiter herbeiführenden Eisenbahnzüge derartige Agitationen im größten Umfange betrieben werden, wobei nicht selten mit einer zur Belästigung und Beunruhigung der Zuziehenden gereichenden Zudringlichkeit verfahren wird. Ebenso findet in vielen Fällen eine Belästigung und Verhöhnung des bei der Arbeit verbliebenen Teiles der Arbeiter durch die Feiernden auf den Arbeitsstellen oder in der Nähe statt. Die Polizei hat das Recht und die Pflicht bei den geschilderten und ähnlichen Ausschreitungen dem betroffenen Teile Schutz und Beistand zu gewähren. Sie wird nicht über ihre gesetzliche Befugnis hinausgreifen, wenn sie in solchen Fällen den Feiernden das Betreten der betreffenden Örtlichkeit untersagt, beziehentlich im Weigerungsfall sie unter Anwendung von Zwang aus denselben und auch aus deren nächster Nähe entfernt.

Ungleich verhängnisvoller wie die rein wirtschaftlichen Wirkungen der Arbeitseinstellungen können aber unter Umständen ihre politischen Folgen sein, wenn die sozialdemokratische, auf den Umsturz der bestehenden Staats- und Gesellschaftsordnung ausgehende Agitation sich ihrer bemächtigt. Den Führern dieser revolutionären Bewegung pflegt der Lohnkampf nicht Mittel zur Erreichung eines bestimmten an und für sich legitimen Erfolges, zum Beispiel einer Lohnerhöhung oder einer Verkürzung der Arbeitszeit, zu sein, sondern er ist ihnen Selbstzweck, insofern es ihnen lediglich darauf ankommt, die nach ihren falschen Theoremen mit Naturnotwendigkeit aus der heutigen Form des Arbeitsverhältnisses sich ergebende Kluft zwischen Arbeitgebern und Arbeitnehmern zu einer unüberbrückbaren zu erweitern, in den letzteren den Haß gegen die Gesamtheit unserer politischen und gesellschaftlichen Zustände anzufachen und zu unterhalten und so die Gemüter der ihren Verführungskünsten anheimgefallenen Arbeitermassen allmählich auf einen gewaltsamen Losbruch vorzubereiten.

Welche Gefahren aus einer solchen Agitation für den Bestand unseres gesamten Kulturlebens und der Volkswohlfahrt erwachsen müssen, bedarf keiner weiteren Auseinandersetzung. Es kann keinem Zweifel unterliegen, daß Arbeitseinstellungen, welche unter den zuletzt bezeichneten Gesichtspunkt fallen, von denen also anzunehmen ist, daß sie durch die sozialdemokratische Agitation angestiftet sind, oder auch in ihrem weiteren Fortgange der Leitung derselben verfallen, die somit ihren wirtschaftlichen Charakter abstreifen und einen revolutionären annehmen, der sorgfältigsten Überwachung von seiten der Organe der Staatsgewalt bedürfen. In dem Augenblicke, wo durch Tatsachen jene den Umsturzbestrebungen dienende Tendenz bei einer Arbeitseinstellung zutage tritt, wird auch die Notwendigkeit gegeben sein, gegen die mit ihr zusammenhängenden öffentlichen Kundgebungen auf dem Gebiete der Presse, sowie des Vereins- und Versammlungswesens die Vorschriften des Gesetzes gegen die gemeingefährlichen Bestrebungen der Sozialdemokratie vom 21. Oktober 1878 mit derselben Strenge in Anwendung zu bringen, wie gegen jene Bestrebungen überhaupt.

[...]

Quelle: Willy Albrecht, Fachverein-Berufsgewerkschaft-Zentralverband, Bonn 1982.

DOKUMENT 3

Wahlaufruf der Sozialdemokratie zur ersten Reichstagswahl unter dem Sozialistengesetz (Oktober 1881)

Mit dem sogenannten Anarchismus haben wir nichts gemein. Es ist – selbst von Vertretern der Reichsregierung – behauptet worden, der Anarchismus sei das letzte Wort der Sozialdemokratie, und, wenn er von der Sozialdemokratie verleugnet wird, so geschehe dies nur aus Opportunitätsrücksichten. Wer so redet, kennt weder die Sozialdemokratie, noch den Anarchismus. Der Anarchismus ist freilich schwer zu definieren, weil einige unklare Köpfe ihn als Firmenschild für ihre unklaren Ideen benützt haben. Anarchist und Sozialrevolutionär gilt vielfach für eins. Mit Unrecht. Sozialrevolutionär sind auch wir, wenn darunter verstanden wird, daß nur durch eine gründliche, organische Umwälzung der herrschenden Staats- und Gesellschaftsordnung den Übeln, welche in ihrer Gesamtheit die »soziale Frage« bilden, abgeholfen werden kann. Und wie schon gesagt, wir schrecken auch vor den praktischen Konsequenzen unserer Theorien und Prinzipien nicht zurück. Der Begriff der *Revolution* ist aber *nicht gleichbedeutend mit dem Begriffe der Gewalt*, sonst wären ja die Gewaltmenschen der Geschichte, die Dschingiskhan, Tamerlan und sonstigen Männer der »Blut- und Eisenpolitik« die Revolutionäre par excellence. Wohl ist bisher, infolge der Kurzsichtigkeit der Regierungen und regierenden Parteien, die Gewalt meistens die Geburtshelferin für neue Staats- und Gesellschaftsformen gewesen, allein dies ist keine absolute Notwendigkeit, und *durch eine verständige Regierung kann jeder Grund zur Gewaltanwendung aus dem Wege geräumt werden.*

Ob die revolutionäre Bewegung, in deren Mitte wir uns jetzt befinden, im großen und ganzen sich friedlich vollziehen wird, oder nicht, *das hängt nicht von uns ab, sondern von den Regierungen und herrschenden Klassen.*

Die Bezeichnung Sozialrevolutionär weisen wir also prinzipiell *nicht* zurück. Um so entschiedener müssen wir uns dagegen verwahren, mit dem Anarchismus in einen Topf geworfen zu werden. Weit entfernt, die letzte Konsequenz der Sozialdemokratie zu sein, ist der Anarchismus ihr *diametrales Gegenteil.* Die Sozialdemokratie will die Organisation der Arbeit durch den Staat, die Konzentrierung aller wirtschaftlichen Macht in den Händen des Staates, die äußerste Potenzierung (Kraftentfaltung) des Staats, wohingegen der Anarchismus die *Abschaffung des Staates will.*

Bei der Untrennbarkeit der sozialen, wirtschaftlichen und politischen Fragen von der Überzeugung durchdrungen, daß die politischen und wirtschaftlichen Mißstände und Ungerechtigkeiten die naturnotwendigen Auswüchse unserer sozialen Verhältnisse sind, erstreben wir in erster Linie die Umgestaltung dieser Verhältnisse, – die *Entfernung der Ursachen*, welche Not und Knechtschaft in jeder Gestalt zur Wirkung haben, das heißt die *Sozialreform.* Da aber alle anderen Parteien auf dem Boden der heutigen Gesellschaftsverhältnisse stehen, und deren Umgestaltung grundsätzlich abgeneigt sind, so ist unsere Partei die *alleinige Partei der Sozialreform.*

Quelle: Die Sozialdemokratie im Deutschen Reichstag, Tätigkeitsberichte und Wahlaufrufe aus den Jahren 1871 bis 1893, Berlin 1909.

DOKUMENT 4

Aufruf »An die deutschen Metallarbeiter« zur Gründung einer überberuflichen Metallarbeitergewerkschaft

[...]

An den englischen Gewerkschaften (Trades Unions) müssen wir lernen, wie wir uns organisiren sollen und wie operirt werden muß.

[...]

Die Solidarität soll das Band sein, das uns Alle umschlingt, die wir unter dem Drucke der Ausbeutung seufzen. In diesem Streben soll keine Berufsart sich höher und besser dünken. Die heutige Zeit ist nicht dazu angethan, Besserung durch Cultivirung veralteter Ansichten herbeizuführen. Aller Kastengeist, alle Zersplitterung nützt nur unseren Gegnern. Sind denn die Interessen, die wir zu vertheidigen haben, so verschiedener Art? Der Goldschmied und der Hufschmied, der Maschinenbauer und Bauschlosser, der Dreher, Kupfer- und Blechschmied, alle haben nur ein gemeinsames Interesse. Allen, welche dieses noch nicht begriffen haben, müssen durch Aufklärung die Augen geöffnet werden. Unser Ziel muß sein: Schaffung einer allgemeinen centralisirten Metallarbeitervereinigung.

[...]

Bereits regen sich jedoch in unserer Branche bedenkliche separatistische Bestrebungen und ich begreife wirklich nicht, wie man dazu kommt, da doch die Geschichte der deutschen gewerkschaftlichen Bewegung der siebziger Jahre uns ein trauriges Bild hinterlassen hat von dieser Zwittergestaltung vieler Vereine, die ihrer Natur nach in einen hätten vereinigt werden müssen. Man denke nur an den Klempnerverband, der ein klägliches Dasein fristete, an den Formerbund, sowie an den Schmiedeverein. Es bedarf keines Beweises, daß diese decentralistischen Bestrebungen unheilvoll wirken können. Ich kann nur annehmen, daß die betreffenden Organisatoren kein Verständniß von den Bedürfnissen der Arbeiter haben, andernfalls müßten sie anderen Sinnes werden. Zu welchem Zwecke vereinigen wir uns vor Allem? Etwa bloß zur Erweiterung unserer gewerblichen Kenntnisse? Wenn wir nur dies wollten, dann hätte allenfalls diese Separation noch einen Sinn. Wir erstreben aber vor allen Dingen eine Besserung unserer materiellen Existenz – kürzere Arbeitszeit, bessere Löhnung, menschenwürdige Behandlung, die Unterstützung Arbeitsloser u.s.w. Sind nun diese Punkte nicht von allen gleichmäßig anzustreben, kann sie ein Conglomerat von separaten Vereinen besser erreichen als ein großer allgemeiner Verband? Es ist zum Theil kleingeistige, spießbürgerliche Beschränktheit, oft auch Ehrgeiz, was dieser Separation das Wort redet. Die große Masse wird irre geführt in einem Labyrinth von Sonderbestrebungen, womit die Kräfte nutzlos vergeudet werden.

[. . .]

Beherzige Jeder die Worte des Dichters: Wir wollen sein ein einig Volk von Brüdern, in keiner Noth uns trennen und Gefahr.

J. Willig.

Quelle: Deutsche Metallarbeiter-Zeitung, Nr. 12 vom 30. April 1884.

DOKUMENT 4a

Kritik am Aufruf „An die deutschen Metallarbeiter"

[. . .]

Lieber Herr W., es heißt nicht: »theile und herrsche«, sondern es heißt nach der Uebersetzung der englischen Arbeiter: »Marschieren getrennt – Schlagen vereint!« Die von Ihnen angeführten Trades Unions sind in oben geschilderter Weise organisirt und scheint es, daß Sie gar keine Ahnung davon haben, aus wie viel verschiedenen Sectionen sich die Trades Union der Metallarbeiter zusammensetzt. Allein das Geschäft, welches man hier als Eines zu betrachten gewohnt ist, die Klempner, bilden mehr als ein Dutzend verschiedene Sectionen, als: Kanister-(Emballage!) Dach-, Messingblech-, Blech-, Laternen-, Gasometer-Arbeiter, sogar eine Section der »Löther« ist mir genau bekannt. Daß eine derartige »Decentralisation«, wie Sie es zu nennen belieben, der englischen Gewerkschaftsbewegung durchaus nichts geschadet hat, haben Sie selbst erklärt.

[. . .]

Darum, Herr W. und Genossen, wenn Sie in der Weise, wie aus Ihrem Aufrufe hervorgeht arbeiten wollen, lassen Sie die Hand von der fachgenossenschaftlichen Bewegung der Gegenwart und machen Sie keine jungen Leute irre, welche die Bewegung erst kennen lernen müssen,

[. . .]

Darum nochmals: Metallarbeiter hütet Euch!

Hamburg. W. Metzger.

Quelle: Deutsche Metallarbeiter-Zeitung, Nr. 15 vom 31. Mai 1884.

DOKUMENT 5

Erste Argumente für eine umfassende Industriegewerkschaft

[. . .]

Wie können nun die gewerblosen Arbeiter, unter Würdigung aller ihre eigene Organisirung erschwerenden Gründen, aus ihrer bisherigen Gleichgültigkeit und Theilnahmslosigkeit aufgerüttelt werden?

Die Arbeiter wurden durch die Entwicklung der kapitalistischen Produktionsweise, deren Schädlichkeit sie am eigenen Leibe spürten, veranlaßt, sich um so fester zu organisiren und damit auch alte unter ihnen bestehende Vorurtheile zu beseitigen. So sah z. B. der Handwerker vergangener Tage mit einem gewissen Stolz und Verachtung auf den gewöhnlichen Handlanger herab, heute ist ein solcher Unterschied unter den Arbeitern aller Branchen beseitigt. Wo bereits größere fachliche Vereine, die sogenannten Branchenvereine die Angehörigen verschiedener verwandter Handwerke, wie Bauhandwerker, Metallarbeiter u.s.w. vereinigen, muß auch dem in derselben Branche beschäftigten nicht gelernten Arbeiter Gelegenheit geboten werden, sich anzuschließen. Eine solche Organisation muß gewerbliche und nicht gewerbliche Arbeiter vereinigen, wie dies bei den Arbeiterbildungsvereinen, Wahlvereinen ec. der Fall ist.

[. . .]

Quelle: Deutsche Metallarbeiter-Zeitung, Nr. 17 vom 27. April 1889.

DOKUMENT 6

Das Beispiel einer berufsübergreifenden Gewerkschaft bei den Werftarbeitern

[. . .]

Wenn wir die bestehenden Organisationen durch die vorhandenen organisirten Arbeiter verstärken, d. h. widerstandsfähiger machen wollen, so müssen wir diese, welche bis jetzt in einzelnen Berufsorganisationen verbunden sind, zu größeren Organisationen zusammenschmelzen, und hauptsächlich muß dahin gewirkt werden, daß die an einem und demselben Werke beschäftigten Berufe auch zu einer und derselben Organisation zusammengefaßt werden.

[. . .]

Um jetzt etwas genauer diese Frage zu behandeln, sehen wir uns genöthigt, mit einem Beispiel einer diesbezüglichen Gewerkschaft zu zeigen, daß eine solche Umgestaltung mit Leichtigkeit vollzogen werden kann, und daß dadurch eine Organisation geschaffen wird, welche nie und nimmer im Kampfe mit der Kapitalmacht unterliegen würde.

Diese Gewerkschaft sind die Werft-Arbeiter!

Innerhalb der Werftarbeiterbranche sind nach ungefährer Bezeichnung 15 bis 20 verschiedene Berufe beschäftigt, welche alle nothwendig sind, um einen und denselben Körper, die Schiffe, fertigzustellen. Wenn nun jeder einzelne Beruf für sich eine besondere Organisation beanspruchen wollte, so wird eine Arbeiterbranche, welche an einem und demselben Körper beschäftigt ist, in dem heutigen System von einem und demselben Arbeitgeber abhängig ist, unter einem und demselben Druck und Ausbeutungssystem zu leiden haben, zu 15 verschiedenen Berufsorganisationen zersplittert, statt gemeinschaftlich Schulter an Schulter für- und miteinander für Besserung ihrer elenden Lage einzutreten. Ein Stamm von Arbeitern, welche an einem und demselben Werk beschäftigt und von einem und demselben Arbeitgeber angestellt sind, haben die Pflicht, sich in einer und derselben Organisation zu verbrüdern, um ihre elende Lage gemeinschaftlich zu verbessern.

Es könnte hier die Behauptung von gegnerischer Seite aufgestellt werden, daß jeder einzelne Beruf für sich eine besondere Berufsfrage zu regeln habe und Folge dessen sich auch berufsweise vereinigen müsse; ersteres betreffs der besonderen Berufsfrage geben wir zu, trotzdem gibt diese keinen Anlaß dazu, sich in besondere Organisationen zu theilen, sondern die Berufsfragen können ebensogut in der gemeinschaftlichen Organisation geregelt werden, und zwar dadurch, indem diese Berufe für sich innerhalb derselben zu Berufssektionen formirt werden. Und gerade innerhalb der Werftarbeiter-Branche ist es nothgedrungen erforderlich, daß sich die einzelnen Berufe sektionsweise formiren, um alsdann geschlossen für die einzelnen Berufsfragen einzutreten.

Quelle: Deutsche Metallarbeiter-Zeitung, Nr. 11 vom 31. März 1891.

DOKUMENT 7

Rede Carl Legiens für Berufsgewerkschaften auf dem ersten Gewerkschaftskongreß 1892

[. . .]

Es stehen sich auf dem Kongreß drei Ansichten über die Organisationsform gegenüber, diejenige, welche die Industrieverbände will, dann die der Branchenorganisation und Zusammenschluß in Unionen und die der Lokalorganisation.

Die Erfahrung hat gelehrt, daß die Branchenorganisation für die Agitation sich am zweckmäßigsten erweise, da der so viel bestrittene Berufsdünkel und Kastengeist doch unter den Arbeitern besteht. Bedenke man, daß das Sozialistengesetz die Organisationen vollständig vernichtete und daß es nunmehr gilt, von Neuem aufzubauen, so müsse man zugeben, daß vor der Hand das Schwergewicht auf die Agitation zu legen und mit den indifferenten Massen zu rechnen ist.

Die Industrie ist noch nicht so hoch entwickelt, daß zur allgemeinen Gründung von Industrieverbänden geschritten werden kann. Selbst in dem industriell am weitesten vorgeschrittenen Lande, in England, findet man die Branchenorganisation. Es giebt dort nicht weniger als 11 verschiedene Metallarbeiterorganisationen. Ebenso liegen die Verhältnisse in Amerika. Wenn man es dort für zweckmäßig erachtet hätte, Industrieverbände zu gründen, so wäre es geschehen. Die deutschen Metallarbeiter hätten den Industrieverband als Organisationsform gewählt. Ob er zweckmäßig und vortheilhaft, wird die Zeit lehren. Was für diese Industrie möglich, gelte aber nicht für alle anderen. So ist z. B. in der Gruppe der Holzarbeiter das Beitragsverhältnis in den einzelnen Organisationen ungemein groß. Es giebt dort Beiträge von 7½ bis 35 Pf. per Woche. In einem Industrieverband aber müßten Beiträge und Leistungen für alle Mitglieder gleich sein. Daran würde die Verschmelzung dieser Gruppe zu einem Verbande scheitern.

[. . .]

Es empfehle sich daher, an der Branchenorganisation festzuhalten und diese Organisationen zu Unionen zu vereinigen.

[. . .]

Quelle: Protokoll der Verhandlungen des ersten Kongresses der Gewerkschaften Deutschlands. Abgehalten zu Halberstadt vom 14. bis 18. März 1892.

DOKUMENT 8

Entscheidung des ersten Gewerkschaftskongresses 1892 zur Organisationsfrage

Der Kongreß erklärt sich für die Annäherung der Zentralisationen verwandter Berufe durch Kartellverträge, überläßt jedoch die Entscheidung über die Frage, ob die spätere Vereinigung der Branchenorganisationen zu Unionen oder Industrieverbänden stattzufinden hat, der weiteren Entwickelung der Organisationen in Folge der Kartellverträge.

Der Kongreß erklärt, daß in all denjenigen Berufsgruppen, wo die Verhältnisse den Industrieverband zulassen, dieser vorzuziehen ist, daß jedoch in all denjenigen Berufsgruppen, wo infolge der großen Verschiedenheit der Verhältnisse die Vereinigung in einen Industrieverband nicht durchführbar ist, durch Bildung von Unionen diese Möglichkeit herbeigeführt werden soll.

Der Kongreß empfiehlt die Kartellverträge dahin abzuschließen, daß die verwandten Berufe

1. bei Streiks und Aussperrungen sich gegenseitig finanziell unterstützen;
2. ihre auf der Reise befindlichen Mitglieder gegenseitig gleichmäßig unterstützen;
3. die Agitation möglichst gleichmäßig und auf gemeinschaftliche Kosten betreiben;
4. statistische Erhebungen gemeinsam veranstalten;
5. Herbergen und Arbeitsnachweise zentralisieren;
6. ein gemeinsames Organ schaffen;
7. den Uebertritt von einer Organisation in die andere bei Ortswechsel ohne Beitrittsgeld und weitere Formalitäten herbeiführen.

Der Kongreß erklärt, daß die Zentralorganisation, als Grundlage der Gewerkschaftsorganisation, am besten befähigt ist, die der letzteren zufallende Aufgabe zu lösen und empfiehlt allen Gewerken, welche bisher lokal organisirt oder durch ein Vertrauensmännersystem verbunden waren, sich den bestehenden Zentralverbänden anzuschließen resp. solche zu bilden.

Jeder dieser Zentralvereine (Verbände) hat in allen Orten, wo eine genügende Anzahl Berufsgenossen vorhanden und keine gesetzlichen Hindernisse im Wege stehen, Zahlstellen zu errichten. Wo solche Hindernisse bestehen, ist den Arbeitern zu empfehlen, als Einzelmitglieder den Zentralvereinen beizutreten und sich durch gewählte Vertrauensmänner eine stete Vertretung und Verbindung mit der Gesammtorganisation zu schaffen. Dieses Vertrauensmännersystem ist so zu gestalten, daß es gleichzeitig eine Vertretung der Gesammtheit der Berufsgenossen an den Orten bildet, wo für die Zentralvereine als solche Schwierigkeiten bestehen.

Außerdem können an solchen Orten lokale Vereine, eventuell in Verbindung mit verwandten Berufszweigen, geschaffen werden.

Die Verbindung der einzelnen Zentralisationen zum gemeinsamen Handeln in Fällen, bei welchen Alle gleichmäßig interessirt sind, wird durch eine auf jedem stattfindenden Gewerkschaftskongreß zu erwählende Generalkommission herbeigeführt.

Die Aufgaben der Generalkommission.

Die Generalkommission hat

1. die Agitation in denjenigen Gegenden, Industrien und Berufen, deren Arbeiter noch nicht organisirt sind, zu betreiben;
2. die von den einzelnen Zentralvereinen aufgenommenen Statistiken zu einer einheitlichen für die gesammte Arbeiterschaft zu gestalten und eventuell zusammenzustellen;
3. statistische Aufzeichnungen über sämmtliche Streiks zu führen und periodisch zu veröffentlichen;
4. ein Blatt herauszugeben, welches die Verbindung sämmtlicher Gewerkschaften mit zu unterhalten, die nöthigen Bekanntmachungen zu veröffentlichen und soweit geboten, deren rechtzeitige Bekanntmachung in der Tagespresse herbeizuführen hat;
5. internationale Beziehungen anzuknüpfen und zu unterhalten.

Quelle: Protokoll der Verhandlungen des ersten Kongresses der Gewerkschaften Deutschlands. Abgehalten zu Halberstadt vom 14. bis 18. März 1892.

DOKUMENT 9

Debatte über parteipolitisch-neutrale Gewerkschaften Zusammengestellt aus Texten von Rosa Luxemburg, Heinrich Ströbel, Adolph von Elm, Karl Kautsky und Otto Hue

Rosa Luxemburg:

[. . .]

Die Tätigkeit der Gewerkschaften beschränkt sich also in der Hauptsache auf den Lohnkampf und die Verkürzung der Arbeitszeit, d. h. bloß auf die Regulierung der kapitalistischen Ausbeutung je nach den Marktverhältnissen; die Einwirkung auf den Produktionsprozeß bleibt ihnen der Natur der Dinge nach verschlossen.

[. . .]

Die Produktionsverhältnisse der kapitalistischen Gesellschaft nähern sich der sozialistischen immer mehr, ihre politischen und rechtlichen Verhältnisse dagegen errichten zwischen der kapitalistischen und der sozialistischen Gesellschaft eine immer höhere Wand. Diese Wand wird durch die Entwicklung der Sozialreformen wie der Demokratie nicht durchlöchert, sondern umgekehrt fester, starrer gemacht. Wodurch sie also niedergerissen werden kann, ist einzig der Hammerschlag der Revolution, d. h. die Eroberung der politischen Macht durch das Proletariat.

[. . .]

Erstens haben die Gewerkschaften zur Aufgabe, die Marktlage der Ware Arbeitskraft durch die Organisation zu beeinflussen, die Organisation wird aber durch den Prozeß der Proletarisierung der Mittelschichten, der dem Arbeitsmarkt stets neue Ware zuführt, beständig durchbrochen. Zweitens bezwecken die Gewerkschaften die Hebung der Lebenshaltung, die Vergrößerung des Anteils der Arbeiterklase am gesellschaftlichen Reichtum, dieser Anteil wird aber durch das Wachstum der Produktivität der Arbeit mit der Fatalität eines Naturprozesses beständig herabgedrückt.

[. . .]

In beiden wirtschaftlichen Hauptfunktionen verwandelt sich also der gewerkschaftliche Kampf kraft objektiver Vorgänge in der kapitalistischen Gesellschaft in eine Art Sisyphusarbeit. Diese Sisyphusarbeit ist allerdings unentbehrlich, soll der Arbeiter überhaupt zu der ihm nach der jeweiligen Marktlage zufallenden Lohnrate kommen, soll das kapitalistische Lohngesetz verwirklicht und die herabdrückende Tendenz der wirtschaftlichen Entwicklung in ihrer Wirkung paralysiert, oder genauer, abgeschwächt werden.

[...]

Heinrich Ströbel:

[...]

Selbstverständlich verlangen wir nicht, daß die Gewerkschaftsbewegung nur das Anhängsel der Partei bilde. Sie soll in aller Selbständigkeit als das eine Bein der proletarischen Klassenbewegung ausschreiten, aber sie soll nicht rückwärts marschiren wollen, wenn die Partei vorwärts marschirt. Wir wünschen keinen anderen Zustand, als er bisher vorhanden war, wir verwahren uns ausschließlich dagegen, die Gewerkschaften zum Experimentirfeld für die Max Hirsch, Naumann, Sombart und Konsorten zu machen. Denn nur für diese würde der Weizen blühen. Daß die christlich-sozialen Gewerkschaften und die konfessionellen Arbeitervereine sich bisher der Neutralisirungsidee gegenüber skeptisch und abwartend verhielten, lag daran, daß sie hinter den Liebeserklärungen der betreffenden Gewerkschaftler Unrath witterten. Merken sie erst, daß ihnen dieselben in naiver Ehrlichkeit gemacht werden, so werden sie auch nicht länger zögern, den Versuch zu machen, die »sozialdemokratischen« Gewerkschaften in harmlose Gewerkvereine umzuwandeln. Schon ist der Evangelische Arbeiterverein Berlin aus seiner Reserve herausgetreten. Er hat seinen Mitgliedern durch Annahme einer Resolution gestattet, selbst solchen Gewerkschaften beizutreten, die »zufällig von sozialdemokratisch ... gerichteten Personen geleitet werden«. Diese Mitglieder haben dafür aber auch »mit Fleiß« darüber zu wachen, daß die Gewerkschaften nicht »zu Nebenzwecken« mißbraucht werden.

Erblicken wir in der Neutralisirung der Gewerkschaften die höchste Gefährdung ihres ganzen bisherigen Charakters und damit zugleich eine Zurückstoßung der sozialdemokratischen Elemente derselben, so befürchten wir andererseits davon eine ernsthafte Schädigung der Partei. Kein Mensch wird leugnen, daß die Partei ganz Außerordentliches zur Hebung der Gewerkschaftsbewegung gethan hat. Andererseits aber hieße es auch eine lächerliche Vertuschungspolitik treiben, wenn man leugnen wollte, daß die Gewerkschaften die Rekrutenschulen der Partei gewesen sind. Sie haben sich wohl gehütet, mit dem Vereinsgesetz in Konflikt zu gerathen, allein sie haben sich die Pflege des sozialistischen Geistes aufs Wärmste angelegen sein lassen.

Die Gewerkschaften beschränkten sich nicht auf die Erörterung rein gewerkschaftlicher Gegenstände, sie suchten das geistige Niveau in jeder Weise zu heben. In unzähligen Versammlungen war es sozialdemokratischen Rednern vergönnt, die Saat einer modernen Weltanschauung auszustreuen.

[. . .]

Nichts ist unrichtiger, als die optimistische Anschauung, schon die bloße gewerkschaftliche Thätigkeit und der Einfluß der kapitalistischen Verhältnisse erzeuge Sozialdemokraten. Wäre das der Fall, so müßte England eine Sozialdemokratie besitzen, die die deutsche beschämte. Agitation heißt die Wünschelruthe des politischen Erfolgs.

Adolph von Elm:

[. . .]

Ganz im Gegentheil zu dem Genossen Ströbel möchte ich den Gewerkschaften empfehlen, es möglichst zu vermeiden, in der nächsten Zukunft die lebhaftesten Kontroversen dort, wo dieselben praktisch allein zu entscheiden sind, auf Gewerkschaftskongressen oder Generalversammlungen, über diese Frage heraufzubeschwören. Die Gewerkschaften haben sich bisher entschieden dagegen verwahrt, Parteipolitik im Rahmen der Organisation betrieben zu haben – es würde eine taktische Unklugheit sein, wenn dieselben den Lockungen einiger ängstlicher Sozialisten folgen wollten und sich zu gegentheiligen Beschlüssen verleiten ließen.

[. . .]

Schon dieser Standpunkt des Genossen Ströbel zeigt uns aber, daß er die Gewerkschaftsbewegung von völlig falschen Gesichtspunkten aus beurtheilt. In seinem ganzen Artikel findet sich auch nicht ein Wort von der Bedeutung der Gewerkschaften für die Verbesserung der wirthschaftlichen Lage der Arbeiter; er beurtheilt die Gewerkschaften lediglich darnach, wie viel Rekruten sie der Partei schaffen.

[. . .]

Auch soll nicht bestritten werden, daß Redakteure von Gewerkschaftsblättern ihrer Privatmeinung als Sozialisten in Artikeln häufig Ausdruck gegeben haben, ohne bei den Gewerkschaftsmitgliedern oder dem Gewerkschaftsvorstand Widerspruch zu finden.

Daß diese Thätigkeit eine der Gewerkschaftsbewegung förderliche war, bestreite ich, – im Gegentheil – die immer weiter um sich greifende Zersplitterung innerhalb der wirthschaftlichen Bewegung, die Gründung einer Reihe christlicher Gewerkschaften und ihr Wachsthum würde ohne diese Thätigkeit kaum erfolgt sein.

Obgleich innerhalb der Gewerkschaftsbewegung mit dem Wachsthum derselben und mit den eingetretenen großen wirthschaftlichen Kämpfen sich immer mehr die Ueberzeugung Bahn bricht, daß im Interesse der Gewerkschaftsbewegung jede Parteipolitik und alle Religionsstreitigkeiten ausgeschlossen werden müssen, die großen Gewerkschaften also auf dem besten Wege sind, sich zu neutralen Organisationen zu entwickeln, hat auch die Auffassung des Genossen Ströbel noch einen sehr großen Anhang und möchte ich deshalb, um die Zwistigkeiten zu vermeiden und die einheitliche Aktion in den Organisationen nicht zu stören, auch aus diesem Grunde nochmals ganz energisch davor warnen, die Neutralitätsfrage in nächster Zeit durch Beschlüsse entscheiden zu wollen.

[. . .]

Den Ströbelschen Thesen stelle ich folgende entgegen:

1. Die Neutralität in den Gewerkschaften ist nothwendig im Interesse des Wachsthums derselben und um eine einheitliche Aktion im wirthschaftlichen Kampfe zu ermöglichen – die Neutralität ist deshalb im Interesse der Hebung der wirthschaftlichen Lage der Arbeiter geboten.
2. Die Neutralität in den Gewerkschaften hat keine Schädigung der Partei zur Folge, sondern bedeutet eine Förderung der Entwicklung zum Sozialismus.

[. . .]

Praktische Gegenwartspolitik, das heißt Stellungnahme zu den brennenden Fragen auf dem Gebiet der Sozialpolitik, müssen die Gewerkschaften treiben, ihr materielles Interesse als Arbeiter gebietet ihnen das.

Wie die Gewerkschaften dies fertig bringen werden, ohne Parteipolitik zu treiben, erscheint dem Genossen Ströbel schleierhaft. Für mich ist nichts klarer als das; sie werden ihre Anschauungen in sozialpolitischen Dingen in klaren, bestimmten Thesen niederlegen und als eine Standarte auf ihren Kongressen aufpflanzen. Die Nutzanwendung aus dieser Willenskundgebung werden die Politiker bald von selbst ziehen lernen. Wer nicht mit uns ist, der ist wider uns; die Partei, die entgegen den Arbeiterforderungen im Parlament handelt, wird bei den nächsten Wahlen an dem Stimmenverlust spüren, daß die Arbeiter gelernt haben, ihre Interessen auch am Wahltag zu wahren.

Das ist nackte Interessenpolitik, keine Parteipolitik!

Karl Kautsky:

[. . .]

Die große Frage bei der Neutralisirung ist nicht die, ob die Gewerkschaften allen Arbeitern ohne Unterschied der Religion und Parteistellung offen stehen, sondern die, ob sie Politik treiben sollen oder nicht. Aber wenn es kaum einen ernsthaften Gegner der Neutralisirung geben dürfte, der die Gewerkschaften den Anhängern bestimmter politischer oder religiösen Anschauungen verschließen wollte, so gibt es anderseits, so viel wir sehen, unter den sozialdemokratischen Anhängern der Neutralisirung kaum einen, der behaupten wollte, die Gewerkschaften dürften in einer Weise Politik treiben, auch dort und dann nicht, wo die Gesetze es gestatten.[1] Diese Freunde der Neutralisirung verlangen blos, die Arbeiter sollen einfache Klassenpolitik, Arbeiterpolitik treiben, nicht Parteipolitik.

[. . .]

Ebensowenig kann sie ein Bedürfniß haben, die Majorität der Sozialdemokraten in den Gewerkschaften in eine Minorität verwandelt zu sehen, und so lange dies nicht der Fall, wird auch die Leitung der Gewerkschaften in den Händen von Sozialdemokraten sein. Sozialdemokraten können aber, wenn sie Politik treiben, nur sozialdemokratische Politik treiben. Sie können wohl in Gemeinschaft mit ultramontanen und freisinnigen Arbeitern etwa für das Koalitionsrecht eintreten, aber sie werden sich sozialdemokratischer Argumente dabei bedienen und zur Vertretung ihrer Interessen an die Sozialdemokraten in den Vertretungskörpern und der Presse appelliren.

Würde aber die Leitung der Gewerkschaften in die Hände von Nichtsozialdemokraten gerathen, so würden auch diese nicht neutrale Politik treiben, sondern antisozialdemokratische Politik. Die Sozialdemokratie spielt heute in allen Arbeiterfragen eine viel zu hervorragende Rolle, als daß ein Arbeitervertreter sich ihr gegenüber indifferent verhalten könnte.

Sehen wir uns die beiden deutschen Gewerkschaften an, welche die Neutralität auf ihr Banner geschrieben haben. Die Neutralität der einen, des Buchdruckerverbandes, ist die des englichen Typus; sie läuft jetzt, soweit man nach seinem Organ urtheilen kann, in offenbare Feindseligkeit gegen die Sozialdemokratie hinaus. Die Neutralität der anderen, des Verbandes der Berg- und Hüttenarbeiter, ist die jener Richtung, welche wir als eine der christlichen, resp. ultramontanen Arbeiterschaft entgegenkommende kennen gelernt haben. Die angeblich neutrale Politik dieses Verbandes ist bei Lichte besehen auch nur eine, allerdings verschämte sozialdemokratische Politik. Wenn man der »Deutschen Berg- und Hüttenarbeiterzeitung« vorwirft, sie stehe nicht im Einklang mit unseren Parteianschauungen, so können wir dem nicht zustimmen, so weit unsere Kenntniß des Blattes reicht; das Streben nach Neutralität bewirkt dort blos, daß die sozialdemokratische Überzeugung der Redaktion mitunter ganz eigenthümliche Formen annimmt, um die Leser nicht zu erschrecken.

[. . .]

Wenn die Gewerkschaften Politik treiben, werden die Gewerkschafter, oder wenigstens die politisch reifen, also die besten unter ihnen, stets Parteipolitik treiben. Will man diese aus den Gewerkschaften verbannen, dann muß man überhaupt jede Politik bei ihnen und ihren Organen verpönen, dann muß sie in reine Unterstützungskassen, in rein geschäftliche Unternehmungen verwandeln. Dann kann man neutral werden – muß es auch dann nicht; es giebt auch sozialdemokratische, ultramontane und andere Krankenkassen und sonstige Unterstützungsvereine. Die Parteipolitik steckt eben den deutschen Arbeitern so tief in den Knochen, daß sie ihr ganzes Thun und Treiben bestimmt.

Die Sozialdemokratie hat wohl am allerwenigsten Ursache, dieses rege politische Interesse im Proletariat dämpfen zu wollen.

Otto Hue:

[. . .]

Zu ihrem übrigens sehr interessanten und lehrreichen Schriftchen: »Sozialreform oder Revolution« kommt Rosa Luxemburg auch auf die Gewerkschaften zu sprechen und sagt von ihnen, sie seien zwar »unentbehrlich«, aber der »gewerkschaftliche Kampf verwandelt sich kraft objektiver Vorgänge in der kapitalistischen Gesellschaft in eine Art Sysiphusarbeit«. (S. 43.)

Also eine nutzlose Arbeit verrichten die Gewerkschaften! Wäre es da nicht besser sie aufzulösen, damit so viel Kraft und Geld auf bessere Weise verwendet würde? In der That wäre es nach der Luxemburgischen Beweisführung vernünftiger, keine Gewerkschaften zu gründen, oder doch sie direkt der parteipolitischen Organisation anzugliedern, damit sie (die Gewerkschaften) sich wenigstens etwas nützlich machen könnten in der Parteiagitation. Aus diesen Anschauungen heraus beurtheilt ist natürlich das Streben nach gewerkschaftlicher Neutralität ein Frevel an dem Proletariat. Und so wird mein Auftreten auch vielfach aufgefaßt von meinen Parteifreunden, wie mir eine Reihe Briefe und Zeitungen lehren, die mir zu meiner Bekehrung zugesandt wurden. Sehen wir zu, wohin gewisse »Revolutionäre« steuern.

Es giebt in der sozialdemokratischen Partei eine starkvertretene Auffassung – die Bernstein fälschlich als die offizielle bekämpfte – wonach alle Anstrengung zur Hebung der Arbeiterlage im Gegenwartsstaat nutzlos sei, ja nicht nur nutzlos, sondern direkt schädlich. Ein solcher »Elendstheoretiker« argumentiert folgendermaßen:

»Die kapitalistische Gesellschaft ist durch und durch verfault, morsch bis in's Mark. Die Konzentration des Kapitals geht rapide vorwärts, damit ganz von selbst die Proletarisirung der Masse. Je unerträglicher nun die Widersinnigkeiten des Kapitals uns werden, um so rascher wird das Proletariat revolutionirt, es ergreift die politische Macht und enteignet die Expropiateure. Es kann also jedes Palliativmittel nichts helfen, sondern es verlangsamt den Sieg des Proletariats.«

Diese mechanische Auffassung der historischen Entwicklung führ uns logischerweise zum – Nichtsthun! Wer wird sich denn abquälen für die gegenwärtige Verbesserung der Arbeiterlage, wenn sie nach der »Verelendungstheorie« doch nutzlos ist, sogar schädlich, weil sie das Proletariat durch kleine Geschenke aussöhnt mit der heutigen Gesellschaftsordnung? Wer so die Sachlage in aller Ruhe überdenkt, der thut am besten, die Hände in den Schoß zu legen und gläubig zu warten, bis die kapitalistische Ausbeutung dem Proletariat so arg zusetzt, daß es sich erhebt und den Feind niederwirft.

[...]

Und dieser Fatalismus, der in der gewerkschaftlichen Bewegung nur Sisyphusarbeit (nutzlose Arbeit) sieht, ist auch der Haupthemmschuh der proletarischen Organisation. Was für den orthodoxen Christ das Entsagungsdogma, das ist für jene orthodoxen Sozialisten die Lehre von der revolutionären Kraft der Massenverelendung. Diese »Revolutionäre« haben Marx-Engels gar nicht begriffen, so meine ich wenigstens, wenn ich auch kein »Akademiker« bin. Eine große Menge meiner Parteigenossen würde aber unter keinen Umständen so fatalistisch gesinnt sein, wenn ihr nicht eine kolossale Ueberschätzung der politischen Aktion, bezw. des Parlamentarismus beigebracht wäre! Wenn ihnen wenigstens einmal in der Woche gesagt wird: »Nur die Ergreifung der politischen Macht, nur der politische Kampf führt uns zum Ziele!«, dann kann keine realere Beurtheilung der Dinge Platz greifen. Wenn die Gewerkschaftler behaupten wollten: »Nur der gewerkschaftliche Kampf führt uns zum Ziele!« so würde mit Recht jeder Vernünftige hell auflachen.

Aber alle die Lehren der Nurpolitiker und Parteigewerkschaftler schaden und lange nicht so, wie der durchaus ungehörige Kampf gegen die Religion, der trotz aller Ableugnung, trotz aller Ausschließung der religiösen Erörterung in den Gewerkschaften durch die Statuten, existiert.

[...]

Für mich war es ein Genuß, Karl Kautsky's Artikelserie über die Neutralität der Gewerkschaften zu lesen (Neue Zeit; Nr. 40–43. Jahrgang 1900). Würde er nur ein halbes Jahr die Feder hinlegen und zur Hacke und Schippe greifen, denn gäbe es nach Verlauf dieser Frist keinen so begeisterten Apostel der gewerkschaftlichen Neutralität wie Kautsky, davon bin ich überzeugt; denn er ist kein blinder Dogmatiker, sondern eine praktische Natur!

Da er aber nie Industriearbeit that, mit der Thätigkeit der Berufsverbände also nur als Gelehrter und Parteipolitiker vertraut ist, so ergiebt sich daraus alles Weitere.

In dem Bemühen, die Berufsverhältnisse zu bessern, sind sich die Arbeiter aller Richtungen einig. Das steht nun mal fest. Damit wäre für die hauptsächlichste gewerkschaftliche Thätigkeit die Neutralität ohne weiteres gegeben. Denn ob der alte oder der neue Bergarbeiterverband

Lohnforderungen stellt, Anstellung von Arbeiterinspektoren, Reformen des Knappschaftswesens fordert, das bleibt sich ganz egal – der Effekt ist derselbe, die Unternehmer weisen beide Verbände ab, solange ihnen nicht die Macht zum Schlagen innewohnt. Kautsky bezweifelt, daß ein Sozialdemokrat als Gewerkschaftler parteipolitisch neutral sein kann. Ich darf Kautsky versichern, daß die Leiter des Bergarbeiterverbandes alle Hände voll zu thun haben, um der großen Masse der Indifferenten die Augen zu öffnen, damit sie auch nur die gröbsten Mißstände in Grube und Hütte sieht. Zu philosophischen Betrachtungen bleibt da wirklich sehr wenig Zeit übrig; wir haben zu handeln und da es keinen sozialdemokratischen, noch einen ultramontanen, auch keinen freisinnigen Hunger giebt, so erzeugt thatsächlich unsere berufliche Agitation keinen Konflikt zwischen Pflicht und Neigung. Wer genöthigt ist, die gewerkschaftliche Kleinarbeit ständig zu betreiben, der weiß, wie wenig Gelegenheit es dabei giebt, Betrachtungen über Parteipolitik oder religiöse Probleme anzustellen.

[. . .]

Ich befürworte eine neutrale Haltung der Berufsverbände gegenüber allen Parteien. Kautsky meint, das sei Naivität. Da er aber zugleich eingesteht, daß eine gewerkschaftliche Agitation sich den Verhältnissen anpassen müsse, also die indifferente Masse zu berücksichtigen hat, so schließt er den Parteipolitikern die gewerkschaftliche Thür zu! Es soll ja für einen Parteimann unmöglich sein, neutral zu bleiben, also ist sein Platz nicht in der Gewerkschaft, die nothgedrungen neutral sein muß.

Allein es wird nichts so heiß gegessen, wie es gekocht ist. Sieht man in den Gewerkschaften Rekrutenschulen für die Parteien, dann freilich hat Kautsky recht. Jedoch ist die Zahl der »Naiven« schon sehr groß (Bebel, Elm, Brutus, Legien, Quark u. a. m.), die von einer solchen Rekrutenschule nichts wissen wollen, trotzdem die »Naiven« gute Sozialdemokraten sind.

[. . .]

Die Sache ist sehr einfach: Man muß nicht stets durch die Parteibrille sehen, dann wird man entdecken, daß das natürliche Empfinden der Arbeiter diese eint in der Befolgung einer **Arbeiterpolitik**, die in der That dem zweiten Theil des Erfurter Programms der deutschen Sozialdemokratie entspricht! Dieser Programmtheil hat recht wenig spezifisch-sozialdemokratisches an sich; er könnte von jeder bürgerlich-radikalen Partei vertreten werden, und wären alle dort aufgestellten Forderungen verwirklicht, so befänden wir uns noch immer in der bürgerlichen Gesellschaft.

In der christlichen Gewerkvereinsbewegung sind aber die Keime einer radikalen Arbeiterpartei verborgen, manche Elemente sind dort thätig, die schon jetzt nicht mehr in den Rahmen einer der bürgerlichen Parteien passen!

[. . .]

Was also Kautsky »verschämte sozialdemokratische Politik« des Bergarbeiterverbandes nennt, das ist zielsichere, den Bedürfnissen entsprungene Arbeiterpolitik, die auch von nichtsozialdemokratischen Arbeitern getrieben wird, sobald sie konsequent als Gewerkschaftler vorgehen und nicht auf Rathgeber mit anderen Interessen hören.

[. . .]

Kautsky schneidet auch die Frage von der größeren oder geringeren Bedeutung der gewerkschaftlichen oder parteipolitischen Bewegung an. Ich erkläre offen: Die gewerkschaftliche Aktion halte ich für gerade so wichtig wie die politische Aktion; ja zu gewissen Zeiten tritt die erstere am meisten hervor. Ich wende mich überhaupt gegen die einnistende Ueberschätzung des Stimmzettels!

[. . .]

Kautsky mag das zugeben oder nicht, wahr ist es darum doch: Wo die gewerkschaftliche Arbeiterorganisation nicht besteht, da giebt es trotz aller Gesetze, trotz aller politischen Proteste, trotz aller vortrefflichen Reden im Parlamente keinen Arbeiterschutz, kein freies Wahlrecht, kein freies Vereinsrecht! Sollten sich z. B. die Kruppianer wohl erdreisten, ihre Wahlmache zu betreiben, wenn die Kruppschen Arbeiter kräftig gewerkschaftlich organisirt wären? Unter keinen Umständen erlaubten sich dann die Söldlinge des Kanonenkönigs solche Gesetzesverletzungen, wie sie bei der 1893er Reichstagswahl im Kreise Essen vorkamen. Wir sehen, das wichtigste politische Recht hat dort nur Pappenstielwerth, wo nicht die wirthschaftliche Macht der Arbeiter es ihnen handlich macht.

[. . .]

Gesetzt der Fall, die Annahme von der größeren Bedeutung der gewerkschaftlichen Aktion sei richtig, ist damit auch gesagt, daß nunmehr die »Generalkommission der Gewerkschaften« die gefürchtete Neben- oder gar »Hauptregierung« darstellen muß? Mit nichten! Die Gewerkschaftsleiter haben vornehmlich berufliche Interessen zu vertreten, sind daher ungeeignet zur Uebernahme der »Hauptregierung«, die als Repräsentation aller politisch selbstständigen Arbeiter (diesen Begriff im weitesten Sinne erfaßt) zu gelten hat. Will man aber den Streit über die Kompetenzen der Gewerkschafts- und Parteileitung herauf beschwören, dann wirke man nur dahin, daß die Gewerkschaften sich mit Parteipolitik im eigentlichen Sinne beschäftigen. Ist der Weg einmal beschritten, dann giebts keine Grenze und bald wird der Streit um die politische Führung der Arbeiter zwischen Gewerkschaft und Parteiorganisation entbrennen! Wie würde dieser Streit enden? Ich mag nicht prophezeihen, aber wer die größere Geschlossenheit der Gewerkschaften überdenkt, der wird mir als Parteipolitiker beipflichten, wenn ich einen solchen Streit nicht herbeisehne.

[...]

Die Beantwortung dieser Frage ist natürlich »Glaubenssache«. Aber sie kann für den wahren Arbeiterfreund nicht bestimmend sein! Gesetzt der Fall, die neutrale Gewerkschaft wäre zur Hebung der Arbeiterlage absolut nothwendig, – und daß es so ist, darüber herrscht ja ziemlich Übereinstimmung – aber die Neutralität führe auf antisozialistische Wege, so würde ich der Sozialdemokratie den Rücken kehren, da sie dann keine Arbeiterpartei wäre! Hoffentlich ist das für jeden begreiflich.

Was Tausende und Abertausende von der Sozialdemokratie fernhält, das ist die religiöse Frage, die durchaus nicht von der sozialdemokratischen Parteilitteratur behandelt wird, wie es das Erfurter Programm vorschreibt. (Religion ist Privatsache). Ich habe eine ganze Anzahl gewerkschaftlicher Freunde unter den Bergleuten, die regelmäßig in die Kirche gehen, strenge gewerkschaftlilche Disziplin halten und es bitter beklagen, daß sozialdemokratische Redner und Schriftsteller generell abweisend über den christlichen Glauben urtheilen. Bestreiten läßt sich das nicht! Man treibt diese gar nicht »waschlappigen« Proletarier durch jene programmwidrige, die materialistische Geschichtstheorie meines Erachtens ins Gesicht schlagende Herabsetzung der Religion mit Gewalt in das Lager ihrer gesellschaftlichen Gegner! Nochmal sei hier hervorgehoben, daß ihre tiefreligiöse Gesinnung die Bergleute noch nicht abhielt von der energischen Reklamirung ihrer Rechte. Wer sich unter einem christlichen Bergarbeiter, Metallarbeiter oder Weber in Westdeutschland schlankweg einen »Waschlappen« vorstellt, ist gewaltig auf dem Holzwege. Gerade diese Arbeiterschaft ist aufgewachsen in der Bischof Kettler'schen Tradition, die noch oft neue Blüten treibt, zum Schrecken der Kapitalisten. Nichts ist unnöthiger, als dieser Arbeiterschaft ihre religiöse Ueberzeugung zu verleiden, da sie thatsächlich kein Hinderniß für die Schulung zum Klassenkämpfer bildet. Die besten christlichen Verbände haben schon Klassenkämpfe von solcher Heftigkeit ausgefochten gegen die Unternehmer, wie wenige freie Gewerkschaften überstanden. Wenn im christlichen Gewerkschaftsprogramm der Ausdruck »Klassenkampf« nicht für die christlichen Verbände in Anspruch genommen wird, so wird der Sozialpolitiker von Fach darüber lächeln. Der Name nicht, das Wesen, die Art des Kampfes macht ihn zur Aeußerung einer Klasse.

[. . .]

Wird das berufliche Interesse der Verbandsmitglieder an allererste Stelle gesetzt, so wüßte ich nicht, was die freien Verbände hindern sollte, mit den christlichen oder hirsch-dunkerschen an einem Seile zu ziehen; und dann würden die 864000 beruflich organisirten deutschen Arbeiter schon eine Macht bilden, mit der Kapital und Staatsleitung zu rechnen hätten. Jetzt wirken die verschiedenen Verbände häufig gegeneinander und heben dadurch ihre Kraft auf.

Wohin die gewerkschaftliche Neutralität die Arbeiter politisch führt, das kann und muß dem Gewerkschaftsführer gleichgültig sein!

Quelle:

a) Rosa Luxemburg, Sozialreform oder Revolution?, Berlin 1900.

b) Heinrich Ströbel, Zur Frage der Neutralisierung der Gewerkschaften, in: Die Neue Zeit, Nr. 36, 30. 5. 1900.

c) Adolph von Elm, Zur Frage der Neutralisierung der Gewerkschaften, in: Die Neue Zeit, Nr. 39, 20. 6. 1900.

d) Karl Kautsky, Die Neutralisierung der Gewerkschaften, in: Die Neue Zeit, Nr. 41, 4. 7. 1900.

e) Otto Hue, Neutrale oder parteiische Gewerkschaften? Ein Beitrag zur Gewerkschaftsfrage, zugleich eine Geschichte der deutschen Bergarbeiterbewegung, o. O. 1900.

DOKUMENT 10

Statut des Gewerkvereins christlicher Bergarbeiter für den Oberamtsbezirk Dortmund (1894)

§ 1. Im niederrh.-westf. Kohlenrevier hat sich ein Verein gebildet, welcher den Namen »Gewerkverein christlicher Bergarbeiter für den Oberamtsbezirk Dortmund« führt und seinen Sitz in Essen hat.

§ 2. Der Zweck des Gewerkvereins ist die Hebung der moralichen und sozialen Lage der Bergarbeiter auf christlicher und gesetzlicher Grundlage und Anbahnung und Erhaltung einer friedlichen Übereinkunft zwischen Arbeitgebern und Arbeitnehmern. Insbesondere erstrebt der Verein: a) die Herbeiführung eines gerechten Lohnes, welcher dem Werte der geleisteten Arbeit und der durch diese Arbeit bedingten Lebenshaltung entspricht; b) die Einschränkung der Schichtdauer, soweit solche zum Schutze von Gesundheit, Leben und Familie geboten ist; c) ein Mitbestimmungsrecht über die Verwendung der in die Zechenunterstützungskassen fließenden Beträge; d) eine Vermehrung der Kontrollorgane zur Überwachung der Durchführung der bergpolizeilichen Vorschriften unter Hinzuziehung praktisch erfahrener Bergleute; e) eine zeitgemäße Reform des Knappschaftswesens.

§ 3. Der Verein steht treu zu Kaiser und Reich. Im übrigen schließt er die Erörterung konfessioneller und politischer Parteiangelegenheiten aus.

§ 4. Die Mittel zur Erreichung des Zweckes sind: Verhandlungen zwischen Arbeitgebern und Arbeitnehmern in Lohnfragen und bei berechtigten Wünschen und Beschwerden, Eingaben und Petitionen an die Werksverwaltungen, Bergbehörden, Regierung, Parlamente, belehrende und bildende Vorträge auf dem Gebiete der Berggesetzgebung, des Bergbaues und der Bestrebungen der Bergarbeiter in anderen Revieren und Ländern.

§ 5. Als Mitglieder zum Gewerkverein können zugelassen werden:

a) alle Bergarbeiter, welche einem christlichen Verein angehören;
b) alle übrigen Bergarbeiter, welche sich den Bestimmungen des § 8 des Statuts unterwerfen.

[. . .]

§ 8. Durch den Eintritt in den Gewerkverein bekennt sich jeder als Gegner der sozialdemokratischen Grundsätze und Bestrebungen. Er verpflichtet sich, getreu nach den im Statut des Gewerkvereins niedergelegten Grundsätzen zu handeln.

[. . .]

Quelle: Heinrich Imbusch, Arbeitsverhältnis und Arbeiter-Organisationen im deutschen Bergbau (Reprint) Bonn 1980.

DOKUMENT 11

Resolution der christlichen Gewerkschaften zum »Gewerkschaftsstreit«

[. . .]

Den grundsätzlichen Teil des päpstlichen Rundschreibens zu erörtern, ist nicht Sache der Gewerkschaften. Die Zugehörigkeit zu den christlichen Verbänden wird in dem Rundschreiben den katholischen Arbeitern nicht verwehrt, sondern ausdrücklich gestattet. Damit ist die Hauptwaffe gegen ihre gewerkschaftliche Betätigung in unseren Organisationen unbrauchbar geworden.

[. . .]

Erneut betonen wir: Die christlichen Gewerkschaften sind mit dem wirtschaftlichen und nationalen Leben Deutschlands aufs engste verknüpft; sie sind die einzige deutsche Gewerkschaftsorganisation, die sich neben der sozialdemokratischen Bewegung entscheidende Bedeutung verschafft hat; sie sind nach deutschen Verhältnissen eine soziale, wirtschaftliche und nationale Notwendigkeit. Staat und Volksgesamtheit haben ein Lebensinteresse daran, daß nicht die antinationale, christentumsfeindliche Sozialdemokratie die allein herrschende Monopolstellung in der deutschen Gewerkschaftsbewegung erlangt.

An Charakter, Organisationsform und künftiger Wirksamkeit der christlichen Gewerkschaften wird aus allen diesen Erwägungen nichts geändert werden. Wir arbeiten weiter wie bisher.

Quelle: Protokoll der Verhandlungen des außerordentlichen Kongresses der christlichen Gewerkschaften Deutschlands, abgehalten am 26. November 1912 in Essen/Ruhr, Köln 1912.

DOKUMENT 12

Das Programm der Hirsch-Dunckerschen Gewerkvereine von 1907

[. . .]

Die Gewerkvereine stehen auf nationalem Boden, sie erwarten daher die Besserung der Arbeiterlage nicht von einer internationalen Verbrüderung, wohl aber erstreben sie den Austausch der Erfahrungen mit ausländischen Gewerkvereinen und die gegenseitige Förderung der Arbeiterinteressen. Die Gewerkvereine sollen, um die Durchführung ihrer Aufgabe wirksam zu fördern, alle Arbeiter ohne Unterschied des parteipolitischen und religiösen Bekenntnisses umfassen. Sie sind mithin religiös neutral und parteipolitisch unabhängig. Die grundlegende Richtung der Gewerkvereine ist eine volkstümlich freiheitliche.

Die Gewerkvereine fordern die soziale und wirtschaftliche Gleichberechtigung beider Geschlechter.

Die Gewerkvereine erstreben in wirtschaftlicher Hinsicht für den Arbeiter einen wachsenden Anteil an dem Ertrage der Arbeit. Die Festsetzung der Arbeitsbedingungen hat unter gleichberechtigter Mitwirkung von Arbeitgebern und Arbeitnehmern zu erfolgen. Der geeignetste Weg hierzu ist der Abschluß von Tarifverträgen. Sie geben grundsätzlich hierbei dem Wege der Verständigung den Vorzug, scheuen aber den Kampf nicht, wo ihren berechtigten Forderungen die Anerkennung versagt wird, oder ihre Rechte und Interessen verletzt werden.

[. . .]

1. Prinzipielle Leitsätze

Wir erstreben die Hebung der Arbeiterklasse zur Selbständigkeit und Gleichberechtigung auf dem Boden der bestehenden Gesellschaftsordnung. Zu diesem Zwecke arbeiten wir mit an einer organischen Reform dieser Ordnung durch Selbsthilfe und Staatshilfe.

Wir gehen dabei von der Erkenntnis aus, daß der Arbeiterstand sich in einer unerfreulichen Lage befindet durch seine unsichere und unselbständige Existenz als Lohnarbeiter. Wir wollen dem Arbeiter innerhalb des Lohnverhältnisses eine gesicherte Existenz erkämpfen.

Der Aufbau der dazu nötigen Organisationen ist nur zu erreichen durch die Weckung und Entwicklung eines begeisterten Standesbewußtseins, das bereit ist, Opfer zu bringen.

Wir scheiden uns von den sozialdemokratischen Gewerkschaften durch den Grundsatz der parteipolitischen Neutralität und dadurch, daß wir an Stelle des grundsätzlichen Klassenkampfes und der marxistischen Forderung des Kollektiveigentums in erster Linie die Vereinbarung mit den Arbeitgebern in Form von Tarifverträgen setzen und uns auf nationalen Boden stellen.

Wir scheiden uns von den christlichen Gewerkschaften durch den Grundsatz der religiösen Neutralität, den wir unverändert hochhalten. Wir scheiden uns von ihnen, indem wir glauben, daß nur auf dem Boden politischer und geistiger Freiheit der Kampf der Arbeiter für Selbständigkeit und Gleichberechtigung zum Erfolge führen kann.

Wir scheiden uns von allen Organisationen gelben Charakters durch die Erkenntnis, daß beide Produktionsfaktoren sich getrennt und in voller Unabhängigkeit von einander organisieren müssen.

[. . .]

Quelle: Michael Schneider, Kleine Geschichte der Gewerkschaften, Bonn 1989.

DOKUMENT 13

Resolution des fünften Gewerkschaftskongresses 1905 zum politischen Massenstreik

Der Fünfte deutsche Gewerkschaftskongreß erachtet es als eine unabweisbare Pflicht der Gewerkschaften, daß sie die Verbesserung aller Gesetze, auf denen ihre Existenz beruht und ohne die sie nicht in der Lage sind, ihre Aufgaben zu erfüllen, nach besten Kräften zu fördern und alle Versuche, die bestehenden Volksrechte zu beschneiden, mit aller Entschiedenheit bekämpfen.

Auch die Taktik für etwa notwendige Kämpfe solcher Art hat sich genau so, wie jede andere Taktik, nach den jeweiligen Verhältnissen zu richten.

Der Kongreß hält daher auch alle Versuche, durch die Propagierung des politischen Massenstreiks eine bestimmte Taktik festlegen zu wollen, für verwerflich; er empfiehlt der organisierten Arbeiterschaft, solchen Versuchen energisch entgegenzutreten.

Den Generalstreik, wie er von Anarchisten und Leuten ohne jegliche Erfahrung auf dem Gebiete des wirtschaftlichen Kampfes vertreten wird, hält der Kongreß für undiskutabel; er warnt die Arbeiterschaft, sich durch die Aufnahme und Verbreitung solcher Ideen von der täglichen Kleinarbeit zur Stärkung der Arbeiterorganisation abhalten zu lassen.

Quelle: Protokoll der Verhandlungen des fünften Kongresses der Gewerkschaften Deutschlands, abgehalten zu Köln a. Rh. vom 22. bis 27. Mai 1905, Berlin 1905.

DOKUMENT 14

Resolution des SPD-Parteitages 1905 zum politischen Massenstreik

I.

Bei dem Bestreben der herrschenden Klassen und Gewalten, der Arbeiterklasse einen legitimen Einfluß auf die öfftliche Ordnung der Dinge in den Gemeinwesen vorzuenthalten oder, soweit sie durch ihre Vertreter in den parlamentarischen Vertretungskörpern einen solchen bereits erlangten, diesen zu rauben und so die Arbeiterklasse politisch und wirtschaftlich rechtlos und ohnmächtig zu machen, erachtet es der Parteitag für geboten auszusprechen, daß es die gebieterische Pflicht der gesamten Arbeiterklasse ist, mit allen ihr zu Gebote stehenden Mitteln jedem Anschlag auf ihre Menschen- und Staatsbürgerrechte entgegenzutreten und immer wieder die volle Gleichberechtigung zu fordern.

[. . .]

Demgemäß erklärt der Parteitag, daß es namentlich im Falle eines Anschlages auf das allgemeine, gleiche, direkte und geheime Wahlrecht oder das Koalitionsrecht die Pflicht der gesamten Arbeiterklasse ist, jedes geeignet erscheinende Mittel zur Abwehr nachdrücklich anzuwenden.

Als eines der wirksamsten Kampfmittel, um ein solches politisches Verbrechen an der Arbeiterklasse abzuwehren oder um sich ein wichtiges Grundrecht für ihre Befreiung zu erobern, betrachtet gegebenen Falles der Parteitag

»die umfassendste Anwendung der Massenarbeitseinstellung«.

Damit aber die Anwendung dieses Kampfmittels ermöglicht und möglichst wirksam wird, ist die größte Ausdehnung der politischen und gewerkschaftlichen Organisation der Arbeiterklasse und die unausgesetzte Belehrung und Aufklärung der Massen durch die Arbeiterpresse und die mündliche und schriftliche Agitation unumgänglich notwendig.

[. . .]

Jeder Parteigenosse ist verpflichtet, wenn für seinen Beruf eine gewerkschaftliche Organisation vorhanden ist oder gegründet werden kann, einer solchen beizutreten und die Ziele und Zwecke der Gewerkschaften zu unterstützen. Aber jedes klassenbewußte Mitglied einer Gewerkschaft hat auch die Pflicht, sich der politischen Organisation seiner Klasse – der Sozialdemokratie – anzuschließen und für die Verbreitung der sozialdemokratischen Presse zu wirken.

Quelle: Protokoll über die Verhandlungen des Parteitages der Sozialdemokratischen Partei Deutschlands. Abgehalten zu Jena vom 17. bis 23. September 1905, Berlin 1905.

DOKUMENT 15

Das »Mannheimer Abkommen« (1906)

I.

»Der Parteitag bestätigt den Jenaer Parteitagsbeschluß zum politischen Massenstreik und hält nach der Feststellung, daß der Beschluß des Kölner Gewerkschaftskongresses nicht im Widerspruch steht mit dem Jenaer Beschluß, allen Streit über den Sinn des Kölner Beschlusses für erledigt.

Der Parteitag empfiehlt nochmals besonders nachdrücklich die Beschlüsse zur Nachachtung, die die Stärkung und Ausbreitung der Parteiorganisation, die Verbreitung der Parteipresse und den Beitritt der Parteigenossen zu den Gewerkschaften und der Gewerkschaftsmitglieder zur Parteiorganisation fordern.

Sobald der Parteivorstand die Notwendigkeit eines politischen Massenstreiks für gegeben erachtet, hat derselbe sich mit der Generalkommission der Gewerkschaften in Verbindung zu setzen und alle Maßnahmen zu ergreifen, die erforderlich sind, um die Aktion erfolgreich durchzuführen.«

II.

»Die Gewerkschaften sind unumgänglich notwendig für die Hebung der Klassenlage der Arbeiter innerhalb der bürgerlichen Gesellschaft. Dieselben stehen an Wichtigkeit hinter der sozialdemokratischen Partei nicht zurück, die den Kampf für die Hebung der Arbeiterklasse und ihre Gleichberechtigung mit den anderen Klassen der Gesellschaft auf politischem Gebiet zu führen hat, im weiteren aber über diese ihre nächste Aufgabe hinaus die Befreiung der Arbeiterklasse von jeder Unterdrückung und Ausbeutung durch Aufhebung des Lohnsystems und die Organisation einer auf der sozialen Gleichheit aller beruhenden Erzeugungs- und Austauschweise, also der sozialistischen Gesellschaft, erstrebt. Ein Ziel, das auch der klassenbewußte Arbeiter der Gewerkschaft notwendig erstreben muß. Beide Organisationen sind also in ihren Kämpfen auf gegenseitige Verständigung und Zusammenwirken angewiesen.

Um bei Aktionen, die die Interessen der Gewerkschaften und der Partei gleichmäßig berühren, ein einheitliches Vorgehen herbeizuführen, sollen die Zentralleitungen der beiden Organisationen sich zu verständigen suchen.

Um aber jene Einheitlichkeit des Denkens und Handelns von Partei und Gewerkschaft zu sichern, die ein unentbehrliches Erfordernis für den siegreichen Fortgang des proletarischen Klassenkampfes bildet, ist es unbedingt notwendig, daß die gewerkschaftliche Bewegung von dem Geiste der Sozialdemokratie erfüllt werde. Es ist daher Pflicht eines jeden Parteigenossen, in diesem Sinne zu wirken.«

Quelle: Protokoll über die Verhandlungen des Parteitages der Sozialdemokratischen Partei Deutschlands. Abgehalten zu Mannheim vom 23. bis 29. September 1906, Berlin 1906.

DOKUMENT 15a

Vorschlag von Karl Kautsky zur Regelung des Verhältnisses von Partei und Gewerkschaften

[. . .]

»Um aber jene Einheitlichkeit des Denkens und Handelns von Partei und Gewerkschaft zu sichern, die ein unentbehrliches Erfordernis für den siegreichen Fortgang des proletarischen Klassenkampfes bildet, ist es unbedingt notwendig, daß die gewerkschaftliche Bewegung von dem Geiste der Sozialdemokratie beherrscht wird. Es ist daher Pflicht eines jeden Parteigenossen, in diesem Sinne zu wirken und sich bei der gewerkschaftlichen Tätigkeit wie bei jeder anderen öffentlichen Betätigung an die Beschlüsse der Parteitage gebunden zu fühlen in dem Sinne, wie es Genosse Bömelburg definiert hat. Dies ist geboten im Interesse der gewerkschaftlichen Bewegung selbst, denn die Sozialdemokratie ist die höchste und umfassendste Form des proletarischen Klassenkampfes, und keine proletarische Organisation, keine proletarische Bewegung kann ihrer Aufgabe vollständig gerecht werden, die nicht vom Geist der Sozialdemokratie erfüllt ist.

Quelle: Protokoll über die Verhandllungen des Parteitages der Sozialdemokratischen Partei Deutschlands. Abgehalten zu Mannheim vom 23. bis 29. September 1906, Berlin 1906.

DOKUMENT 16

Die Massenstreikdebatte I (1905)

Redebeiträge von August Bebel, Carl Legien u.a.
auf dem SPD-Parteitag 1905

August Bebel: [...] Schließlich gedenke ich noch der Massenstreiks in Rußland. Dort, wo unsere Parteigenossen gar keine politischen Rechte und Machtmittel haben, werden Massenstreiks auf Massenstreiks drei- und viermal in demselben Ort mit einer Energie durchgesetzt, die nur die höchste Bewunderung aller hervorrufen muß. Indessen sind die Zustände in Rußland so abnorm, daß diese Streiks nicht für uns als Beispiel herangezogen werden können.

[. . .]

Wenn man uns Deutschen nachrühmt, wir seien philosophisch angelegte Köpfe, wir liebten, wie Heine sagt, das Theoretisieren – ja, dann haben wir aber auch die Tugend zu organisieren, wie kaum eine andere Nation. (Sehr richtig!) Daß die deutsche Militärmacht, so sehr wir sie bekämpfen, organisatorisch ein Meisterwerk ist, das ist dieser deutschpreußischen Eigentümlichkeit zu verdanken. Auch unsere Versicherungsgesetzgebung ist, so viel wir an ihr zu tadeln haben, als Organisation eine Meisterleistung. Wir Deutschen tun nicht so leicht einen Schritt, den wir uns nicht genau überlegt haben, was uns ja den Vorwurf zugezogen hat, wir wären wie der österreichische Landsturm, der immer hinten nachhinkt. Wir sind der Meinung: ehe wir uns in so große Kämpfe einlassen, müssen wir erst gründlich organisieren, agitieren, politische und wirtschaftliche Aufklärung schaffen, die Massen selbstbewußt und widerstandsfähig machen, sie begeistern für den Moment, wo wir ihr sagen müssen: Du hast ein Alles einzusetzen, weil eine Lebensfrage für dich als Mensch, als Familienvater, als Staatsbürger auf dem Spiele steht. (Lebhafter Beifall.) Wir wollen nicht – das sagt auch meine Resolution nicht – die Massen blindlings in den Streik treiben; es versteht sich doch von selbst, daß wir die unorganisierte Masse nicht blind in den Streik gehen lassen werden.

[. . .]

Rosa Luxemburg: Wenn man die bisherigen Reden in der Debatte zur Frage des politischen Massenstreiks hier gehört hat, muß man sich wirklich an den Kopf fassen und fragen: Leben wir denn tatsächlich im Jahre der glorreichen russischen Revolution oder stehen wir in der Zeit zehn Jahre vor ihr? (Sehr richtig!) Sie lesen tagtäglich in den Zeitungen die Berichte von der Revolution, sie lesen die Depeschen, aber es scheint, daß Sie keine Augen haben zu sehen und keine Ohren zu hören. Da verlangt man, daß wir sagen, wie werden wir den Generalstreik machen, mit welchen Mitteln, zu welcher Stunde wird der Generalstreik erklärt, habt ihr schon die Magazine für die Lebensmittel? Die Massen werden verhungern. Könnt ihr es auf euer Gewissen nehmen, daß Blut fließt?

[. . .]

Heine hat das rote blutige Gespenst heraufbeschworen, und gesagt, ihm sei das Blut des deutschen Volkes teurer als – das war der Sinn seiner Worte – dem leichtsinnigen Jüngling Bebel. Ich will die persönliche Frage beiseite schieben, wer mehr berufen und mehr befähigt ist, die Verantwortung zu tragen, Bebel oder der vorsichtige staatsmännische Heine, aber wir sehen doch an der Geschichte, daß alle Revolutionen mit dem Blut des Volkes erkauft sind. Der ganze Unterschied ist, daß bis jetzt das Blut des Volkes für die herrschenden Klassen verspritzt wurde, und jetzt, wo von der Möglichkeit gesprochen wird, ihr Blut für ihre eigene Klasse zu lassen, da kommen vorsichtige, sogenannte Sozialdemokraten und sagen nein, dies Blut ist uns zu teuer. Es handelt sich augenblicklich nicht darum, die Revolution zu proklamieren, es handelt sich nicht einmal darum, den Massenstreik zu proklamieren.

Carl Legien: Die Streichung des Satzes vom Massenstreik habe ich deshalb beantragt, weil ich ihn für überflüssig halte, denn es heißt in dem vorhergehenden Satz, daß in solcher Situation die Arbeiterklasse jedes geeignete Mittel anwenden wird. Im übrigen stimme ich der Resolution Bebel vollinhaltlich zu. Ich würde in einer anderen Situation vielleicht auch jenem Satz zustimmen, nicht aber in der gegenwärtigen, denn in der gegebenen Situation ist dieser Satz nichts anderes, als ein Zugeständnis an den Anarchosozialismus. (Zustimmung und Widerspruch.)

Dr. David-Mainz: Manches von dem, was hier gesagt ist, wird willkommenes Wasser auf die Mühle der Scharfmacher sein. Das gilt in allererster Linie von den Ausführungen der Genossin Luxemburg. Sie bezog sich auf das Kommunistische Manifest. Die Grundidee ihrer Rede ist allerdings in den letzten Sätzen des Manifest enthalten, wo es heißt, daß die Kommunisten es offen erklären, daß ihre Zwecke nur erreicht werden können »durch den gewaltsamen Umsturz aller bisherigen Gesellschaftsordnung«. Das ist die Grundidee, von der die Ausführungen von Rosa Luxemburg getragen waren. (Zustimmung von Rosa Luxemburg.) Das ist allerdings ein Rückschlag in den Revolutionarismus, wie er offener und markanter seither noch nicht zutage getreten ist.

[. . .]

Wir haben immer erkärt, daß wir, was an uns liegt, alles daran setzen werden, um auf gesetzlichem Boden unsere Ziele zu erreichen. Bei der Vervollkommnung der militärischen Machtmittel ist ein Waffengang mit dem Militarismus aussichtslos. (Sehr richtig!) Dieser Rückschlag in den Revolutionarismus erklärt sich daraus, daß man den Glauben an die naturnotwendige innere Auflösung der kapitalistischen Wirtschaftsordnung, an ihren naturnotwendigen Selbstmord, mit anderen Worten, an die Katastrophentheorie aufgegeben hat. Als Ersatz sucht man den alten Revolutionarismus hervor und lehnt es ab, diejenigen Wege zu wandeln, die die Partei seit Jahrzehnten konsequent verfolgt. Genossin Luxemburg hat wiederholt auf die Revolution in Rußland hingewiesen. (Zuruf: Sie soll doch hingehen!) Die Revolution in Rußland lehrt uns sehr viel, aber gerade das Gegenteil von dem, was Rosa Luxemburg uns einreden will; sie lehrt vor allem, daß man die Revolution in Luxemburg – (Stürmische Heiterkeit) – in Rußland unter keinen Umständen vergleichen kann mit unseren deutschen Verhältnissen. Was dort richtig sein mag, kann bei uns total verkehrt sein, und es ist der helle Wahnsinn, aus den russischen Verhältnissen einen Schluß auf die für uns notwendige Taktik ziehen zu wollen. (Sehr richtig!) In diesem Wahnsinn steckt aber Methode bei der Genossin Luxemburg. (Sehr richtig!) Es ist etwas ganz anderes, was meiner Auffassung nach Bebel mit seinem Eintreten für den politischen Massenstreit gemeint hat.

[. . .]

Zum Schluß nur das eine: Die politische Macht zu erobern heißt gar nichts anderes, als die Mehrheit des Volkes für unsere Ideen zu gewinnen. Aber als Minderheitspartei etwas auf gewaltsamem Wege zu erreichen, ist nun und nimmer möglich. (Lebhafter Beifall.)

Robert Schmidt-Berlin: Die Genossin Luxemburg sagte: Das Blut der

Arbeiter haben nicht die zu verantworten, die hier als sogenannte Sozialisten auftreten. Ich muß auf das entschiedenste gegen diesen Ausspruch Protest erheben. Wer hier in diesem Saale ist und heute mitzubestimmen hat, hat auch die Verantwortung zu tragen und nicht allein die Genossin Luxemburg, denn noch ist sie ja nicht im Tribunal, um darüber zu entscheiden, wer Genosse ist und wer nicht. (Zustimmung.)

[. . .]

Bömelburg: Sie werden nicht erwarten, daß ich auf die ganze Frage des Generalstreiks und auf all das eingehe, was hierüber nach dem Kölner Gewerkschaftskongreß in Versammlungen gesprochen und in der Presse geäußert ist. Das kann nicht meine Absicht sein. Der Gewerkschaftskongreß hat seinen Beschluß gefaßt, und da die Gewerkschaften ihre Tagung für sich abhalten und als solche souverän sind, so bleibt für mich als Gewerkschaftler in erster Linie der Beschluß des Gewerkschaftskongresses bestehen.

[. . .]

Ich für meine Person bin mit Bebel im großen ganzen einverstanden, er hat bestätigt, daß ich mit meinen Anschauungen über den Generalstreik recht habe, er hat nichts davon gesagt, daß man den politischen Massenstreik benutzen wolle, um die Desorganisation des Staates herbeizuführen.

[. . .]

Also, es läßt sich nicht bestimmen, wie die Dinge sich gestalten sollen. Und wollten wir nun auf die organisatorische Seite der Sache eingehen, so müßte ich die Frage aufwerfen, wer spricht im gegebenen Moment das entscheidende Wort, wer soll die Losung ausgeben? Einen Parteitag können wir doch nicht erst abhalten.

Man fiel nach dem Kölner Gewerkschaftskongreß förmlich über mich her. Genossin Luxemburg, sehen Sie, ich bin Maurer von Beruf, ich habe keine hohe Schule besucht, kenne mich auch nicht so mit dem feinen Schliff aus, und wir wissen ja alle, daß wir mit unserem Wissen nicht im entferntesten an die Genossin Luxemburg heranreichen. (Große Heiterkeit.)

Bebel (Schlußwort):

[. . .]

Nun hat die Debatte nach einer Richtung einen etwas seltsamen Charakter angenommen. Ich habe mit Ausnahme der Jahre, in denen ich mich in Staatspension befand, allen Parteikongressen beigewohnt. Aber eine Debatte, in der so viel von Blut und Resolution die Rede gewesen wäre, wie in der heutigen, habe ich noch nicht gehört. (Heiterkeit.) Als ich das alles hörte, habe ich ein paarmal unwillkürlich auf meine Stiefelspitzen gesehen, ob diese nicht bereits im Blute wateten. (Große Heiterkeit.) Auf diese Weise ist der Resolution, gegen die im Grunde niemand etwas hat einwenden können, eine Auslegung gegeben worden, als ob durch sie die wüstesten Gefahren heraufbeschworen würden. Ich in meinem harmlosen Gemüt habe an all das gar nicht gedacht (Heiterkeit) und ich glaube, auch meine heutige Rede bietet durchaus keine Veranlassung, mich als so blutgierig hinzustellen.

[. . .]

Der Parteitag soll sich nur im Prinzip dafür aussprechen, daß gegebenenfalls, unter bestimmten Voraussetzungen – natürlich ist dabei auch die Möglichkeit des Streiks vorausgesetzt – die Parteiführer mit den gewerkschaftlichen Führern darüber zu beraten haben: sollen wir praktisch verwirklichen, was wir in der Idee akzeptiert haben?

[. . .]

Quelle: Protokoll über die Verhandlungen des Parteitages der Sozialdemokratischen Partei Deutschlands. Abgehalten zu Jena vom 17. bis 23. September 1905, Berlin 1905.

DOKUMENT 17

Die Massenstreikdebatte II (1906)

Redebeiträge von August Bebel, Carl Legien u.a. auf dem SPD-Parteitag 1906

Bebel: Ein Blick auf die bisherige Massenstreikdebatte zeigt, daß ohne die Zustimmung der Gewerkschaftsführer und -Mitglieder an die Ausführbarkeit eines Massenstreiks nicht gedacht werden kann. Die bloße Tatsache, daß die Zahl der politisch organisierten Genossen nur 400000 beträgt, muß jeden vernünftigen Menschen überzeugen, daß die Arbeitseinstellung dieser, selbst wenn auch ein gewisser Anhang dazu gerechnet wird, wirkungslos sein muß. Es ist überhaupt undenkbar, einen Massenstreik durchzuführen, ohne daß in den breitesten Massen die Gesamtstimmung dafür vorhanden ist. (Lebhafte Zustimmung.)

[. . .]

Korreferent Legien:

Nun zu der Frage des politischen Massenstreiks. Wenn je der Beweis dafür geliefert ist, daß es unpraktisch ist, für eine rings von Feinden umgebene, vorwärts strebende Partei die Kampfmittel von vornherein zu bestimmen, die in einem gegebenen Moment angewandt werden sollen, dann ist der Beweis dafür durch das geliefert, das wir seit Jena erlebt haben. Bebel hat dort den politischen Massenstreik empfohlen. Mit Begeisterung ist seine Forderung akzeptiert worden, und was haben wir heute? Nahezu die Hälfte der Rede von Bebel war eine Abwehr der gegen ihn und den Parteivorstand gerichteten Angriffe.

[. . .]

Ich stimme mit Bebel vollkommen überein, derjenige irrt sich, der da meint, daß es in Deutschland oder Preußen zu einer revolutionären Periode wie in Rußland nicht kommen kann. Ich bin überzeugt, wir kommen in eine solche Periode hinein. Es wird die Stunde schlagen, wo wir alles einsetzen müssen, um die alten Rechte zu erhalten oder neue Rechte zu erwerben. Aber man soll nicht sagen: wenn die Stunde kommt, dann muß das und das geschehen; kommt die Stunde, dann ist die Entscheidung schnell getroffen, dann werden die Massen, wenn konservative Leute an der Spitze stehen, einfach über die Köpfe der Führer hinweg entscheiden. Dann gibt es kein Beschließen über den politischen Massenstreik mehr, dann ist der politische Massenstreik da.

[. . .]

Es ist nun gefragt worden, hatte der Gewerkschaftskongreß überhaupt Ursache zur Beratung des politischen Massenstreiks? Es ist ihm vielfach vorgeworfen worden, daß er vor dem Parteitage diese Frage verhandelt und entschieden hat. Gerade dieser Umstand hat viele Genossen veranlaßt, sich gegen den Kölner Beschluß zu wenden, ohne ihn in seinen Einzelheiten zu prüfen. Demgegenüber behaupte ich, daß das Recht zur Beratung des politischen Massenstreiks unbedingt dem Gewerkschaftskongreß zustand. Sie dürfen nicht vergessen: Kommt es zur Anwendung dieses Kampfmittels, dann sind die Gewerkschaften die ausführenden Organe. (Sehr richtig!) Und sie sind es, die auch den größten Teil der Führer zu stellen haben werden. (Sehr richtig!) Denn es wird ganz selbstverständlich auch bei Anwendung dieses Kampfmittels der Zusammenhalt der Arbeiter in den Berufen sich als das allerbeste erweisen.

Die Differenzen, die sich zeigen, sind kleinlicher Natur. Streit um Worte, weiter ist es nichts. Ich habe schon gesagt: Lieber Umbreit, schreibe Du doch ruhig 7 Artikel und laß Kautsky 10 Artikel dagegen schreiben, es bleibt doch alles beim alten. (Heiterkeit und sehr richtig!) Partei und Gewerkschaften gehören zusammen, weil dieselben Personen die Träger der Bewegung sind. (Sehr richtig!) Wie sollen wir uns denn teilen. Ich kann doch nicht mit einem Teile meiner Person für die Partei und mit dem andern dagegen sein. Ich habe doch nur einen Mund, einen Verstand, eine Ueberzeugung. Es handelt sich lediglich um Literatenstreitigkeiten.

Rosa Luxemburg: Die Rede von Legien war nahezu ein klassisches, typisches Muster für die Haltung, die gewisse Gewerkschaftsführer in der letzten Zeit gegenüber der Sozialdemokratie und gegenüber den wichtigsten Parteifragen eingenommen haben. Erst hat er eine ganze Stunde lang die Jenaer Resolution aufs schärfste kritisiert und die Unmöglichkeit und die Verderblichkeit der Idee des Massenstreiks nachgewiesen, uns davor gewarnt, und am Schlusse kam dann natürlich die herzerquickende und beruhigende Versicherung: Wir sind ja alle ein Herz und eine Seele! Also, wir haben gar nicht nötig, irgendwie Streitigkeiten auszutragen; wir können uns vereinigen auf eine Resolution.

[...]

Ich wollte noch ein paar Worte zur Rede Bebels äußern, nur bin ich nicht sicher, daß ich sie richtig erfaßt habe, denn ich saß auf der linken Seite, und er hat heute immer nach rechts gesprochen. (Große Heiterkeit.)

[...]

Kolb-Karlsruhe: Der »Vorwärts« hat einen wesentlichen Teil des Verdienstes, daß die Revolutionsromantik aus manchen Köpfen verschwunden ist. In der Diskussion der letzten Monate hatte ich oft das Gefühl, daß die Dinge auf den Kopf gestellt sind, als ob die Revisionisten von früher auf einmal die größten Revolutionsromantiker und die Revolutionsromantiker von ehemals die ausgewachsensten Revisionisten wären. (Heiterkeit.) Daß wir heute und in absehbarer Zeit in Deutschland keinen Massenstreik inszenieren können, darüber sind wir uns einig. Frau Rosa Luxemburg hat allerdings eine andere Auffassung, die meint naiv, daß man vor den Maschinengewehren keine große Angst zu haben brauche, denn man brauche sie ja nur umzudrehen, »gegebenenfalls« natürlich. (Heiterkeit.)

Sachse: Genossin Luxemburg hat über das Zimmerchen gehöhnt, in dem Parteivorstand und Generalkommission künftig zusammen beschließen würden. Ich hätte gar nichts dagegen einzuwenden, wenn Genossin Luxemburg mit in diesem Zimmer wäre; ich hoffe, daß sie da die nötige Besonnenheit lernen würde, wenn es gilt, wichtige Entscheidungen zu treffen. (Sehr gut!) Kautskys Amendement können die Gewerkschaften unmöglich ihre Zustimmung geben. Alle Gewerkschaftsführer haben einmütig erklärt: Wenn eine wirkliche Veranlassung zum Massenstreik da ist, werden auch sie keine Opposition machen. Kautsky meinte weiter, die Gewerkschaften müßten sich unter allen Umständen der Partei fügen. Ja, dann sollte man doch noch einen Schritt weiter gehen und sagen, daß die Gewerkschaften ganz überflüssig sind (Sehr richtig!) und nur eine Partei bilden, die die Gewerkschaftsfragen mitregelt. Dieser Standpunkt ist aber seit Jahrzehnten überlebt.

Dr. Gradnauer-Dresden: Die Resolution Kautsky wirkt wie ein Zankapfel, der hereingeworfen wird. (Sehr war!) Wir wollen, daß Partei und Gewerkschaften sich vertragen und zusammenarbeiten können. Das erwarten die deutschen Arbeiter von uns, aber nicht, daß wir Schritte tun, die geeignet sind, die Streitigkeiten, wenn wir von hier auseinandergehen, von neuem zu entfachen. Das aber ist die Wirkung der Resolution Kautsky (Sehr wahr! Widerspruch.)

Quelle: Protokoll über die Verhandlungen des Parteitages der Sozialdemokratischen Partei Deutschlands. Abgehalten zu Mannhein vom 23. bis 29. September 1906, Berlin 1906.

DOKUMENT 18

Rosa Luxemburg zum Thema Massenstreik, Partei und Gewerkschaften

[. . .]

Wird es in Deutschland aus irgendeinem Anlaß und in irgendeinem Zeitpunkt zu großen politischen Kämpfen, zu Massenstreiks kommen, so wird das zugleich eine Ära gewaltiger gewerkschaftlicher Kämpfe in Deutschland eröffnen, wobei die Ereignisse nicht im mindesten danach fragen werden, ob die Gewerkschaftsführer zu der Bewegung ihren Segen gegeben haben oder nicht. Stehen sie auf der Seite oder suchen sich gar der Bewegung zu widersetzen, so wird der Erfolg dieses Verhaltens nur der sein, daß die Gewerkschaftsführer von der Welle der Ereignisse einfach auf die Seite geschoben und die ökonomischen wie die politischen Kämpfe der Masse ohne sie ausgekämpft werden.

In der Tat. Die Trennung zwischen dem politischen und dem ökonomischen Kampf und die Verselbständigung beider ist nichts als ein künstliches, wenn auch geschichtlich bedingtes Produkt der parlamentarischen Periode.

[. . .]

Wenn sich diese zwei Seiten des Klassenkampfes auch aus technischen Gründen in der parlamentarischen Periode voneinander trennen, so stellen sie doch nicht etwa zwei parallel verlaufende Aktionen, sondern bloß zwei Phasen, zwei Stufen des Emanzipationskampfes der Arbeiterklasse dar. Der gewerkschaftliche Kampf umfaßt die Gegenwartsinteressen, der sozialdemokratische Kampf die Zukunftsinteressen der Arbeiterbewegung.

[. . .]

Die Gewerkschaften vertreten die Gruppeninteressen und eine Entwicklungsstufe der Arbeiterbewegung. Die Sozialdemokratie vertritt die Arbeiterklasse und ihre Befreiungsinteressen im ganzen. Das Verhältnis der Gewerkschaften zur Sozialdemokratie ist demnach das eines Teiles zum Ganzen, und wenn unter den Gewerkschaftsführern die

Theorie von der »Gleichberechtigung« der Gewerkschaften und der Sozialdemokratie so viel Anklang findet, so beruht das auf einer gründlichen Verkennung des Wesens selbst der Gewerkschaften und ihrer Rolle im allgemeinen Berfreiungskampfe der Arbeiterklasse.

[. . .]

Die Theorie von der »Gleichberechtigung« der Gewerkschaften mit der Sozialdemokratie ist also kein bloßes theoretisches Mißverständnis, keine bloße Verwechslung, sondern sie ist ein Ausdruck der bekannten Tendenz jenes opportunistischen Flügels der Sozialdemokratie, der den politischen Kampf der Arbeiterklasse auch tatsächlich auf den parlamentarischen Kampf reduzieren und die Sozialdemokratie aus einer revolutionären proletarischen in eine kleinbürgerliche Reformpartei umwandeln will.

[. . .]

Im Bewußtsein der Millionen Gewerkschaftsmitglieder sind Partei und Gewerkschaft tatsächlich eins, sie sind nämlich der sozialdemokratische Emanzipationskampf des Proletariats in verschiedenen Formen. Und daraus ergibt sich auch von selbst die Notwendigkeit, zur Beseitigung [jener Entfremdung und] jener Reibereien, die sich zwischen der Sozialdemokratie und den Gewerkschaften ergeben haben, ihre gegenseitiges Verhältnis dem Bewußtsein der proletarischen Masse anzupassen, d. h. die Gewerkschaften der Sozialdemokratie wieder anzugliedern.

[. . .]

Es handelt sich dabei selbstverständlich nicht etwa um die Auflösung des ganzen gewerkschaftlichen Aufbaues in der Partei, sondern es handelt sich um die Herstellung jenes natürlichen Verhältnisses zwischen der Leitung der Sozialdemokratie und der Gewerkschaften, zwischen Parteitagen und Gewerkschaftskongressen, das dem tatsächlichen Verhältnis zwischen der Arbeiterbewegung im ganzen und ihrer gewerkschaftlichen Teilerscheinung entspricht.

[. . .]

Quelle: Rosa Luxemburg, Massenstreik, Partei und Gewerkschaften, Hamburg 1906.

DOKUMENT 19

Streitgespräch über Patriotismus und Internationalismus

Redebeiträge von August Bebel, Jean Jaurès u.a.
auf dem Internationalen Sozialisten-Kongreß in Stuttgart 1907

Bebel: Hervé sagt: Das Vaterland sei das Vaterland der herrschenden Klassen, das ginge das Proletariat nichts an. Ein ähnlicher Gedanke ist im Kommunistischen Manifest ausgesprochen, wo es heißt: Der Proletarier hat kein Vaterland. Aber einmal haben Marx' und Engels' Schüler erklärt, daß sie nicht mehr die Anschauung des Manifestes teilten und zweitens haben sie im Laufe der Jahrzehnte zu den europäischen und auch deutschnationalen Fragen sehr klar und keineswegs negativ Stellung genommen. Was wir bekämpfen ist nicht das Vaterland an sich, das gehört dem Proletariat mehr als den herrschenden Klassen, sondern die Zustände, die in diesem Vaterlande im Interesse der herrschenden Klassen vorhanden sind. (Sehr richtig!) Die Parlamente sind auch eine Einrichtung der herrschenden Klassen zur Aufrechterhaltung ihrer Klassenherrschaft, und doch gehen wir in die Parlamente, nicht nur um die Klassenherrschaft zu bekämpfen, sondern um auch die Zustände zu verbessern. Wir beschränken uns also nicht auf die Negation, wir arbeiten auch überall positiv. Das Kulturleben und die Kulturentwicklung eines Volkes kann sich nur auf dem Boden voller Freiheit und Unabhängigkeit durch das Hülfsmittel der Muttersprache entwickeln. Daher überall das Streben unter Fremdherrschaft stehender Völker nach nationaler Freiheit und Unabhängigkeit. Das sehen wir z. B. in Oesterreich, das sehen wir an dem Kampf der Polen um ihre nationale Wiederherstellung. Auch in Rußland wird, sobald es moderner Staat geworden ist, die Nationalitätenfrage erwachen. (Widerspruch der Genossin Luxemburg.) Ich weiß, daß Sie auf einem anderen Standpunkt stehen, aber ich halte diesen Standpunkt für falsch. Jedes Volk, das unter einer Fremdherrschaft steht, kämpft zuerst für seine Unabhängigkeit. Wenn Elsaß-Lothringen sich gegen die Losreißung von Frankreich sträubte, so weil es dessen Kulturentwicklung jahrhundertelang mit durchgemacht, die Errungenschaften der großen Revolution als gleichberechtigt genoß und so kulturell ohne Schaden für das Volkstum mit Frankreich aufs innigste verwachsen war. Hervés Gedanke, daß es gleich sei für das Proletariat, ob Frankreich zu Deutschland oder Deutschland zu Frankreich gehöre, ist absurd.

[...]

Die Behauptung, was ein Angriffs-, was ein Verteidigungskrieg sei, wäre im gegebenen Fall schwer zu sagen, bestreite ich als richtig. So liegen heute die Dinge nicht mehr, daß die Fäden zu kriegerischen Katastrophen für den unterrichteten und beobachtenden Politiker unsichtbar blieben. Kabinettspolitik hat aufgehört zu sein.

[...]

Hervé-Paris: Ich weiß wirklich nicht, ob der Generalstab meine Agitation mit so großem Interesse und solcher Freude verfolgt hat, aber das eine weiß ich ganz gewiß: Nicht nur meine engeren Freunde, nein, die ganze sozialistische Welt sieht mit Erstaunen und Trauer die gegenwärtige Haltung der deutschen Sozialdemokratie zum Militarismus.

[...]

Ob deutsche Monarchie oder französiche Republik ist für den Sozialisten ganz gleich. Und dasselbe sage ich Euch heute. Jedes Vaterland ist nur eine milchende Kuh für die Kapitalisten, es ist eine Stiefmutter für alle Proletarier, um dessentwillen sie sich wirklich nicht die Köpfe einzuschlagen brauchten.

[...]

Darüber, ob die deutsche Sozialdemokratie uns folgen werde, hat Bebel uns ja keine Illusionen mehr gelassen. Ich verkenne die großen Verdienste von Marx, Engels, Lassalle, Kautsky, Bebel und auch Eduard Bernstein, des einzigen, der heute den Mut hat, durchaus nicht. Aber jetzt seid Ihr nur noch Wahl- und Zahlenmaschinen (Heiterkeit), eine Partei mit Mandaten und Kassen. Mit Stimmzetteln wollt Ihr die Welt erobern.

Jaurès: Das Vaterland will Hervé zerstören. Wir wollen das Vaterland zum Nutzen der Proletarier sozialisieren durch Überführung der Produktionsmittel in das Eigentum aller. (Beifall.) Denn die Nation ist das Schatzhaus des menschlichen Genies und Fortschritts, und es stände dem Proletariat schlecht an, diese kostbaren Gefäße menschlicher Natur zu zertrümmern. (Sehr gut!) Unsere Resolution hat mit dem Hervéismus nichts zu tun.

[...]

Es wäre traurig, wenn wir nicht mehr sagen könnten als Bebel, daß wir kein bestimmtes Mittel wissen, um die Völkerverhetzung und den Völkermord zu verhindern; traurig, wenn die gewaltig gestiegene Macht der deutschen Arbeiterklasse, des internationalen Proletariats nicht weiter reichte! In keiner Frage begnügen wir uns mehr mit der parlamentarischen Aktion.

[. . .]

Wenn aber ein Konflikt zwischen Deutschland und Frankreich ausbräche, wie würde dann die chauvinistische Brutalität ziellos gegen jeden von uns entfesselt werden, auch gegen die klügsten und vorsichtigsten. (Beifall.) Deshalb sollten wir offen genug sein, zu sagen, daß wir zwar die Unverletzlichkeit eines jeden Landes anerkennen, und es nicht der Ausbeutung und Unterdrückung von Fremden preisgeben werden, daß wir aber keineswegs zugeben werden, das internationale Proletariat hinschlachten zu lassen.

[. . .]

Vollmar: Es ist nicht wahr, daß international gleich antinational ist. Es ist nicht wahr, daß wir kein Vaterland haben, und dabei nenne ich das Wort Vaterland, ohne irgendeine haarspalterische Begriffserklärung hinzuzufügen. Ich weiß, daß und warum der Sozialismus international sein muß. Aber die Liebe zur Menschheit kann mich in keinem Augenblick hindern, ein guter Deutscher zu sein, wie sie andere nicht hindern kann, gute Franzosen oder Italiener zu sein. Und so sehr wir die gemeinsamen Kulturinteressen der Völker anerkennen und ihre Verhetzung gegeneinander verdammen und bekämpfen, so wenig können wir an die Utopisterei eines Aufhörens der Nationen und ihres Untergangs in einem formlosen Völkerbrei denken (Jaurès: Wer will denn das?) Genosse Jaurès, ich weiß, daß Sie und Vaillant Schönes über die Notwendigkeit der Nationen gesagt haben. Aber Sie sind nicht allein in diesem Saal.

[. . .]

Rosa Luxemburg:

[. . .]

Ich muß mich gegen Vollmar und leider auch gegen Bebel wenden, die sagten, wir wären nicht in der Lage, mehr als bisher zu tun. Aber die russische Revolution ist nicht nur aus dem Krieg entsprungen, sondern sie hat auch dazu gedient den Krieg zu unterbrechen. Der Zarismus hätte sonst sicher den Krieg weiter geführt. Die geschichtliche Dialektik gilt für uns nicht in dem Sinne, daß wir mit verschränkten Armen zusehen, bis sie uns reife Früchte bringt.

[. . .]

Nach der Rede Vollmars und zum Teil Bebels halten wir es für notwendig, die Bebelsche Resolution zu verschärfen, und wir haben ein Amendement ausgearbeitet, das wir noch vorlegen werden. Ich muß noch hinzufügen, daß wir in unserem Amendement zum Teil noch weiter gehen, als die Genossen Jaurès und Vaillant, indem wir die Agitation im Kriegsfalle nicht auf die Beendigung des Krieges gerichtet wissen wollen, sondern auch auf die Ausnutzung des Krieges zur Beschleunigung des Sturzes der Klassenherrschaft überhaupt. (Beifall.)

[. . .]

Quelle: Internationaler Sozialisten-Kongreß zu Stuttgart, 18. bis 24. August 1907, Berlin 1907.

DOKUMENT 19a

Interpretation der Resolution des Internationalen Sozialisten-Kongresses 1907 »Der Militarismus und die internationalen Konflikte« durch Emile Vandervelde

[...]

Im Namen der Kommission habe ich Ihnen die dort beschlossene Resolution zur Annahme vorzulegen. Sie ist lang, vielleicht die längste, die je einem internationalen Kongreß vorgelegt ist. Aber wir hatten nicht die Zeit, sie kürzer zu machen. Als wir eine Abkürzung versuchten, ergab sich sofort eine Trübung ihres klaren Sinnes und eine Lücke in ihrem Inhalt. Die Resolution ist einstimmig angenommen worden. (Bravo!) Das mußte sie. Ueber unsere Stellung zum Kriege und zum Militarismus konnte es Meinungsverschiedenheiten nicht geben, denn das wären Differenzen gewesen, die die Grundlagen des Sozialismus selbst berührt hätten. Wir haben einstimmig erst die internationale Solidarität als Pflicht der Arbeiter festgesetzt, und ich habe dieses Prinzip nicht lange zu erläutern vor einer Versammlung, die die lebendige Verkörperung des Wortes von Karl Marx ist: »Proletarier aller Länder, vereinigt Euch!« (Sehr gut!) Die Proletarier haben überall dieselben Partei- und Klasseninteressen, welchen Teil der Erde sie auch bewohnen, und haben mehr Gemeinschaft und Verwandtschaft untereinander, als mit den übrigen Klassen des Landes, das sie bewohnen. Weiter waren wir einig über das, was uns Vaillant und Bebel in so wunderbar klarer Weise in ihren Reden auseinandergesetzt haben, daß die Voraussetzung unserer Internationalität selbst das Bestehen freier und autonomer Nationen ist. Die Internationale der Arbeiter ist nicht eine amorphe Masse ohne Gliederung und Gruppierung, sondern eine freie Vereinigung, ein Bund nicht nur von selbständigen Staaten, sondern auch von Nationen, denen die Internationale ihre Autonomie wiedergegeben hat, wie den Polen. (Lebhafter Beifall.) Wir haben die vollste Berechtigung der nationalen Gliederung anerkannt, rückhaltloser und ehrlicher, als das je eine bürgerliche Partei könnte. Nun wissen wir ja, daß trotz dieser nationalen Gesinnung, die uns alle beseelt, französische Zeitungen der Bourgeoisie nicht aufhören werden, die deutsche Sozialdemokratie als die einzig nationale zu bezeichnen, während die deutschen Zeitungen die Sozialdemokratie Frankreichs als diejenige »rühmen« werden, die allein fest am Vaterlande halte. (Sehr wahr! und Heiterkeit.) Diese Widersprüche der Anschauungen zerstören sich selbst, und unsere Resolution spricht erneut die Tatsache aus, daß man die Existenz der Nationen als notwendig anerkennen kann, ohne dadurch den internationalen Zusammenhang der Arbeiter irgendwie abzuschwächen. Die notwendige Folge dieser unserer Ueberzeugung war die Anerkennung des unveräußerlichen Rechtes jeder Nation, ihre Unabhängigkeit gegen jeden Angriff von außen zu verteidigen. (Beifall.) Die Anerkennung der Nationen bedingt auch die Notwendigkeit technischer Einrichtungen zu ihrer Veteidigung. Darum schlägt die Kommission die Miliz als Volkswehr vor, als Mittel der Verteidigung der Selbständigkeit der Nationen und als wirkliche Schutzwehr gegen die Unterdrückung des inneren Feindes durch den Militarismus. Denn im kapitalistischen Militarismus ist die Pflicht, das Vaterland zu verteidigen, weniger wichtig für den Soldaten, als die, auf Vater und Mutter zu schießen. (Lebhafte Zustimmung.)

[. . .]

Quelle: Internationaler Sozialisten-Kongreß zu Stuttgart, 18. bis 24. August 1907, Berlin 1907.

DOKUMENT 20

Bebels »Flintenrede« im Reichstag am 7. März 1904

[. . .]

Wir werden nicht die rote Fahne an die Helme stecken; das wäre Blödsinn.

(Heiterkeit.)

Aber daß die Gesinnung der Leute in der Armee dieselbe bleibt, die sie im bürgerlichen Leben haben, das können Sie ihnen nicht verwehren, nicht unmöglich machen. Daher liegt es in ihrem eigenen Interesse, mit dieser Tatsache ein wenig zu rechnen und nicht in der wüsten Weise auf die Sozialdemokratie zu schimpfen, wie das bei Ihnen Sitte geworden ist. Meine Herren, Sie können künftig keinen siegreichen Krieg ohne uns schlagen.

(Sehr wahr! sehr richtig! bei den Sozialdemokraten.)

Wenn Sie siegen, siegen sie mit uns und nicht gegen uns; ohne unsere Hilfe können Sie nicht mehr auskommen.

(Sehr wahr! sehr richtig! bei den Sozialdemokraten.)

Ich sage noch mehr: wir haben sogar das allergrößte Interesse, wenn wir in einen Krieg gezerrt werden sollen – ich nehme an, daß die deutsche Politik so sorgfältig geleitet wird, daß sie selbst keinen Grund gibt, einen Krieg hervorzurufen –, aber wenn der Krieg ein Angriffskrieg werden sollte, ein Krieg, in dem es sich dann um die Existenz Deutschlands handelte, dann – ich gebe Ihnen mein Wort – sind wir bis zum letzten Mann und selbst die ältesten unter uns bereit, die Flinte auf die Schulter zu nehmen und unseren deutschen Boden zu verteidigen, nicht Ihnen, sondern uns zu Liebe, selbst meinetwegen Ihnen zum Trotz.

(Sehr wahr! sehr richtig! bei den Sozialdemokraten.)

Wir leben und kämpfen auf diesem Boden, um dieses unser Vaterland, unser Heimatland, das so gut unser Vaterland, vielleicht noch mehr als Ihr Vaterland ist (sehr wahr! sehr richtig! bei den Sozialdemokraten),

so zu gestalten, daß es eine Freude ist, in demselben zu leben, auch für den letzten unter uns.

(Sehr gut! bei den Sozialdemokraten.)

Das ist unser Bestreben, das suchen wir zu erreichen, und deshalb werden wir jeden Versuch, vom diesem Vaterlande ein Stück Boden wegzureißen, mit allen uns zu Gebote stehenden Kräften bis zum letztem Atemzuge zurückweisen.

(Zuruf rechts. Zustimmung bei den Sozialdemokraten.)

[. . .]

Quelle: Stenographische Berichte über die Verhandlungen des Reichstags. XI. Legislaturperiode. I. Session, erster Sessionsabschnitt, 1903/1904, Zweiter Band. Bd. 198, Berlin 1904.

DOKUMENT 21

Gustav Noske zum sozialdemokratischen Patriotismus

Rede im Reichstag am 25. April 1907

Meine Herren, wir Sozialdemokraten fordern, wie immer wieder von uns betont worden ist, die Erziehung der Jugend zur Wehrhaftigkeit. Das ist doch das Gegenteil davon, daß wir Sozialdemokraten dafür eintreten sollen, wie man uns fälschlicher- und verleumderischerweise so oft nachgesagt hat, daß wir auf eine Wehrlosmachung Deutschlands hinarbeiten. Wenn unser Volk die beste Bildung hat, und wenn unsere Jugend die vorzüglichste körperliche Ausbildung erfahren hat, die möglich ist, dann werden wir in Deutschland die besten Soldaten haben, auch wenn Gamaschendrill und eine ganze Reihe anderer Dinge, die heute noch hochgehalten werden, aufgegeben worden sind

(sehr richtig! bei den Sozialdemokraten),

wie wir das gewünscht haben.

Meine Herren, daß gewisse Zugeständnisse gemacht und gewisse Forderungen anerkannt werden müssen, die ursprünglich von sozialdemokratischer Seite erhoben worden sind, dafür haben wir in allerletzter Zeit hier einen sehr treffenden Beweis geliefert bekommen. Der Sozialdemokrat Bebel hat vor Jahren hier als der erste immer und immer wieder eine Umwandlung der Uniform erstrebt. Jetzt hat man diese Konzession machen müssen, man will eine neue Uniform einführen, bei der aller bisher aufrecht erhaltene blinkende Kram beseitigt wird.

[. . .]

In der Resolution, die der Herr Kriegsminister angeführt hat, ist von der Abscheu vor dem Militarismus die Rede. Aber, meine Herren, die Abscheu vor dem Militarismus ist noch lange keine Abscheu vor der Wehrhaftigkeit; Militarismus und Wehrhaftigkeit sind himmelweit verschiedene Dinge. Was wir im Militarismus bekämpfen, ist der unnötige Drill, sind die Soldatenschindereien, die Abschließung der Offiziere als Kaste und die Erklärung des Heeres als ein Machtmittel, das Übergewicht der besitzlosen Klassen gegenüber den besitzenden aufrecht zu erhalten.

Der Herr Kriegsminister hat gesagt, wir wollten die Disziplin untergraben. Ein ungerechterer Vorwurf gegenüber der Sozialdemokratie ist überhaupt nicht denkbar. Ich frage den Herrn Kriegsminister: wo gibt es in Deutschland außer im Heere noch ein höheres Maß von Disziplin als in der sozialdemokratischen Partei und in den modernen Gewerkschaften?

[. . .]

Ich gehe als Sozialdemokrat mit dem Herrn Kriegsminister zusammen, wenn erklärt hat, man habe ein Interesse daran, daß die deutschen Soldaten die besten Waffen haben. Wer so wie ich und Tausende von Männern jahrelang den Gestellungsbefehl für den ersten Mobilmachungstag in der Tasche getragen hat, der hat auch natürlich ein Interesse daran, daß er mit einem modernen Gewehr statt mit einer Heugabel ins Feld gestellt wird; das ist doch so selbstverständlich wie nur irgend etwas.

Niemals ist von sozialdemokratischer Seite die Aufhebung der Armee gefordert worden. Gerade wir Sozialdemokraten sind es gewesen, die gelegentlich bürgerlichen phantastischen Abrüstungsideen spottend gegenüberstanden und darauf hingewiesen haben, daß die wirtschaftlichen Gegensätze, die gegenwärtig zwischen den verschiedenen Nationen bestehen, zurzeit noch so stark sind, daß nicht ein einzelner Staat an die Abrüstung denken kann. Wenn wir anerkennen, daß es im Augenblick für Deutschland ganz ausgeschlossen ist, eine Abrüstung vorzunehmen, so haben wir deswegen aber nicht geringeren Anlaß, auf das Unsinnige hinzuweisen, daß zwischen den einzelnen Nationen nun schon seit Jahrzehnten das tollste Wettrüsten stattfindet, das dazu führt, daß die Völker gerade finanziell ruiniert werden. Als außerordentlich drückend und lästig wird ja auch hier im Reichstage auf allen Seiten des Hauses die steigende Militärkraft empfunden. Der Herr Kriegsminister schließt nun, wir seien Gegner eines Heeres im gegenwärtigen Staat, daraus, daß wir gesagt haben, der Zukunftsstaat sei der Friede. Das ist allerdings unsere Meinung, daß einmal in der Zukunftsgesellschaft Friede herrschen wird, daß da diesen tollen Wettrüstungen, dem bewaffneten Frieden, ein Ende gemacht wird. Es hieße doch geradezu am Verstande der Menschheit verzweifeln, wenn man annehmen wollte, daß die fortschreitende Kultur die Völker nicht dahin bringen wird, daß einmal die Rüstungen und die fürchterlichen Kriege mit ihrem Blutvergießen ein Ende haben sollten. Ich kann mir nicht denken, daß hier im Hause auch nur ein einziger Mann sitzen sollte, der nicht mit uns Sozialdemokraten einen Zustand ersehnt, wo die Rüstungen beseitigt, wo die Kriege nicht mehr geführt werden. Wir wissen allerdings, daß das eine Zukunftsforderung oder ein Zukunftswunsch ist, und wir rechnen sehr wohl mit der Gegenwart und dem Gegenwartsstaat. Und für den Gegenwartsstaat haben wir – das könnte auch der preußische Herr Kriegsminister wissen – von jeher ein wehrhaftes Volk gefordert.

(Sehr wahr! sehr richtig! bei den Sozialdemokraten.)

[. . .]

In dem sozialdemokratischen Programm steht nun als unsere militärische Programmforderung: »Erziehung des Volkes zur allgemeinen Wehrhaftigkeit«. Ich kann mir nicht denken, was der preußische Kriegsminister gegen diese sozialdemokratische Forderung auch von seinem Standpunkt aus einwenden könnte.

(Sehr gut! bei den Sozialdemokraten.)

Unsere Stellung zum Militärwesen ist gegeben durch unsere Auffassung des Nationalitätsprinzips. Wir fordern die Unabhängigkeit jeder Nation. Aber das bedingt, daß wir auch darauf Wert legen, daß die Unabhängigkeit des deutschen Volkes gewahrt wird. Wir sind selbstverständlich der Meinung, daß es unsere verdammte Pflicht und Schuldigkeit ist, dafür zu sorgen, daß das deutsche Volk nicht etwa von irgend einem anderen Volk an die Wand gedrückt wird.

(Sehr richtig! bei den Sozialdemokraten.)

Wenn ein solcher Versuch gemacht werden sollte, dann würden wir uns selbstverständlich mit ebenso großer Entschiedenheit wehren, wie das nur irgend einer der Herren auf der rechten Seite des Hauses tun kann, die jetzt so tun, als wenn sie den Patriotismus in Erbpacht genommen haben.

(Sehr richtig! bei den Sozialdemokraten.)

Meine Herren, zum Ausdruck haben wir Sozialdemokraten von jeher gebracht, daß wir Gegner von Eroberungskriegen sind.

(Sehr richtig! bei den Sozialdemokraten.)

Meine Herren, im 17. sächsischen Reichtagswahlkreise, wo morgen die Ersatzwahl stattfindet, las ich dieser Tage wieder die Beschuldigung, die Sozialdemokraten wollten, daß Russen, Franzosen, Engländer Deutschland verwüsteten, um zur Republik zu gelangen.

(Heiterkeit.)

Ja, meine Herren, wenn derartige niederträchtige Verleumdungen immer wieder in die Welt gesetzt werden, dann haben wir allen Anlaß, uns hier vor dem ganzen Lande gegen derartige Beschuldigungen zu verwahren. Wie könnten wir so wahnwitzig sein, wünschen zu wollen, daß ein Feind ins Land kommt und es verwüstet! Meine Herren, darüber sind wir Sozialdemokraten uns durchaus klar, daß unter einem verlorenen Krieg die Armen, die Arbeiterbevölkerung, am meisten zu leiden hätten.

(Sehr richtig! bei den Sozialdemokraten.)

Bebel hat hier – das ist doch auch dem Kriegsminister und den anderen Herren bekannt, die gegen uns Vorwürfe erheben – betont, daß selbstverständlich die Sozialdemokraten die Flinte auf den Buckel nehmen würden, wenn es sich darum handelte, Deutschland vor wirklichen Gefahren zu bewahren. Ich behaupte, daß es keinen deutschen Sozialdemokraten gibt, der eine andere Auffassung hegt.

Quelle: Verhandlungen des Reichstags. XII. Legislaturperiode. I. Session. Stenographische Berichte. Bd. 228, Berlin 1907.

DOKUMENT 22

Streit über die Reichstagsrede von Gustav Noske auf dem SPD-Parteitag 1907 Redebeiträge von Karl Liebknecht u.a.

Dr. Lensch-Leipzig: ... Die Rede des Genossen Noske hat geradezu einen Jubelsturm in der gesamten bürgerlichen Presse hervorgerufen und die »Chemnitzer Volksstimme«, das Blatt des Abgeordneten Noske, hat sich gewissermaßen dies Bukett an den Hut gesteckt. (Noske: Das ist nicht wahr!)

[...]

Wetzker-Bochum: Ich stehe wohl nicht im Verdacht, die Neigung zu haben, die Partei dem Anarchismus zuzutreiben. Aber ich muß sagen, daß es aus agitatorischen Gründen nicht notwendig ist, bei jeder passenden und unpassenden Gelegenheit patriotische Reden zu halten. Wenn gesagt wird, wir würden die Flinte im Falle des Angriffskrieges auf den Buckel nehmen, so glaubt uns das kein Mensch, solange wir den Militäretat ablehnen. (Sehr richtig!)

[...]

Stadthagen-Berlin: ... Noske meinte, wenn ihm einer sage, er sei ein Vaterlandsverräter, so würde er antworten: Du bist ein Lügner! Nein: Ich würde sagen: Vaterlandsverräter? Wo ist denn das Vaterland? Ihr raubt ja dem Arbeiter das Vaterland. Wir wollen es ihm geben. (Sehr gut!)

[...]

Liebknecht-Berlin: ... Im übrigen wollen wir allerdings dem Proletariat den Kasernendrill verekeln. Es fragt sich nur wie und in welchem Sinne. Auch den angeblich schweren Vorwurf des Kriegsministers, wir wollten die Disziplin im Heere untergraben, glaubte Noske ohne jede Einschränkung zurückweisen zu müssen. Er verweist darauf, daß wir auch in der Partei Disziplin fordern. Gewiß, aber wir freuen uns, wenn die

Disziplin innerhalb des Heeres nicht so gut ist, wie innerhalb der Sozialdemokratie. (Heiterkeit.)

[. . .]

Nicht eine Silbe von internationaler Solidarität, gleich als ob die Aufgaben der Sozialdemokratie an den schwarzweißroten Grenzpfählen aufhörten. Die ganze Rede ist ein fortgesetztes Betonen unseres Patriotismus in einer Art Hurrastimmung. Es fehlt jede Hervorhebung unseres prinzipiellen Standpunktes, und deshalb hat sie mit Recht scharfe Zurückweisung gefunden. (Lebhafter Beifall.)

Dr. David-Mainz: . . . Das finde ich bei dieser ganzen Debatte nicht ganz richtig, daß man den Stoß richtet gegen Noske, und den Genossen Bebel gewissermaßen aus der Debatte ausschalten will. (Sehr wahr!) Bebel hat durchaus denselben Gedanken ausgesprochen, aber Genosse Liebknecht hat es sich geschenkt, das zu betonen. Da gefällt mir der Willkommensgruß der »Dortmunder Arbeiterzeitung« doch viel besser. (Heiterkeit.) Die spricht von den »schlimmen Reichstagsreden Bebels und Noskes«. Liebknecht meinte, an den Reichstagsreden sollte man in erster Linie Kritik üben. Wenn das gelten soll, dann werden wir doch die agitatorische Wirkung dieser Reden etwas abschwächen. Im flagranten Widerspruch damit steht es dann jedenfalls, wenn man diese »schlimme« Rede Bebels als Flugblatt im ganzen Lande verbreitet. (Heiterkeit.)

[. . .]

Also Bebel verlangt, daß die militärische Jugenderziehung eingeführt wird als eine notwendige Voraussetzung der Verkürzung der Dienstzeit. Wenn das nicht eintreten sollte, dann würde die Wehrkraft des Landes geschwächt werden. Wollte Liebknecht Kritik üben, dann hätte er sie hier üben sollen. Wir haben aber im Reichstag sogar die Stärkung der Wehrkraft beantragt, indem wir für alle die zweijährige Dienstzeit unter Abschaffung des Privilegs der Einjährigen beantragten, ein Antrag, bei dem der Kriegsminister auf unserer Seite war. Das hat aber gar nichts damit zu tun, daß wir durchaus gegen die immer fortschreitenden Rüstungen vorgehen, es hat nichts damit zu tun, daß wir für die Sicherung des Weltfriedens eintreten und daß wir rücksichtslos jede Verhetzung der Völker bekämpfen. Das alles ist ganz selbstverständlich. Aber den Fall gegeben – sagten Bebel und Noske –, wir kämen in die Lage, daß man uns angreift, selbstverständlich wir seien selbst überzeugt, daß irgend jemand unsere nationale Selbständigkeit antasten wolle, dann sind wir auch bereit, unsere nationale Selbständigkeit zu verteidigen.

[...]

Dr. Liebknecht: ... Ich habe niemals gesagt, daß die Ausführungen von Noske, wonach wir die Wehrkraft des Volkes nicht vernichten wollen, an sich falsch sind, sondern ich habe nur gerügt, daß er das immer und immer wieder pathetisch betont. Daß ich den Standpunkt einer völligen Wehrlosmachung des Volkes nicht vertrete, das habe ich durch verschiedene Publikationen bewiesen. Wir verstehen unter Wehrkraft aber auch etwas ganz anderes, als die Militaristen v. Einem und Oldenburg, die unmittelbar vorher das Wort in ihrem Sinne gebraucht hatten, ohne daß Noske eine prinzipielle Scheidelinie zog. Das Wort vom Verekeln, das ich vorher gebraucht habe, ist anscheinend von einigen falsch aufgefaßt worden. Ich begreife das nicht. Natürlich bin ich nicht der Auffassung, daß wir die Lage der Arbeiter in den Kasernen verschlechtern müßten, damit sie aus ihren ungünstigen materiellen Verhältnissen heraus revolutionieren. Im Gegenteil, in meiner Broschüre habe ich ausdrücklich hervorgehoben, daß wir uns der materiellen Interessen der Soldaten annehmen müssen.

[...]

Bebel: ... Nun sind die Reden Noskes in erster Linie und meine in zweiter Linie Gegenstand der Kritik gewesen. Zunächst muß ich konstatieren, daß die Rede Noskes in der Fraktion von keiner Seite aus kritisiert worden ist, (Hört! hört!) und weiter, daß die Rede Noskes an einer großen Anzahl von Stellen eine gute Rede war und ihr infolgedessen nicht allein von der Fraktion im allgemeinen, sondern speziell auch von mir an einer ganzen Reihe von Stellen Zustimmung und Unterstützung zuteil geworden ist. ...

Ich muß es aber entschieden zurückweisen, als ob die Noskesche Rede den Eindruck gemacht hätte, als wenn Noske in einer Art Hurrastimmung gesprochen und dem Patriotismus das Wort geredet habe. Das sind Uebertreibungen. Man bleibe doch bei der Wahrheit. (Lebhafte Zustimmung.) Ich verlange nötigenfalls, daß ein Schiedsgericht zusammentritt, Noskes Rede wie die meine durchstudiert und nachweist, ob das, was Liebknecht speziell gesagt hat, irgendwelche Berechtigung hat. ...

Nun ist das Wort von der Verteidigung des Vaterlandes gefallen. Ich habe hierzu damals gesagt: Wenn wir wirklich einmal das Vaterland verteidigen müssen, so verteidigen wir es, weil es unser Vaterland ist, als den Boden, auf dem wir leben, dessen Sprache wir sprechen, dessen Sitten wir besitzen, weil wir dieses unser Vaterland zu einem Lande machen wollen, wie es nirgends in der Welt in ähnlicher Vollkommenheit und Schönheit besteht. Wir verteidigen also dieses Vaterland nicht für, sondern gegen Euch. (Lebhafte Zustimmung.) Und deshalb müssen wir gegebenfalls das Vaterland verteidigen, wenn ein Angriff kommt. Darauf hat man mir gesagt – und auch Genosse Kautsky hat in diese Kerbe gehauen –: Was ist ein Angriffskrieg? Ja, es wäre doch sehr traurig, wenn wir heute, wo große Kreise des Volkes sich Tag für Tag viel mehr um die Politik kümmern wie früher, noch nicht sollten beurteilen können, ob es sich, im einzelnen Falle um einen Angriffskrieg handelt oder nicht. ...

Vollmar ... Genosse Liebknecht hat heute wiederum über seinen Antimilitarismus gesprochen, der schon auf drei Parteitagen behandelt und zurückgewiesen worden ist, der aber heute aufs neue vor uns erscheint. Er hat gemeint, daß er ja nichts Unsinniges wolle, wie er ja auch schon bei einer früheren Gelegenheit mit Recht betont hat, daß bei dieser Agitation Torheiten vermieden werden müßten, weil schwere Opfer daraus entständen und dadurch die legale Propaganda für den Antimilitarismus gefährdet würde.

David-Mainz: ... Liebknecht hat ja manches zurückgezogen. Er meinte, er sei mißverstanden worden, so auch hinsichtlich des Ausdrucks »Verekeln«. Derselbe muß allerdings aufs schärfste zurückgewiesen werden. Wenn wir unseren Genossen im Militärrock den Aufenthalt beim Militär verekeln wollten, dann wäre unser ganzes Verhalten falsch gewesen.

Kautsky: Meiner Ansicht nach können wir uns nicht darauf festlegen, jedesmal, wenn wir überzeugt sind, daß ein Angriffskrieg droht, die Kriegsbegeisterung der Regierungen zu teilen. Bebel meint allerdings, wir seien heute schon viel weiter als 1870, wir könnten heute schon in jedem Falle genau unterscheiden, ob ein wirklicher oder ein vermeintlicher Angriffskrieg vorliegt. Ich möchte diese Verantwortung nicht auf mich nehmen. Ich möchte nicht die Garantie übernehmen, daß wir in jedem Falle schon eine solche Unterscheidung genau treffen können, daß wir stets wissen werden, ob eine Regierung uns hinters Licht führt, oder ob sie wirklich die Interessen der Nation gegenüber einem Angriffskrieg vertritt. (Sehr richtig!)

[...]

In Wirklichkeit handelt es sich im Falle eines Krieges für uns nicht um eine nationale, sondern um eine internationale Frage; denn ein Krieg zwischen Großstaaten wird zum Weltkrieg, er berührt ganz Europa und nicht bloß zwei Länder allein. Die deutsche Regierung könnte aber auch eines Tages den deutschen Proletariern weismachen, daß sie die Angegriffenen seien, die französische Regierung könnte das gleiche den Franzosen weismachen, und wir hätten dann einen Krieg, in dem deutsche und französische Proletarier mit gleicher Begeisterung ihren Regierungen nachgehen und sich gegenseitig morden und die Hälse abschneiden. Das muß verhütet werden und das wird verhütet, wenn wir nicht das Kriterium des Angriffskrieges anlegen, sondern das der proletarischen Interessen, die gleichzeitig internationale Interessen sind.

[...]

Bebel: Mein Freund Kautsky hat heute sehr unglücklich gegen mich polemisiert. (Heiterkeit.) Sein sonst so gewohnter Scharfsinn hat ihn vollständig verlassen. (Erneute Heiterkeit.) ...

Quelle: Protokoll über die Verhandlungen des Parteitages der Sozialdemokratischen Partei Deutschlands, Essen vom 15. bis 21. September 1907, Berlin 1907.

DOKUMENT 23

Aufruf des SPD-Parteivorstandes zu Protestversammlungen gegen den Krieg

Aufruf!

Noch dampfen die Aecker auf dem Balkan von dem Blute der nach Tausenden Hingemordeten, noch rauchen die Trümmer verheerter Städte, verwüsteter Dörfer, noch irren hungernd arbeitslose Männer, verwitwete Frauen und verwaiste Kinder durchs Land, und schon wieder schickt sich die vom österreichischen Imperialismus entfesselte Kriegsfurie an, Tod und Verderben über ganz Europa zu bringen.

Verurteilen wir auch das Treiben der groß-serbischen Nationalisten, so fordert doch die frivole Kriegsprovokation der österreichisch-ungarischen Regierung den schärfsten Protest heraus. Sind doch die Forderungen dieser Regierung so brutal, wie sie in der Weltgeschichte noch nie an einen selbständigen Staat gestellt sind, und können sie doch nur darauf berechnet sein, den Krieg geradezu zu provozieren.

Das klassenbewußte Proletariat Deutschlands erhebt im Namen der Menschlichkeit und der Kultur flammenden Protest gegen das verbrecherische Treiben der Kriegshetzer. Es fordert gebieterisch von der deutschen Regierung, daß sie ihren Einfluß auf die österreichische Regierung zur Aufrechterhaltung des Friedens ausübe, und falls der schändliche Krieg nicht zu verhindern sein sollte, sich jeder kriegerischen Einmischung enthalte. Kein Tropfen Blut eines deutschen Soldaten darf dem Machtkitzel der österreichischen Gewalthaber, den imperialistischen Profitinteressen geopfert werden.

Parteigenossen, wir fordern Euch auf, sofort in Massenversammlungen den unerschütterlichen Friedenswillen des klassenbewußten Proletariats zum Ausdruck zu bringen. Eine ernste Stunde ist gekommen, ernster als irgend eine der letzten Jahrzehnte. Gefahr ist im Verzuge! Der Weltkrieg droht! Die herrschenden Klassen, die Euch im Frieden knebeln, verachten, ausnutzen, wollen Euch als Kanonenfutter mißbrauchen. Ueberall muß den Gewalthabern in die Ohren klingen:

Wir wollen keinen Krieg! Nieder mit dem Kriege! Hoch die internationale Völkerverbrüderung!

Berlin, den 25. Juli 1914. Der Parteivorstand.

Quelle: Vorwärts. Berliner Volksblatt. Zentralorgan der sozialdemokratischen Partei Deutschlands. Nr. 200 a, Extra-Ausgabe, 25. Juli 1914.

DOKUMENT 24

Begründung für die Bewilligung der Kriegskredite durch die sozialdemokratische Reichstagsfraktion

Haase (Königsberg), Abgeordneter: Meine Herren, im Auftrage meiner Fraktion habe ich folgende Erklärung abzugeben.

Wir stehen vor einer Schicksalsstunde. Die Folgen der imperialistischen Politik, durch die eine Ära des Wettrüstens herbeigeführt wurde und die Gegensätze unter den Völkern sich verschärften, sind wie eine Sturmflut über Europa hereingebrochen. Die Verantwortung hierfür fällt den Trägern dieser Politik zu;

(sehr wahr! bei den Sozialdemokraten)

wir lehnen sie ab.

(Bravo! bei den Sozialdemokraten.)

Die Sozialdemokratie hat diese verhängnisvolle Entwicklung mit allen Kräften bekämpft, und noch bis in die letzten Stunden hinein hat sie durch machtvolle Kundgebungen in allen Ländern, namentlich in innigem Einvernehmen mit den französischen Brüdern,

(lebhaftes Bravo bei den Sozialdemokraten.)

für die Aufrechterhaltung des Friedens gewirkt.

(Erneuter lebhafter Beifall bei den Sozialdemokraten.)

Ihre Anstrengungen sind vergeblich gewesen.

Jetzt stehen wir vor der ehernen Tatsache des Krieges. Uns drohen die Schrecknisse feindlicher Invasionen. Nicht für oder gegen den Krieg haben wir heute zu entscheiden, sondern über die Frage der für die Verteidigung des Landes erforderlichen Mittel.

(Lebhafte Zustimmung bei den bürgerlichen Parteien.)

Nun haben wir zu denken an die Millionen Volksgenossen, die ohne ihre Schuld in ein tiefes Verhängnis hineingerissen sind.

(Sehr wahr! bei den Sozialdemokraten.)

Sie werden von den Verheerungen des Krieges am schwersten getroffen.

(Sehr richtig! bei den Sozialdemokraten.)

Unsere heißen Wünsche begleiten unsere zu den Fahnen gerufenen Brüder ohne Unterschied der Partei.

(Lebhaftes allseitiges Bravo und Händeklatschen.)

Wir denken auch an die Mütter, die ihre Söhne hergeben müssen, an die Frauen und Kinder, die ihres Ernährers beraubt sind, und denen zu der Angst um ihre Lieben die Schrecken des Hungers drohen. Zu diesen werden sich bald zehntausende Verwundeter und verstümmelter Kämpfer gesellen.

(Sehr wahr!)

Ihnen allen beizustehen, ihr Schicksal zu erleichtern, diese unermeßliche Not zu lindern, erachten wir als eine zwingende Pflicht.

(Lebhafte Zustimmung bei den Sozialdemokraten.)

Für unser Volk und seine freiheitliche Zukunft steht bei einem Sieg des russischen Despotismus, der sich mit dem Blute des eigenen Volkes befleckt hat

(lebhafte Rufe: Sehr wahr! bei den Sozialdemokraten),

viel, wenn nicht alles auf dem Spiel.

(Erneute Zustimmung.)

Es gilt, diese Gefahr abzuwehren, die Kultur und die Unabhängigkeit unseres Landes sicherzustellen.

(Bravo!)

Da machen wir wahr, was wir immer betont haben: Wir lassen in der Stunde der Gefahr das eigene Vaterland nicht im Stich.

(Lebhaftes Bravo.)

Wir fühlen uns dabei im Einklang mit der Internationale, die das Recht jedes Volkes auf nationale Selbständigkeit und Selbstverteidigung jederzeit anerkannt hat,

(sehr richtig! bei den Sozialdemokraten)

wie wir auch in Übereinstimmung mit ihr jeden Eroberungskrieg verurteilen.

(Sehr gut! bei den Sozialdemokraten.)

Wir fordern, daß dem Kriege, sobald das Ziel der Sicherung erreicht ist, und die Gegner zum Frieden geneigt sind, ein Ende gemacht wird durch einen Frieden, der die Freundschaft mit den Nachbarvölkern ermöglicht.

(Bravo! bei den Sozialdemokraten.)

Wir fordern dies nicht nur im Interesse der von uns stets verfochtenen internationalen Solidarität, sondern auch im Interesse des deutschen Volkes.

(Sehr gut! bei den Sozialdemokraten.)

Wir hoffen, daß die grausame Schule der Kriegsleiden in neuen Millionen den Abscheu vor dem Kriege wecken und sie für das Ideal des Sozialismus und des Völkerfriedens gewinnen wird.

(Lebhaftes Bravo bei den Sozialdemokraten.)

Von diesen Grundsätzen geleitet, bewilligen wir die geforderten Kriegskredite.

(Lebhafter Beifall bei den Sozialdemokraten.)

Quelle: Verhandlungen des Reichstags. XIII. Legislaturperiode. II. Session. Stenographische Berichte. Bd. 306, Berlin 1916.

DOKUMENT 25

Einschätzung Rosa Luxemburgs zur drohenden Kriegsgefahr

[. . .]

Der Dreibund hat sich diesmal genauso ohnmächtig gezeigt, einen österreichischen Kriegsvorstoß zu verhüten, wie er vor drei Jahren außerstande war, Italien vor dem blutigen Abenteuer in Tripolis zurückzuhalten. Die Verpflichtungen der Bundesgenossen gegeneinander reichten nicht so weit, für das österreichische Ultimatum, das den Krieg entfesselt hat, auch nur erst die Mitwirkung und Zustimmung der deutschen Regierung geschweige der Volksvertretung einzuholen. Sie wandeln sich aber, nach der eigenmächtigen Kriegsprovokation Österreichs, in eine »Pflicht« für Deutschland, sich gleichfalls in das Blutmeer kopfüber zu stürzen, sobald das verbrecherische Treiben Österreichs den russischen Bären auf den Kampfplatz wird herausgelockt haben. Und ebenso soll Frankreichs Volk an die Schlachtbank geschleppt werden, sobald und weil der russische Zarismus, gepeitscht durch die Erinnyen der Revolution im Innern und die Furien des Imperialismus in seiner auswärtigen Politik, zwischen den Speeren die Rettung oder den Untergang suchen wird.

Fragt man freilich, ob die deutsche Regierung kriegsbereit sei, so kann die Frage mit gutem Recht verneint werden. Man kann den kopflosen Leitern der deutschen Politik ruhig zugestehen, daß ihnen in diesem Augenblick jede andere Perspektive in lieblicherem Lichte erscheint als die, um des habsburgischen Bartes willen alle Schrecken und Wagnisse des Krieges mit Rußland und Frankreich oder gar am letzten Ende mit England auf sich zu nehmen. Diese Kriegsunlust ist aber, weit entfernt, ein versöhnendes und achtungsgebietendes Moment in den Augen der Volksmassen zu sein, vielmehr ein Grund mehr, das Treiben dieser unverantwortlichen Lenker der deutschen Geschicke vor das strengste Gericht der Volksmassen zu ziehen. Denn was hat mehr zu der heutigen Kriegslage beigetragen als das wahnwitzige Rüsten, als die ungeheuerlichen Militärvorlagen, die in Deutschland in den letzten Jahren förmlich einander jagten?

[. . .]

Quelle: Rosa Luxemburg, Der Friede, der Dreibund und wir, Gesammelte Werke, Berlin (DDR) 1973.

DOKUMENT 26

Absage Clara Zetkins, einen von Rosa Luxemburg angeregten Protest gegen Bewilligung der Kriegskredite durch die Reichstagsfraktion zu unterzeichnen

»Wilhelmshöhe, d. 5. VIII. 1914

Liebe Freunde,

Es ist mir schwer, Euch zu schreiben, weil es eine Enttäuschung für Euch sein wird, wenn ich zur Überlegung mahne. Freilich kenne ich den Wortlaut des Protestes nicht, aber er ist nebensächlich und würde wohl kaum an der Sache etwas ändern. Ich habe mit C. darüber gesprochen – der Dichter ist nicht da – ferner mit Westm. und Crispien. C. ist für den Protest und würde ihn unterzeichnen, wenn er meinen Namen hätte. Wir andern haben große Bedenken dagegen und bitten Euch dringend, die Sache nochmals zu überlegen. An der Haltung der Fraktion ändert der Protest nichts mehr, er bliebe eine rein persönliche Kundgebung, die jetzt von Niemand verstanden würde, nur zeigte, daß wir völlig isoliert in der Luft stehen und wie klein und ohnmächtig wir sind. Doch wichtiger wäre die Wirkung für später. Der Protest würde unseren eigenen Flügel vollständig sprengen – d. h. innerhalb der Massen, ich denke nicht an die Führer – und würde uns die spätere Auseinandersetzung auf lange hinaus verlegen. Wir müssen jetzt von unserer Richtung zusammenhalten, was sich zusammenhalten läßt. Wie sich die Dinge entwickeln, läßt sich nicht übersehen. Wir müssen uns den breitesten Zusammenhang mit den Massen sichern.

[. . .]

Quelle: Jürgen Kuczynski, Der Ausbruch des Ersten Weltkrieges und die Deutsche Sozialdemokratie – Chronik und Analyse, Berlin (DDR) 1957.

DOKUMENT 27

Kommentar der Metallarbeiter-Zeitung zum Krieg

Der europäische Krieg.

Was schon vor Jahrzehnten von allen Freunden wahrer Gesittung und wahren Fortschritts gefürchtet wurde, ist zur entsetzlichen Wirklichkeit geworden: es ist ein Weltkrieg ausgebrochen, Millionenheere stehen einander gegenüber und vielleicht werden schon jetzt Ströme von Blut vergossen. Von Osten kommt der heimtückische, blutgierige Zarismus und mit diesem im Bunde stehen die Machthaber zweier Staaten, die sich sonst nicht laut genug ihrer freiheitlichen Einrichtungen rühmen konnten. Der eine dieser Staaten ist Frankreich, das Ursache hätte, den Tod eines seiner edelsten Söhne zu betrauern. Jean Jaurès, der glänzende französische Politiker, einer der wenigen Franzosen, die deutsches Wesen und deutsche Kultur wirklich kannten, er mußte sein Leben unter den Schüssen eines Mordbuben aushauchen.

Das Urteil, das die Geschichte über die »Staatsmänner« fällen wird, die zurzeit im stolzen Großbritannien am Ruder sind, scheint diese wenig zu kümmern, sonst würden sie sich nie zu dem fluchwürdigen Bündnis mit dem ruchlosen Knutenzarentum entschlossen haben. Der Vorwand zu Englands Kriegserklärung ist von lächerlicher Fadenscheinigkeit; man will der deutschen Industrie einen Schlag versetzen, der sie auf Jahrzehnte hinaus am Wettbewerb mit der englischen Industrie hindert.

Feine ringsum! Aber bange machen gilt nicht und das ganze deutsche Volk ist entschlossen, alles aufzubieten, um den Sieg zu erringen. Das hat auch der Reichstag bewiesen. Die Stellung der organisierten Arbeiterschaft zum Kriege ist gekennzeichnet in der Erklärung, die der sozialdemokratische Redner (Haase) am 4. August im Reichstag abgab.

Wir sind nicht schuld an dem Unheil, von dem Deutschland auf jeden Fall betroffen wird. Weil aber im Falle der Niederlage das Massenelend noch viel schlimmer werden würde, deshalb wünschen wir nicht nur den Sieg, sondern tun auch alles, um ihn an unsere Fahnen zu heften.

Von demselben Wunsche beseelt, sind auch schon viele Tausende von Mitgliedern unseres Verbandes zu den Fahnen geeilt. Ihr Zurückbleibenden, nehmt euch der Familien der Kämpfer an und haltet treu zu eurer Organisation, damit diese in einer so schweren Zeit so gut wie möglich uns ein Schutz und Schirm ist! Schaut euch um unter den Kollegen, die nicht zum Heer einberufen sind, aber unserm Verbande noch fernstehen und sucht sie von der Notwendigkeit unseres Verbandes zu überzeugen. In dieser schweren Zeit muß alles fest zusammenstehen. Treue um Treue! Dann werden auch wieder bessere Zeiten kommen!

Quelle: Metallarbeiter-Zeitung, Nr. 33 vom 15. April 1914.

DOKUMENT 28

Darstellung und Interpretation der Kriegsunterstützung durch die Sozialdemokratie im August 1914 aus marxistisch-leninistischer Sicht

[. . .]

Während in den Führungsgremien der deutschen Sozialdemokratie die Auseinandersetzungen über die Stellung zum Krieg noch im Gange waren, schuf die von der Generalkommission der Gewerkschaften einberufene Konferenz der Verbandsvorstände am 2. August 1914 vollendete Tatsachen. Die Teilnehmer, allesamt Mitglieder der Sozialdemokratischen Partei, beschlossen, die Maßnahmen der Regierung bei der Mobilmachung zu unterstützen, Lohnbewegungen ab sofort einzustellen und während des Krieges keine Lohnkämpfe zu führen. Jegliche finanzielle Hilfe für Streikende wurde untersagt, ein Großteil der Geldmittel sollte zur Unterstützung der Arbeitslosen genutzt werden. Das war erstmals offener, direkter Verzicht auf den Klassenkampf und auf die Vertretung der Interessen der Arbeiter. Gewerkschaften, die im Kampf gegen Ausbeutung entstanden und sich entwickelt hatten, wurden der imperialistischen Bourgeoisie und ihrem Raubkrieg ausgeliefert. Die Gewerkschaftsführung demobilisierte und verwirrte die Mitglieder der Partei und der Gewerkschaften, von denen Hunderttausende den Beteuerungen des Parteivorstandes der Sozialdemokratie, für den Frieden einzutreten, Glauben geschenkt hatten. Diese Arbeiter waren in großer Zahl dem Aufruf zu Kundgebungen gegen den Krieg gefolgt, weil sie sich den Friedensbeschlüssen der II. Internationale verpflichtet fühlten. Sie erwarteten ein entscheidendes Wort von der sozialdemokratischen Reichstagsfraktion.

[. . .]

Am Nachmittag kam es dann zur Reichstagssitzung, auf der die sozialdemokratische Fraktion ihre verhängnisvolle Entscheidung kundtat.

[. . .]

Danach verlas Hugo Hasse die Zustimmungserklärung der sozialdemokratischen Reichtagsfraktion zu den Kriegskrediten.

[. . .]

Unter dem Vorwand »patriotischer Pflichterfüllung« bewilligte die sozialdemokratische Reichstagsfraktion dem deutschen Imperialismus die finanziellen Mittel zur Führung seines aggressiven imperialistischen Raubkrieges. Damit handelten die opportunistischen Führer in der Sozialdemokratie und in den freien Gewerkschaften gegen die Interessen der Arbeiterklasse und aller Werktätigen, gegen die Beschlüsse für den revolutionären Antikriegskampf. Die Zustimmung der ganzen Fraktion war von der Mehrheit durch Mißbrauch der Fraktionsdisziplin erzwungen worden.

Quelle: Geschichte der SED, Hg.: Institut für Marxismus-Leninismus beim ZK der SED, Berlin (DDR) 1988.

TABELLE 1

Übersicht über die Zahl und Stärke der deutschen Gewerkschaftsorganisationen

Laufende Nr.	Name	Zahl der Verwaltungs-stellen	Mitglieder-zahl
1	Bäcker	19	983
2	Barbiere (Gehülfen)	?	?
3	Barbiere (Selbständige)	11	240
4	Bergleute (Westphalen)	?	58 000
5	Bergleute (Sachsen)	44	7 040
6	Bergleute (Schlesien)	?	?
7	Bildhauer	74	3 169
8	Böttcher	65	4 600
9	Buchbinder	45	3 000
10	Buchdrucker	*557	17 500
11	Bürstenmacher	39	1 000
12	Cigarrensortirer	27	700
13	Dachdecker	19	571
14	Drechsler	74	2 700
15	Fabrik- und Hülfsarbeiter	44	3 000
16	Fabrikarbeiterinnen	9	300
17	Formstecher	5	464
18	Gärtner	30	700
19	Lohgerber	35	1 500
20	Weißgerber	44	1 700
21	Glaser	38	1 440
22	Glasarbeiter	12	945
23	Glacehandschuhmacher	*100	2 100
24	Goldarbeiter	24	1 840
25	Hafenarbeiter	7	6 000
26	Holzarbeiter	14	800
27	Hutmacher	42	3 000
28	Korbmacher	44	1 360
29	Kürschner	18	1 100
30	Kupferschmiede	49	2 345
31	Maler	104	8 126
32	Maler (Bayern)	6	500
33	Mechaniker	27	670

Laufende Nr.	Name	Zahl der Verwaltungs-stellen	Mitglieder-zahl
34	Müller	75	2980
35	Plätterinnen	?	?
36	Sattler	34	1791
37	Schiffszimmerer	8	1022
38	Schlosser	7	1200
39	Schmiede	43	3000
40	Schneider	210	9500
41	Schuhmacher	250	13000
42	Seiler	8	281
43	Steinmetzen	66	4000
44	Steinsetzer	27	2095
45	Stellmacher	17	601
46	Tabakarbeiter	250	16000
47	Tapezierer	52	1900
48	Tischler	209	17600
49	Vergolder	13	1170
50	Werftarbeiter	8	1800
51	Ziegler	26	900
52	Zimmerer	216	11000
53	Zimmerer (Süddeutsche)	5	500
	Summa	3150	227733
			Ein Vertrauens-männersystem besaßen:
	Bauarbeitsleute	?	2000
	Maurer	295	33447
	Metallarbeiter	286	33214
	Stukkateure	?	?
	Töpfer	131	4806
	Summa	712	73467

Quelle: Correspondenzblatt der Generalkommission der Gewerkschaften Deutschlands, Nr. 28 vom 26. September 1891.

TABELLE 2

Die gewerkschaftlichen Zentralverbände im ersten Halbjahr 1914

Laufende Nummer	Verband der	Zahl der Mitglieder im Durchschnitt des ersten Halbjahres	
		zusammen	weibliche
1	Asphalteure	1133	—
2	Bäcker und Konditoren	28981	4328
3	Bauarbeiter	304853	—
4	Bergarbeiter	102025	—
5	Bildhauer	3681	—
6	Böttcher	8545	—
7	Brauerei- und Mühlenarbeiter	51576	1459
8	Buchbinder	32713	16169
9	Buchdrucker	69608	—
10	Buchdruckereihilfsarbeiter	15759	8438
11	Bureauangestellten	9013	482
12	Dachdecker	8007	—
13	Fabrikarbeiter	207934	26145
14	Fleischer	6971	343
15	Friseure	2419	3
16	Gärtner	7569	25
17	Gastwirtsgehilfen	15831	1033
18	Gemeindearbeiter	54585	1677
19	Glasarbeiter	18178	900
20	Glaser	4102	6
21	Handlungsgehilfen	25785	14066
22	Holzarbeiter	192000	7570
23	Hutmacher	11901	6029
24	Kupferschmiede	5436	—
25	Kürschner	3936	1236
26	Lederarbeiter	16328	2079
27	Lithographen	16684	14
28	Maler	44934	8
29	Maschinisten	25522	—
30	Metallarbeiter*	538730	25207
31	Notenstecher	440	—

Laufende Nummer	Verband der	Zahl der Mitglieder im Durchschnitt des ersten Halbjahres	
		zusammen	weibliche
32	Porzellanarbeiter	16641	3435
33	Sattler und Portefeuiller	14636	1024
34	Schiffszimmerer	3578	—
35	Schneider	49149	8646
36	Schuhmacher	43943	8508
37	Steinarbeiter	30841	263
38	Steinsetzer	11588	—
39	Tabakarbeiter	29449	14144
40	Tapezierer	10247	184
41	Textilarbeiter	134585	52847
42	Töpfer	10268	—
43	Transportarbeiter	229373	9509
44	Xylographen	419	—
45	Zimmerer	61544	—
46	Zivilmusiker	2171	
	Summa	2483661	215777
47	Hausangestellten	6006	5981
48	Landarbeiter	21470	1030

Quelle: Paul Umbreit, 25 Jahre Deutscher Gewerkschaftsbewegung 1890–1915, Berlin 1915.

TABELLE 3

Die Entwickelung der Zentralverbände von 1891–1914

Jahr	Zentralverbände	Mitgliederzahl im Jahresdurchschnitt insgesamt	davon weibliche	Einnahmen in Verbänden	Einnahmen Mk.	Ausgaben in Verbänden	Ausgaben Mk.	Vermögensbestand der Zentralverbände Mk.
1891	62	277659		49	1116588	47	1606534	425845
1892	56	237094	4355	46	2031922	50	1786271	646415
1893	51	223530	5384	44	2246366	44	2036025	800579
1894	54	246494	5251	41	2685564	44	2135606	1319295
1895	53	259175	6697	47	3036803	48	2488015	1640437
1896	51	329230	15265	49	3616444	50	3323713	2323678
1897	56	412359	14644	51	4083696	52	3542807	2951425
1898	57	493742	13481	57	5508667	57	4279726	4373313
1899	55	580473	19280	55	7687154	55	6450876	5577547
1900	58	680427	22844	58	9454075	58	8088021	7745902
1901	57	677510	23699	56	9722720	56	8967168	8798333
1902	60	733206	28218	60	11097744	60	10005528	10253559
1903	63	887698	40666	63	16419991	63	13724336	12973726
1904	63	1052108	48604	63	20190630	63	17738756	16109903
1905	64	1344803	74411	64	27812257	64	25024234	19635850
1906	66	1689709	118908	66	41602939	66	36963413	25312634
1907	61	1865506	136929	63	51396784	63	43122519	33242545
1908	60	1831731	138443	62	48544396	62	42057516	40839791
1909	57	1832667	133888	59	50529114	60	46264031	43480932
1910	53	2017298	161512	57	64372190	57	57926566	52575505
1911	*51	2320986	191332	51	72086957	51	60025080	62105821
1912	*48	2530390	216462	50	80233575	50	61105675	80797786
1913	*47	2548763	223676	47	82005580	47	74904962	88069295
1914	**46*	*2483661*	*215777*	*46*	*37873529*	*46*	*35007658*	—
1914	**46*	*1645181*	*191512*	*46*	*27574059*	*46*	*40216999*	—
1914	*46	†2052377	203648	46	70871954	46	79547272	81415535

Die für 1914 eingesetzten Zahlen in Kursiv bedeuten das 1. und 2. Halbjahr.
* Ohne die Verbände der Hausangestellten und Landarbeiter.
† Bis zum Jahresschluß waren 746551 Mitglieder zum Heeresdienst eingezogen.

Quelle: Paul Umbreit, 25 Jahre Deutscher Gewerkschaftsbewegung 1890–1915, Berlin 1915.

TABELLE 4

Die Mitgliederentwicklung der gewerkschaftlichen Spitzenverbände

Freie, Christliche und Hirsch-Dunckersche Gewerkschaften 1890–1913

Jahr	Freie	Christliche	Hirsch-Duncker
1890	294 551	—	62 643
1891	291 691	—	65 588
1892	215 511	—	45 154
1893	218 972	—	61 154
1894	245 723	Gründung	67 078
1895	255 521	5 500	66 759
1896	329 230	8 055	71 767
1897	412 359	21 000	79 553
1898	493 742	34 270	82 755
1899	580 473	56 391	86 777
1900	680 427	76 744	91 661
1901	677 510	84 497	95 057
1902	733 206	84 667	102 561
1903	887 698	91 440	110 215
1904	1 052 108	118 917	111 889
1905	1 344 803	191 690	116 143
1906	1 689 709	260 040	118 508
1907	1 865 506	284 649	108 889
1908	1 831 731	260 767	105 633
1909	1 832 667	280 061	108 028
1910	2 017 298	316 115	122 571
1911	2 320 986	350 574	107 743
1912	2 530 390	350 930	109 225
1913	2 548 763	341 735	106 618

Quelle: G. Hohorst, J. Kocka, G. A. Ritter, Sozialgeschichtliches Arbeitsbuch. Materialien zur Statistik des Kaiserreichs 1870–1914, München 1975.

TABELLE 5

Unterstützungsleistungen der Freien Gewerkschaften 1891–1914

Unterstützungszweige	in Mark	Anteil an den Gesamtaufwendungen (in %)
Streik	143 520 863	36,8
Gemaßregelte	10 939 197	2,8
Reise	16 126 099	4,1
Arbeitslose	89 522 023	23,0
Rechtsschutz	4 283 346	1,1
Krankheit	91 044 193	23,3
Invalidität	5 739 693	1,5
Umzug, Beihilfen in Not- und Sterbefällen	28 738 885	7,4
Gesamtsumme	389 913 499	100,0

Quelle: Klaus Schönhoven, Selbsthilfe als Form von Solidarität. Das gewerkschaftliche Unterstützungswesen im Deutschen Kaiserreich bis 1914, in: Archiv für Sozialgeschichte, XX. Band, Bonn 1980.

TABELLE 6

Entwicklung der Unterstützungsleistungen der liberalen, der christlichen und Freien Gewerkschaften (1909–1913)

*Prozentuale Verteilung der von den Hirsch-Dunckerschen Gewerkvereinen, den Christlichen Gewerkschaften und den Freien Gewerkschaften für Unterstützungszwecke ausgegebenen Finanzmittel 1909–1913**

<table>
<tr><th></th><th colspan="3">Hirsch-Dunckersche Gewerkvereine</th><th colspan="3">Christliche Gewerkschaften</th><th colspan="3">Freie Gewerkschaften</th></tr>
<tr><th>Unterstützungszweige</th><th>1909</th><th>1911</th><th>1913</th><th>1909</th><th>1911</th><th>1913</th><th>1909</th><th>1911</th><th>1913</th></tr>
<tr><td>Streik</td><td rowspan="2">9,5</td><td rowspan="2">22,4</td><td rowspan="2">25,4</td><td rowspan="2">28,7</td><td rowspan="2">49,1</td><td rowspan="2">39,6</td><td>23,7</td><td>44,7</td><td>34,7</td></tr>
<tr><td>Gemaßregelte</td><td>3,7</td><td>2,3</td><td>2,0</td></tr>
<tr><td>Reise</td><td>1,1</td><td>1,3</td><td>1,1</td><td rowspan="2">11,5</td><td rowspan="2">7,6</td><td rowspan="2">11,4</td><td>3,9</td><td>2,7</td><td>3,1</td></tr>
<tr><td>Arbeitslose</td><td>22,0</td><td>13,5</td><td>18,1</td><td>29,5</td><td>16,4</td><td>24,1</td></tr>
<tr><td>Rechtsschutz</td><td>1,1</td><td>1,0</td><td>0,7</td><td>8,6</td><td>4,3</td><td>5,3</td><td>1,0</td><td>1,0</td><td>0,9</td></tr>
<tr><td>Krankheit</td><td>55,1</td><td>49,3</td><td>44,5</td><td>38,0</td><td>28,8</td><td>32,7</td><td>30,6</td><td>26,6</td><td>28,3</td></tr>
<tr><td>Invalidität</td><td>1,2</td><td>1,3</td><td>0,9</td><td>—</td><td>—</td><td>—</td><td>1,7</td><td>1,4</td><td>1,2</td></tr>
<tr><td>Umzug, Beihilfen in Not- und Sterbefällen</td><td>10,0</td><td>11,2</td><td>9,3</td><td>13,2</td><td>10,2</td><td>11,0</td><td>5,7</td><td>4,9</td><td>5,7</td></tr>
<tr><td>Unterstützungsausgaben (in 1 000 Mark)</td><td>1 552</td><td>1 484</td><td>1 810</td><td>1 702</td><td>2 442</td><td>2 498</td><td>29 093</td><td>38 677</td><td>47 793</td></tr>
<tr><td>Anteil an den Gesamtausgaben (in %)</td><td>66,1</td><td>64,5</td><td>69,1</td><td>44,3</td><td>46,1</td><td>34,8</td><td>62,7</td><td>64,4</td><td>63,7</td></tr>
<tr><td>Ausgaben pro Mitglied (in Mark)</td><td>14,36</td><td>13,78</td><td>16,98</td><td>6,29</td><td>7,16</td><td>7,29</td><td>15,87</td><td>16,66</td><td>18,75</td></tr>
</table>

Quelle: Klaus Schönhoven, Selbsthilfe als Form von Solidarität. Das gewerkschaftliche Unterstützungswesen im Deutschen Kaiserreich bis 1914, in: Archiv für Sozialgeschichte, XX. Band, 1980, Bonn 1980.

TABELLE 7

Mitgliederbewegung nach Berufen (im Deutschen Metallarbeiter-Verband) 1902–1903

Berufe	1902	1903
Drahtarbeiter (Drahtweber, Siebmacher)	789	1057
Dreher (Eisen-, Fasson-, Metall-)	15050	19010
Feilenhauer (-Schleifer)	1311	1353
Former (Eisen-, Metallgießer, Kernmacher, Gießereihilfsarbeiter)	14260	18898
Goldarbeiter (Graveure, Ziseleure)	1628	1370
Gürtler (Plattierer)	3228	3914
Heizer (Maschinenwärt.)	465	570
Kesselschmiede	1731	1905
Klempner (Spengler, Flaschner, Blechner)	10271	12154
Installateure, Rohrleger	2462	2184
Kupferschmiede	176	195
Mechaniker (chir. Instrumenten-, Büchsen-, Reißzeug-, Uhrmacher)	4918	6623
Optische Industrie-Arbeiter (Brillen-, Pincenez-Arbeiter, Einschleifer, Etuismacher)	677	595
Metalldrücker	1467	1522
Metallschleifer	3336	4437
Modelltischler	136	135
Nadelarbeiter	942	1175
Schlosser (Maschinenbauer)	38215	48402
Schläger (Gold-, Silber-, Metall- u. Zinn- etc., Zainer, Bronzearbeit.)	2 007	1893
Schmiede (Messer-, Zeug-)	5135	5383
Werftarbeiter	1634	1463
Zinngießer	286	265
Sonstige Metallarbeiter, Hilfsarbeiter (Bohrer, Fräser, Hobler)	14041	18671
Arbeiterinnen	3453	5256
Nicht Metallarbeiter	1194	1705
Summa	128842	160135

Quelle: Der Deutsche Metallarbeiter-Verband im Jahre 1903, Jahr- und Handbuch für Verbandsmitglieder, Stuttgart 1904.

TABELLE 8

Mitgliederbewegung nach Berufen (im Deutschen Metallarbeiter-Verband) 1912–1913

Berufe	1912	1913
Drahtarbeiter (Drahtweber, Siebmacher, Nadler, Spinner ec.)	2438	2404
Dreher (Eisen-, Metall-, Fasson-, Schrauben-, Revolver- ec.)	53512	52031
Elektromonteure (Hilfsmonteure)	10046	9572
Feilenhauer (Feilenschleifer, Maschinenhauer, Härtner ec.)	2348	2280
Former (Eisengießer)	31923	31099
Gelb-, Rot-, Glocken- u. Metallgieß.	3443	3216
Gießereihilfsarbeiter (Gußputzer, Kernmacher)	15240	14230
Goldarbeiter (Fasser, Finierer, Kettenmacher, Diamantschleifer)	8722	8056
Graveure, Ziseleure	3358	3239
Gürtler (Galvaniseure, Vernickler, Plattierer, Planierer ec.)	8310	7749
Heizer und Maschinisten (Kessel- u. Maschinenwärter)	2711	2840
Hochofen- und Hüttenarbeiter	2336	2399
Kesselschmiede (Schiffs-, Winkelschmiede, Nieter, Stemmer ec.)	9793	9959
Klempner (Flaschn., Spengl., Blech.)	26998	25993
Installat. (Rohrl., Heizungsmont.)	8011	7985
Kupferschmiede ec.	750	786
Mechaniker (chir. Instrumenten-, Büchsen-, Reißzeug- u. Uhrmach., Schnitt- u. Werkzeugmacher)	21940	21910
Messerschmiede (Reider, Einsteck. etc.a	987	906
Metalldrücker	2793	2755
Metallschleifer (Polierer, Messer- und Scherenschleifer)	14902	14770
Nadelarbeiter ec.	1650	1638
Optische Industrie (Brillen-, Pincenezarbeiter, Emailschleifer ec.)	1791	1943
Schläger (Gold-, Silber-, Metall-, Zinn- und Bronzearbeiter)	2093	1956
Schlosser (Bau-, Maschinen-, Anschläger, Monteure ec.)	143601	138835
Schmiede (Huf- u. Wagen-, Zuschl.)	31463	30656
Walzwerkarbeiter	3865	3404

Berufe	1912	1913
Werftarbeit. (Schiffb., Schiffzimm.)	7614	7734
Zinngießer ec.	468	390
Sonstige Metallarbeiter (Bohrer, Fräser, Hobler, Stanzer ec.)	105280	101307
Arbeiterinnen aller Art	27876	27373
Nichtmetallarb. (Modellschreiner, Vergolder, Lackierer ec.)	5285	5519
Zusammen	561547	544934

Quelle: Der Deutsche Metallarbeiter-Verband im Jahre 1913, Jahr- und Handbuch für Verbandsmitglieder, Stuttgart 1914.

Zeittafel

Entwicklung der Arbeiterbewegung	Allgemeine politische Entwicklung
1878 19. Oktober: Selbstauflösung des SPD-Parteivorstandes und Aufruf zur Selbstauflösung der Parteimitgliedschaften.	**1878** 11. Mai: Erstes Attentat auf Kaiser Wilhelm I. 2. Juni: Zweites Attentat auf Kaiser Wilhelm I. 30. Juli: Reichstagswahl. Die Sozialdemokratie verliert 3 von 12 Mandaten, die Nationalliberalen 29 von 136. 19. Oktober: Reichstag beschließt das »Gesetz gegen die gemeingefährlichen Bestrebungen der Sozialdemokratie« (Sozialistengesetz).
1879 Sommer: Berliner Tischler beginnen mit dem Neuaufbau gewerkschaftlicher Organisationen. 28. Sept.: Probenummer des wöchentlichen Zentralorgans der SPD »Der Sozialdemokrat«, erscheint in Zürich.	
	1880 31. Mai: Erste Verlängerung des Sozialistengesetzes.
	1882 20. Mai: Geheimes Verteidigungsbündnis zwischen Deutschland, Österreich-Ungarn und Italien (Dreibund).

Entwicklung der Arbeiterbewegung	Allgemeine politische Entwicklung
1883 15. Sept.: Nr. 1 der »Deutschen Metallarbeiter-Zeitung« erscheint in Nürnberg.	**1883** 15. Juni: Krankenversicherungsgesetz.
1884 30. März: Probenummer der sozialdemokratischen Tageszeitung »Berliner Volksblatt« erscheint. 25.–29. Dez.: Metallarbeiterkongreß in Gera, Gründung der »Vereinigung der Metallarbeiter Deutschlands«.	**1884** 6. Juli: Unfallversicherungsgesetz. 30. Sept.: Zweite Verlängerung des Sozialistengesetzes.
1885 19. August: Verbot der Vereinigung der Metallarbeiter Deutschlands.	
	1886 11. April: Puttkamerscher »Streikerlaß«. 30. Sept.: Dritte Verlängerung des Sozialistengesetzes.
	1888 18. März: Vierte Verlängerung des Sozialistengesetzes. 15. Juni: Wilhelm II. übernimmt die Regierung.
1889 Mai: Großer Bergarbeiterstreik im Ruhrgebiet. 14.–20. Juli: Internationaler Arbeiterkongreß in Paris, beschließt u.a. eine internationale »Manifestation« für den 1. Mai 1890. 18. August: Delegiertentag der Bergarbeiter des Ruhrgebiets, Gründung des »Verbandes zur Wahrung und Förderung der bergmännischen Interessen in Rheinland und Westfalen« (Alter Verband).	**1889** 14. Mai: Wilhelm II. empfängt Delegation der streikenden Ruhrbergarbeiter. 24. Mai: Invaliden- und Altersversicherung.

Entwicklung der Arbeiterbewegung	Allgemeine politische Entwicklung
1890	**1890**
1. Mai: Unterschiedliche Formen – Streik, abendliche Versammlungen, sonntägliche Ausflüge etc. – der Mai-Feier in Deutschland. 2. Mai: Hamburger Unternehmer sperren am 1.-Mai-Streik beteiligte Arbeiter aus. 17. August: Aufruf der Vertrauensmänner der Metallarbeiter-Gewerkschaften zu einer Gewerkschaftskonferenz. 16./17. Nov.: Gewerkschaftskonferenz (Vorständekonferenz), Gründung eines (provisorischen) Dachverbandes der freien Gewerkschaften (»Generalkommission der Gewerkschaften Deutschlands«).	25. Januar: Reichstagsmehrheit stimmt gegen eine Verlängerung des Sozialistengesetzes; seine Gültigkeit endet formal am 30. Sept. 1890. 4. Februar: »Februar-Erlasse« des Kaisers (Ankündigung der Einberufung einer internationalen Arbeiterschutzkonferenz und einer einheitlichen Sozialversicherung). 20. Februar: Reichstagswahl, großer Wahlsieg der Sozialdemokratie, steigert die Zahl ihrer Mandate von 11 auf 35. 17. März: Bismarck wird entlassen. Danach keine Erneuerung des Rückversicherungsvertrages mit Rußland. 21. April: Gründung des Gesamtverbandes deutscher Metallindustrieller. 29. Juli: »Gesetz betreffend der Gewerbegerichte«.
1891 1.–6. Juni: Gründung des Deutschen Metallarbeiter-Verbandes. 7./8. Sept.: Vorständekonferenz der freien Gewerkschaften (Auseinandersetzung über die Organisationsfrage).	
1892 14.–18. März: Erster Kongreß der Gewerkschaften Deutschlands, Form des Dachverbandes (Generalkommission) wird bestätigt, Entscheidung für Zentral- und gegen Lokalverband, Entscheidung für Berufs- und Industrieverbände.	
	1893 27. Dezember: Russisch-Französische Militärkonvention. Verpflichtung zum Kriegseintritt, falls eine Dreibundmacht angreifen sollte.

Entwicklung der Arbeiterbewegung	Allgemeine politische Entwicklung
1894 28. Okt.: Delegiertenversammlung christlicher Bergarbeiter, Gründung des »Gewerkvereins christlicher Bergarbeiter für den Oberamtsbezirk Dortmund«.	
1896 4.–8. Mai: Zweiter Kongreß der Gewerkschaften Deutschlands (Auseinandersetzung über Kampf- oder Unterstützungsverband).	
	1898 28. März: Erstes Flottengesetz. Ausbau der Schlachtflotte.
1899 8.–13. Mai: Dritter Kongreß der Gewerkschaften Deutschlands (Auseinandersetzung über Tarifverträge). 21.–23. Mai: Erster Kongreß der christlichen Gewerkschaften (Entscheidung für interkonfessionelle und parteiunabhängige Gewerkschaften, Entscheidung für zentrale Berufsverbände).	
1901 1. Januar: Gründung des »Gesamtverbandes der christlichen Gewerkschaften Deutschlands«.	
	1904 8. April: Entente cordial zwischen Frankreich und England.
1905 16. Jan.–9. Feb.: Der große Bergarbeiterstreik. 22. Jan.: Beginn der Revolution in Rußland. 22.–25. Mai: Fünfter Kongreß der Gewerkschaften Deutschlands (Beschluß gegen Massenstreik, Beginn der Massenstreikdebatte).	**1904/05** Russisch-japanischer Krieg endet mit russischer Niederlage. 22. Januar 1905: Beginn der russischen Revolution.

Entwicklung der Arbeiterbewegung	Allgemeine politische Entwicklung
1905 17.–23. Sept.: Parteitag der SPD in Jena (Resolution, »gegebenenfalls« für Massenstreik einzutreten).	
1906 23.–29. Sept.: Parteitag der SPD in Mannheim (Beschluß der »Gleichberechtigung« von Partei und Gewerkschaften – »Mannheimer Abkommen«).	
1907 18.–24. August: Internationaler Sozialisten-Kongreß zu Stuttgart (große Debatte über das Verhalten der Sozialdemokratie im Falle eines drohenden Krieges).	**1907** 25. Januar: Reichstagswahlen (»Hottentottenwahl«), SPD verliert trotz Stimmenzuwachs 36 Mandate von 81. 31. August: Petersburger Abkommen, regelt russisch-englische Interessen in Vorderasien (Triple entente).
	1908 15. Mai: Reichseinheitliches Vereinsgesetz (Frauen können nun Mitglieder in politischen Vereinen werden und politische Versammlungen besuchen). 5. Oktober: Österreich annektiert Bosnien und Herzegowina.
	1911 1. Juli: »Panthersprung nach Agadir«, zweite Marokkokrise endet mit diplomatischer Niederlage Deutschlands.
	1912 12. Jan.: Reichstagswahl, SPD wird mit 110 Abgeordneten stärkste Fraktion.
	1913 30. Mai: Londoner Friede beendet Ersten Balkankrieg. 3. Juli: Einführung der dreijährigen Dienstzeit in Frankreich. Reichstag bewilligt die Deckungsvorlage für Heeresverstärkung mit den Stimmen der Sozialdemokratie.

Entwicklung der Arbeiterbewegung	Allgemeine politische Entwicklung
	1913 10. August: Friede von Bukarest beendet Zweiten Balkankrieg.
1914 25. Juli: Aufruf der Sozialdemokratie zu Protestversammlungen gegen den drohenden Krieg. 29./30. Juli: Sitzung des Internationalen Sozialistischen Büros in Brüssel. 2. August: Vorständekonferenz der Gewerkschaften (Beginn des »Burgfriedens«). 4. August: Die sozialdemokratische Reichstagsfraktion stimmt geschlossen für die Kriegskredite.	**1914** 28. Juni: Ermordung des österreichischen Thronfolgers in Sarajewo. 5. Juli: »Blankovollmacht« des deutschen Kaisers für das Vorgehen der österreichischen Regierung gegen Serbien. 23. Juli: Österreichisches Ultimatum an Serbien. 28. Juli: Kriegserklärung Österreichs an Serbien. 30. Juli: Generalmobilmachung Rußlands. 31. Juli: Deutsche Regierung erklärt »Zustand drohender Kriegsgefahr«, bedeutete u. a. allgemeines Demonstrationsverbot. 1. August: Kriegserklärung Deutschlands an Rußland. 2. August: Deutschland fordert von Belgien Durchmarschrecht. 3. August: Belgische Ablehnung, deutscher Einmarsch nach Belgien, danach Kriegserklärung Englands an Deutschland. 3. August: Kriegserklärung Deutschlands an Frankreich.

Glossar

Dreibund: Militärische Bündnisabkommen zwischen Deutschland, Österreich und Italien (1882).

Entente cordial: Bündnisähnliche Übereinkunft zwischen Frankreich und England (1904), erweiterte sich durch die Absprachen zwischen England und Rußland (1907) und die bereits bestehenden Abkommen zwischen Frankreich und Rußland zur **Tripelentente.**

Hottentottenwahlen: Reichskanzler Bülow erhielt im Dezember 1906 im Reichstag keine Mehrheit für die Verstärkung der Kolonialtruppen, um den Aufstand der Hereros und Hottentotten niederzuschlagen. Er löste daraufhin den Reichstag auf. Die politische Rechte führte den anschließenden Wahlkampf als Volksabstimmung über die imperialistische Weltpolitik Deutschlands und kämpfte vor allem gegen die »vaterlandslose, internationale Sozialdemokratie«. In dieser »Hottentottenwahl« (1907) verlor die Sozialdemokratie trotz leichtem Stimmenzuwachs fast die Hälfte ihrer 81 Reichstagsmandate.

Lokalisten: Anhänger einer lokalen gewerkschaftlichen Organisationsform. Aufrechterhaltung der betrieblichen und lokalen Streikautonomie, Ablehnung zentralistischer Verbände und parteipolitischer neutraler Gewerkschaften.

Massenstreik: Ursprünglich vom anarchistischen Flügel der Internationale als politischer Generalstreik propagiert, um einen drohenden Krieg zu verhindern. In Belgien wurde 1902 vergeblich versucht, mit einem politischen Massenstreik das allgemeine Wahlrecht zu erkämpfen. In der russischen Revolution 1905 als spontanes revolutionäres Kampfmittel in den industriellen Zentren zunächst wirkungsvoll. Von der deutschen Sozialdemokratie nach heftigen Auseinandersetzungen

(1905/06) als Mittel akzeptiert, »gegebenenfalls« die bestehenden politischen Rechte zu verteidigen.

Pariser Kommune: Der Deutsch-Französische Krieg 1870/71 führte Ende Januar 1871 zur Kapitulation von Paris. Aufstand der Pariser Nationalgarde gegen monarchistisch gesinnte Nationalversammlung und Truppen der Regierung Thiers. Wahl eines demokratisch-revolutionären Stadtparlaments, verschiedene sozialpolitische Maßnahmen (Arbeitsschutz, Schulunterricht, etc.). Kommune wurde Ende Mai 1871 von Regierungstruppen blutig niedergeschlagen. Spielte dann, vermittelt durch die Einschätzung von Karl Marx, eine herausragende Rolle in der sozialistischen Theoriegeschichte, besonders zu Fragen der Rolle und Verfassung eines sozialistischen Staates.

Preußisches Dreiklassenwahlrecht: Einteilung der Wahlbürger nach drei Steuerklassen (Höchst-, Mittel- und Niedrigbesteuerte). Jede Klasse wählte jeweils ein Drittel der Wahlmänner (indirektes Wahlrecht), d.h. die wenigen Angehörigen der oberen Steuerklasse (ca. 4%) wählten ebenso viele Wahlmänner wie die 80% der unteren Steuerklasse.

Reichstagswahlrecht: Allgemeines, gleiches, geheimes, direktes Mehrheitswahlrecht für alle Männer ab 25 Jahre.

Revisionismus: Ursprünglich theoretischer Versuch Eduard Bernsteins, wesentliche Annahmen der Marxschen Analyse, vor allem die Prognose vom »unvermeidlichen« Zusammenbruch der kapitalistischen Produktionsweise, in Frage zu stellen. Politische Konsequenz und Absicht war die theoretische Aufwertung reformerischer Politik, insbesondere der gewerkschaftlichen Tätigkeit. Revisionismus und Reformismus wurden (und werden) oft als identische Begriffe gebraucht. Diese Begriffe wurden in der Auseinandersetzung mit den Anhängern der Marxschen Theorie schnell zu abwertenden Schlagworten und zu polemischen Kampfbegriffen, die unterschiedlichste Vorwürfe bezeichneten.

Sisyphusarbeit: Sisyphus (Gestalt aus der griechischen Mythenwelt) wurde verdammt, ein Felsstück den Berg hinaufzuwälzen. Kurz vor Erreichen des Ziels entglitt ihm der Stein, und er mußte immer wieder von neuem beginnen. Vergebliche Bemühungen werden Sisyphusarbeit genannt.

Zweite Internationale: Name verweist auf die 1864 in London gegründete und 1876 in Philadelphia aufgelöste Internationale Arbeiter-Assoziation (Erste Internationale). Die zweite **Sozialistische Internationale** entstand mit dem Internationalen Arbeiter-Congreß 1889 in Paris und existierte in den ersten Jahren nur in der Form internationaler Kongresse. Erst auf dem Pariser Kongreß 1900 wurde versucht, eine schwache Organisation mit Bildung eines **Internationalen Sozialistischen Büros** (I. S. B.) aufzubauen. Das I. S. B. war eine jährliche Versammlung, zu der die nationalen sozialistischen Parteien i. d. R. zwei Vertreter entsandten. Ein zugeordnetes Exekutivkomitee bestand aus zwei Personen und das Sekretariat aus einer Person. Der Sekretär des I. S. B. war der einzige hauptamtliche Funktionär der Internationale. Die angeschlossenen nationalen Parteien waren vollständig autonom, die Zentrale der Internationale ohne jede Kompetenz. Die Politik der nationalen Parteien im Ersten Weltkrieg bedeutet das Ende der Zweiten Internationale.

Ausgewählte Literatur

Albrecht, Willy: Fachverein – Berufsgewerkschaft – Zentralverband. Organisationsprobleme der deutschen Gewerkschaften 1870–1890, Bonn 1982.

Bernstein, Eduard: Die Geschichte der Berliner Arbeiterbewegung, Zweiter und Dritter Teil, Reprint Bonn-Bad Godesberg 1980.

Bieber, Hans-Joachim: Gewerkschaften in Krieg und Revolution. Arbeiterbewegung, Industrie, Staat und Militär in Deutschland 1914–1920, Hamburg 1981.

Bildgeschichte der deutschen Bergarbeiterbewegung. Bearbeitet von Wolfgang Jäger. Texte von Wolfgang Jäger und Klaus Tenfelde, München 1989.

Braunthal, Julius: Geschichte der Internationale, Bd. 1 und 2, Berlin–Bonn-Bad Godesberg 1961.

Craig, Gordon A.: Deutsche Geschichte 1866–1945. Vom Norddeutschen Bund bis zum Ende des Dritten Reiches, München 1980.

Fischer, Fritz: Griff nach der Weltmacht, Düsseldorf 1961, zitiert nach Nachdruck der Sonderausgabe, Kronberg/Ts. 1977.

Gall, Lothar: Bismarck. Der weiße Revolutionär, Frankfurt–Berlin–Wien 1980.

Geiss, Immanuel: Die Fischer-Kontroverse, in: Studien über Geschichte und Geschichtswissenschaft, Frankfurt a. M. 1972.

Groh, Dieter: Negative Integration und revolutionärer Attentismus, Frankfurt–Berlin–Wien 1973.

Haupt, Georges: Der Kongreß fand nicht statt. Die Sozialistische Internationale 1914, Wien–Frankfurt–Zürich 1967.

Hohorst, G./Kocka, J./Ritter, G. A.: Sozialgeschichtliches Arbeitsbuch. Materialien zur Statistik des Kaiserreichs 1870–1914, München 1875.

Hue, Otto: Die Bergarbeiter. Historische Darstellung der Bergarbeiter-Verhältnisse von der ältesten bis in die neueste Zeit, Stuttgart 1913, Reprint, Bonn 1981.

Imbusch, Heinrich: Arbeitsverhältnisse und Arbeiterorganisationen im Deutschen Bergbau, Essen 1908, Reprint, Bonn 1980.

75 Jahre Industriegewerkschaft 1891 bis 1966. Vom Deutschen Metallarbeiter-Verband zur Industriegewerkschaft Metall, Dokumentation, Text und Redaktion: Fritz Opel, Dieter Schneider, Frankfurt a. M. 1966. Anläßlich des 90jährigen Jubiläums neu aufgelegt unter dem Titel: 90 Jahre Industriegewerkschaft 1891 bis 1981, Text der Fortschreibung: Kurt Thomas Schmitz, Frankfurt a. M. 1981.

Mehring, Franz: Geschichte der deutschen Sozialdemokratie (Reprint Berlin/DDR 1960).

Miller, Susanne: Burgfrieden und Klassenkampf, Düsseldorf 1974.

Mommsen, Hans: Arbeiterbewegung und nationale Frage, Göttingen 1919.

Müller, Dirk H.: Gewerkschaftliche Versammlungsdemokratie und Arbeiterdelegierte vor 1918. Ein Beitrag zur Geschichte des Lokalismus, des Syndikalismus und der entstehenden Rätebewegung, Berlin 1985.

Scharrer, Manfred: Arbeiterbewegung im Obrigkeitsstaat. SPD und Gewerkschaft nach dem Sozialistengesetz, Berlin 1976.

Schneider, Michael: Die Christlichen Gewerkschaften 1894–1933, Bonn 1982.

Schneider, Michael: Kleine Geschichte der Gewerkschaften. Ihre Entwicklung in Deutschland von den Anfängen bis heute, Bonn 1989.

Schönhoven, Klaus: Expansion und Konzentration. Studien zur Entwicklung der Freien Gewerkschaften im Wilhelminischen Deutschland 1890 bis 1914, Stuttgart 1980.

Tenfelde, Klaus/Schönhoven, Klaus/Schneider, Michael/Peukert, Detlef J. K.: Geschichte der Deutschen Gewerkschaften. Von den Anfängen bis 1945, Köln 1987.

Wehler, Hans-Ulrich: Sozialdemokratie und Nationalstaat, 2. Auflage, Göttingen 1971.